EXULTACIÓN EXPOSITIVA

La predicación cristiana como adoración

JOHN PIPER

I0807915

EDITORIAL PORTAVOZ

La misión de *Editorial Portavoz* consiste en proporcionar productos de calidad —con integridad y excelencia—, desde una perspectiva bíblica y confiable, que animen a las personas a conocer y servir a Jesucristo.

Título del original: *Expository Exultation: Christian Preaching as Worship*, © 2018 por Desiring God Foundation y publicado por Crossway, 1300 Crescent Street, Wheaton, Illinois 60187. Traducido con permiso.

Edición en castellano: *Exultación expositiva* © 2018 por Editorial Portavoz, filial de Kregel Inc., Grand Rapids, Michigan 49505. Todos los derechos reservados.

Traducción: Nohra Bernal

Ninguna parte de esta publicación podrá ser reproducida, almacenada en un sistema de recuperación de datos, o transmitida en cualquier forma o por cualquier medio, sea electrónico, mecánico, fotocopia, grabación o cualquier otro, sin el permiso escrito previo de los editores, con la excepción de citas breves o reseñas.

A menos que se indique lo contrario, todas las citas bíblicas han sido tomadas de la versión Reina-Valera © 1960 Sociedades Bíblicas en América Latina; © renovado 1988 Sociedades Bíblicas Unidas. Utilizado con permiso. Reina-Valera 1960™ es una marca registrada de American Bible Society, y puede ser usada solamente bajo licencia.

El texto bíblico indicado con "LBLA" ha sido tomado de La Biblia de las Américas, © 1986, 1995, 1997 por The Lockman Foundation. Usado con permiso. Todos los derechos reservados.

El texto bíblico indicado con "NVI" ha sido tomado de *La Santa Biblia, Nueva Versión Internacional*®, copyright © 1999 por Biblica, Inc.® Todos los derechos reservados.

El texto bíblico indicado con "NTV" ha sido tomado de la *Santa Biblia,* Nueva Traducción Viviente, © Tyndale House Foundation, 2010. Usado con permiso de Tyndale House Publishers, Inc., 351 Executive Dr., Carol Stream, IL 60188, Estados Unidos de América. Todos los derechos reservados.

El texto bíblico indicado con "DHH" ha sido tomado de versión *Dios Habla Hoy*, © 1966, 1970, 1979, 1983, 1996 por Sociedades Bíblicas Unidas. Todos los derechos reservados.

Las cursivas en los versículos bíblicos son énfasis del autor.

EDITORIAL PORTAVOZ
2450 Oak Industrial Drive NE
Grand Rapids, Michigan 49505 USA
Visítenos en: www.portavoz.com

ISBN 978-0-8254-5870-5 (rústica)
ISBN 978-0-8254-6759-2 (Kindle)
ISBN 978-0-8254-7580-1 (epub)

2 3 4 5 edición / año 27 26 25 24 23

Impreso en los Estados Unidos de América
Printed in the United States of America

"Piper muestra cómo la verdadera predicación y la verdadera adoración se entrelazan de la manera más natural. Esto ocurre cuando el predicador se esfuerza por hacer la exégesis del texto mediante la unción del Espíritu y sube al púlpito bajo la misma influencia. El objetivo es revelar la realidad espiritual que se esconde en cada pasaje de las Escrituras a fin de honrar la intención del escritor humano, pero especialmente para exaltar la gloria del autor divino que inspiró el texto. De eso se trata este libro. Léalo con detenimiento, digiera su contenido con cuidado y aplique sus principios con devoción".

Miguel Núñez, pastor titular, Iglesia Bautista Internacional de Santo Domingo; presidente y fundador del Ministerio Integridad & Sabiduría

"John Piper escribe con la convicción expositiva que esperamos, animando a los predicadores no solo a decir lo que es verdad sino también a *mostrar* cómo la Biblia establece dicha verdad. Escribe superando nuestras expectativas, empero, al señalar con su dedo pastoral los principales errores expositivos que se encuentran en nuestras filas: el error moralista ('¡Hágalo y ya') y el error sustitutivo ('Usted no puede hacerlo, solo puede disfrutar de la justificación que le ha sido imputada'). Por último, aboga por la predicación que necesitamos, instando a que en todas nuestras exposiciones 'tracemos una línea directa *de* la cruz a la resurrección, al derramamiento del Espíritu Santo, a la entrega de las Escrituras, al milagro del nuevo nacimiento comprado con sangre, al misterio de *Cristo en vosotros, la esperanza de gloria*, a las gracias del dominio propio, la sobriedad y el amor que Cristo infunde en nosotros y que lo glorifican'. Esta es una gran obra que exulta el poder glorioso del evangelio que se extiende por todas las Escrituras".

Bryan Chapell, pastor, Grace Presbyterian Church, Peoria, Illinois

"El nuevo libro de John Piper acerca de la predicación es un sueño hecho realidad. Yo personalmente he esperado este libro durante casi veinte años. El primer libro de Piper sobre la predicación fue monumental. Este libro es aún mejor. Valió la pena esperar".

Jason C. Meyer, pastor de predicación y visión, Bethlehem Baptist Church, Minneapolis

"Piper ha escrito más de cincuenta libros, de modo que suena un poco escandaloso sugerir que *Exultación expositiva* sea el mejor. Sin embargo, podría elaborarse un argumento semejante. Quizá porque yo, al igual que John, soy predicador, y porque he sido profundamente instruido, amonestado y animado, y he recibido una esperanza aún mayor para mi ministerio gracias a su conocimiento que ha sido plasmado en este libro. Confío en que John tenga muchos más libros por publicar, pero en lo que a mí respecta, esta es la cumbre de su aporte al ministerio pastoral. Si usted no es pastor ni predicador, léalo de todos modos. Si se dedica al ministerio a tiempo completo, indague profundamente este gran tesoro escondido de conocimiento homilético. Estoy seguro de que al hacerlo, su acercamiento a la Palabra de Dios experimentará una transformación radical, así como el fervor con que la predica".

Sam Storms, pastor principal de predicación y visión, Bridgeway Church, Oklahoma City

"*Exultación expositiva* de John Piper ha sido dedicado con acierto a Martyn Lloyd-Jones, porque bien puede representar para la generación presente lo que *La predicación y los predicadores* logró de manera extraordinaria en las anteriores: instruir, llamar a la humildad, desafiar e inspirar. Es la combinación de luz y calor, lo que Lloyd-Jones denominó la 'lógica en llamas'. Todos los acentos que naturalmente esperamos de Piper están presentes: la centralidad de Dios, el enfoque en Cristo, la presencia penetrante del Espíritu, una rigurosa atención al texto de las Escrituras y una convicción teológica vehemente. Piper demuestra una gran franqueza y es consciente del peso de gloria que caracteriza la verdadera adoración. *Exultación expositiva* es una declaración asombrosa, un libro que nos deja con ansias de más. Nos postra en el polvo y, por ende, nos impulsa a ser mejores y a hacer lo mejor para Dios. Es sencillamente una lectura obligada para todo predicador del evangelio".

Sinclair B. Ferguson, catedrático de Teología Sistemática, Reformed Theological Seminary

"La primera vez que escuché a John Piper predicar la Biblia fue a principios de mi veintena, y nunca había experimentado algo similar a la vehemencia y el poder que brotaban de un celo enraizado y anclado en el texto. Esto se convirtió para mí en un modelo a seguir. Le agradezco que haya escrito las grandes lecciones de más de treinta años de 'exultación expositiva' para las generaciones venideras. Hay oro en estas páginas, y estoy ansioso por ver cómo forma a los futuros pregoneros de las buenas nuevas del evangelio. Necesitamos con urgencia una predicación seria en estos días que imponen seriedad".

Matt Chandler, pastor principal, The Village Church, Dallas, Texas; presidente de Acts 29 Church Planting Network; autor de *Vivir es Cristo, morir es ganancia*

"Es refrescante leer un libro acerca de la predicación casi exento de contenido técnico y enfocado en la enseñanza bíblica acerca de la naturaleza y el formidable privilegio de la tarea. Por encima de todo, resalta la majestuosidad de Dios, cuyos siervos somos y cuyas glorias estamos llamados a proclamar. Estas páginas serán de inspiración a muchos predicadores, como lo han sido para mí, para seguir consagrados a la tarea solemne y gozosa de explicar las Escrituras y de exultar en Dios".

Vaughan Roberts, rector de St Ebbe's, Oxford, Inglaterra; director de The Proclamation Trust; autor de *God's Big Picture*

Exultación Expositiva

Libros de John Piper publicados por Portavoz

Bajo las alas de Dios
Cómo perseverar hasta el final
Cuando no deseo a Dios
Cuando no se disipan las tinieblas
Dios es el evangelio
Exultación expositiva
La lectura sobrenatural de la Biblia
Lo que Jesús exige del mundo
¡Más vivo que nunca!
No desperdicies tu vida
Pensar. Amar. Hacer. (editor general)
Por qué amo al apóstol Pablo
Preparándonos para el matrimonio
El sufrimiento y la soberanía de Dios (editor general)
Una gloria peculiar

A
Martyn Lloyd-Jones,
que nunca trató con ligereza la Palabra de Dios

"Pues no somos como muchos, que medran falsificando
la Palabra de Dios, sino que con sinceridad, como de parte
de Dios, y delante de Dios, hablamos en Cristo...
No andando con astucia, ni adulterando la Palabra de Dios".
—El apóstol Pablo

Contenido

PARTE 4

¿Cómo se convierte la predicación, naturalmente, en un medio para el milagro de la adoración?

La exultación expositiva y el uso de todos nuestros poderes naturales

PARTE 5

Atención rigurosa al texto en aras de una penetración radical en la realidad

Manifestar la conexión entre el texto y la realidad

PARTE 6

¿Qué realidad debemos predicar?

Tres énfasis dominantes de toda exultación expositiva

PARTE 7

La exultación expositiva y el Antiguo Testamento

La gloria de Dios, la cruz de Cristo y la obediencia de fe

Introducción

Los orígenes y el alcance de la exultación expositiva

He dedicado este libro a Martyn Lloyd-Jones (1899-1981), quien fue ministro de Westminster Chapel en Londres durante casi treinta años. Ningún otro predicador ha inspirado en mí un sentido de la grandeza de la predicación como lo hizo él. Cuando predicaba, yo sentía, como con ningún otro, el peso de la gloria de anunciar la Palabra misma de Dios. Cuando dictó sus conferencias acerca de la predicación en el Westminster Theological Seminary en 1969, presentó dos razones por las cuales estuvo dispuesto a hacerlo:

> La razón por la cual estuve tan dispuesto a dictar estas conferencias es que para mí la labor de la predicación es el llamado más elevado y grande, y el más glorioso, que alguien pueda recibir. Si usted desea algo más aparte de eso, yo diría sin duda alguna que la necesidad más urgente de la iglesia cristiana hoy es predicación verdadera. Y dado que es la necesidad más grande y urgente de la iglesia, es también obviamente la mayor necesidad del mundo[1].

Era característico de Lloyd-Jones expresarse en términos superlativos. Su objetivo no era minimizar otros llamados. Él sabía tan bien como cualquier otro que, en el día final, el Señor recompensará la fidelidad de una persona, no su oficio. Él sabía que aquel que ha de ser grande debe ser el siervo de todos. Y sabía que "ni el que planta es algo, ni el que riega, sino Dios, que da el crecimiento" (1 Co. 3:7).

Sin embargo, también sabía que ser embajador del Rey de los siglos

1. Martyn Lloyd-Jones, *Preaching and Preachers* (Grand Rapids, MI: Zondervan, 1971), p. 9.

constituye un privilegio y una carga extraordinarios. Él había tenido un anticipo de la gloria que animó al apóstol Pablo a decir que los siervos fieles de la Palabra de Dios son "tenidos por dignos de doble honor, mayormente los que trabajan en predicar y enseñar" (1 Ti. 5:17). Él había temblado frente a la advertencia, "no os hagáis maestros muchos de vosotros, sabiendo que recibiremos mayor condenación" (Stg. 3:1). La naturaleza sobrenatural de su llamado lo asombraba: "como de parte de Dios, y delante de Dios, hablamos en Cristo" (2 Co. 2:17).

Él sabía que el gran objetivo de la predicación es la adoración ferviente del pueblo de Dios. Y sabía que esta adoración no es de ninguna manera pequeña, ni restringida, ni estrecha. Encuentra su expresión en los cultos de adoración semanal y en los sacrificios cotidianos de amor, y al final experimentará la libertad plena en el perfeccionamiento de la esposa de Cristo y en su morada cósmica. Así pues, sabía que esta adoración es tan personal como el deseo más profundo del corazón, tan extensa como el universo, tan perdurable como la eternidad y tan visible como el resplandor del amor y la renovación de la creación.

Él sabía que la Biblia es verdad, y que existe para la gloria de Dios. Por tanto, leerla y predicarla apuntan a ese mismo objetivo. La inquebrantable seriedad con la que Lloyd-Jones se aproxima a las glorias de la Palabra de Dios ha sido una gran inspiración para mí en un mundo que parece incapaz de experimentar un gozo serio. Estoy profundamente agradecido de que Dios lo haya levantado en medio del siglo XX y me haya dado una muestra de lo que J. I. Packer quiso decir cuando afirmó que la predicación de Lloyd-Jones lo impresionó con la fuerza de un choque eléctrico y le reveló "más sentido de Dios que cualquier otro hombre"[2].

El origen de este libro

Este libro es el resultado de dos libros anteriores. Juntos forman una especie de trilogía. El primer volumen, *Una gloria peculiar* (2017), trata acerca de cómo podemos saber que la Biblia es la Palabra de Dios y completamente cierta. El segundo volumen, *La lectura sobrenatural de la Biblia* (2018), se enfoca en cómo leer la Biblia y, más específicamente, en cómo leerla con miras a su propia meta suprema, la cual consiste en que Dios sea adorado con un amor ferviente por todos los pueblos del mundo. El tercer volumen,

2. Citado en Christopher Catherwood, *Five Evangelical Leaders* (Wheaton, IL: Harold Shaw, 1985), p. 170.

Exultación expositiva, plantea ahora la pregunta: si la Biblia es completamente cierta y ha de leerse de manera sobrenatural con miras a la adoración, ¿qué significa predicar esta Palabra, y cómo deberíamos hacerlo?

Fundamentos de la adoración y de la predicación

La mayoría de los predicadores dan por descontado que sus congregaciones se reúnen semanalmente para la adoración corporativa. Muchos hemos consagrado poco tiempo y esfuerzo a justificar esta práctica del Nuevo Testamento. Es algo que damos por hecho. Además, la mayoría de pastores dan por sentado que la predicación debe ser parte de esa asamblea colectiva. También es un suceso esperado por la mayoría, si bien en cada generación hay quienes caen presa del menosprecio de la predicación. En realidad ambos supuestos, que debemos reunirnos para adorar y que debemos predicar, tienen de hecho bases bíblicas explícitas. Y es necesario que los predicadores las conozcan. ¿Qué justifica que se reúna la congregación para la adoración y por qué la predicación es parte de ella?

El enfoque: la predicación en la adoración

Al disponerme a escribir un libro sobre la predicación, supongo que alrededor del noventa y cinco por ciento de la predicación en el mundo ocurre en algún tipo de "culto de adoración", ya sea con una docena de creyentes bajo la sombra de un árbol o con cinco mil personas en un auditorio moderno. La predicación en esos contextos de adoración es lo que me propongo defender, describir y celebrar.

La razón de este enfoque no es que yo no crea que la predicación tenga lugar en las calles, los estadios, las ciudades universitarias, las cárceles, o en presencia de reyes. Por supuesto que tiene lugar en esos contextos. Sin duda a mí me agrada verla allí con más frecuencia. La razón es que creo con todo mi corazón que la predicación en la adoración corporativa es esencial para la salud y la misión de la iglesia. Mi argumento es que Dios ha designado la predicación en la adoración como un medio óptimo para llevar a cabo su meta suprema en el mundo.

¿Por qué la predicación en la adoración corporativa?

Soy consciente de que no todos los cristianos comparten mi visión de la adoración y la predicación. Tampoco todos los cristianos creen que la predicación sea parte esencial de la adoración corporativa. De modo que la primera tarea que me he propuesto es demostrar, a partir de las Escrituras, que las congregaciones cristianas deben reunirse para la adoración corporativa, y que la predicación debe ser parte de esa asamblea. Eso es lo que hago en las Partes 1 y 2.

La Parte 1 presenta una descripción y una defensa de la adoración corporativa. Puede parecer extraño, en un libro sobre la predicación, consagrar tanto espacio a la adoración corporativa. Pero si usted cree, como yo, que la adoración corporativa ha sido designada por Dios para cumplir un propósito único e indispensable en el pueblo de Dios, y que la predicación ha sido especialmente designada para facilitar y expresar esa adoración, entonces puede que esa sensación de extrañeza se desvanezca. El aspecto más importante que es preciso definir acerca de la adoración corporativa es su *esencia*. Siempre habrá un sinnúmero de variaciones respecto a las *formas* de adoración alrededor del mundo en las miles de culturas existentes. Pero, ¿cuál es la esencia? Esa es la tarea del capítulo 1. De ahí se desprende, en el capítulo 2, que la esencia de la adoración lleva a los cristianos a descubrir lo bellamente apropiado que es para el pueblo de Cristo reunirse en adoración corporativa.

Luego, en la Parte 2, trato de mostrar lo que es la predicación y por qué debe estar presente en la adoración corporativa. Es precisamente *lo que* la predicación y la adoración *son* lo que justifica su presencia, y el hecho de que deben estar *juntas*. Así que en la Parte 2 me propongo mostrar cómo esta forma extraordinaria de comunicación, a la cual denomino "exultación expositiva", llegó a ser parte de la adoración corporativa mediante ordenanza y reglamentación bíblicas. Las razones son tanto históricas como teológicas (capítulos 3 y 4), y abarcan incluso la naturaleza trinitaria de Dios (capítulo 5).

La predicación como adoración y para la adoración

Una de las principales preocupaciones de este libro consiste en mostrar que la predicación no solo *promueve* la adoración, sino que también *es* adoración. El título *Exultación expositiva* intenta expresar que esta forma singular de comunicación es tanto una rigurosa explicación intelectual de la realidad revelada por medio de las palabras de las Escrituras, como una materialización en adoración del valor de esa realidad mediante la exultación del predicador sobre la palabra que esclarece. Los predicadores deberían considerar los cultos de adoración no como una exultación en las glorias de Dios acompañadas de un sermón. Deberían pensar en exultación musical y litúrgica (canciones, oraciones, lecturas, confesión, ordenanzas y demás) acompañadas y asistidas por la *exultación* expositiva, es decir, la predicación como adoración. La música es solo una forma de elevar y comunicar la exultación del corazón. La predicación es otra. Sostendré que la predicación *es* adoración. Y la predicación facilita la adoración.

Adoración: la totalidad de la vida, para siempre

Cuando digo que "la predicación facilita la adoración" no me refiero a que favorezca solamente "los cultos de adoración", ni siquiera los cultos *eternos* de adoración. Cuando digo que la meta suprema de las Escrituras y de la predicación es que Dios sea adorado con un amor ferviente por todos los pueblos del mundo, me refiero a la transformación completa de todo el pueblo de Dios, y a la renovación y recreación finales de los cielos y de la tierra (Ro. 8:19-23). Esta transformación del pueblo de Dios y esta renovación del universo serán tales, que su efecto más notable será magnificar el valor supremo y la excelencia de Dios.

Lo que veremos en mayor detalle y con argumentos bíblicos es que la adoración significa conocer, atesorar y demostrar de manera consciente el valor supremo y la belleza de Dios. Cuando digo que la predicación facilita esta adoración, la considero al menos en tres expresiones:

1. Esta adoración puede expresarse en los cultos de adoración (Sal. 34:3). Adoramos juntos conforme *conocemos* a Dios en las letras de las canciones, las oraciones y demás expresiones de sana doctrina; *atesoramos* a Dios con un afecto que es estimulado por su excelencia; y *demostramos* esto con cánticos y oraciones sinceros, y con una escucha activa, participando en todas las formas que corresponden al culto de adoración.

2. Estos actos de conocer, atesorar y demostrar en adoración el valor supremo y la belleza de Dios también pueden llevarse a cabo engrandeciendo a Cristo por vida y por muerte (Fil. 1:20), conforme nos regocijamos en el cuidado soberano de Dios mediante los arduos sacrificios de amar a otros (Mt. 5:11-12; Fil. 3:8-10). Toda nuestra existencia física se convierte en un "sacrificio vivo, santo, agradable a Dios, que es [nuestro] culto racional" (Ro. 12:1).

3. Tal adoración tendrá lugar de manera perfecta y completa en la resurrección, cuando todos conoceremos como somos conocidos (1 Co. 13:12), nuestra valoración de Dios será perfeccionada (Sal. 16:11), y la plenitud de la manifestación del gozo quedará libre de los impedimentos del pecado (He. 12:23; Fil. 3:12).

Esta adoración que glorifica a Dios, que exalta a Cristo, que es sustentada por el Espíritu y que se expresa en los cultos de adoración, los sacrificios de amor diarios y la perfección eterna, constituye la meta de la *exultación expositiva*, del acto como tal y del libro.

Así pues, como he dicho al comienzo de esta introducción, la meta de la predicación nada tiene de pequeña, restringida ni estrecha. Es tan personal como el deseo más profundo del corazón, tan extensa como el universo, tan perdurable como la eternidad y tan visible como los sacrificios de amor y la renovación de la creación. Sin embargo, la meta se enfoca por completo en Dios. La Biblia existe para la gloria de Dios, ahora y para siempre. Leerla y *predicarla* son actos que tienen esa meta común.

Predicar en las manos de Dios, con todas nuestras fuerzas

La predicación no es un mero acto natural. Es una obra del Espíritu Santo. Es sobrenatural. Por lo tanto, afirmar que la predicación es adoración y facilita la adoración suscita dos preguntas. Una tiene que ver con la manera como el predicador es llevado a la esfera sobrenatural. La otra está relacionada con la manera como el predicador usa sus poderes naturales para facilitar el milagro de la adoración. En lo que respecta a la primera, preguntamos: ¿Cómo puede la predicación, como un acto humano, *ser* también una obra de Dios y favorecer una obra de Dios? ¿Cómo puede el predicador predicar de tal forma que no sea él sino Dios quien obra (1 Co. 15:10)? ¿Cómo se convierte en un instrumento de Dios de tal modo que su predicación se vuelve un acto de adoración y un medio para estimular la adoración? Ese es el enfoque de la Parte 3.

La segunda pregunta es: ¿Qué podemos decir del uso que hace el predicador de sus poderes naturales? O, ¿qué medios naturales son legítimos para lograr los objetivos sobrenaturales? Si el objetivo de predicar es la adoración del pueblo inspirada por el Espíritu, ¿pueden ser legítimos el pensamiento, la explicación y la elocuencia humanos? En caso negativo, ¿qué queda de la predicación? En caso afirmativo, ¿de qué modo el uso de dichos poderes naturales se convierten en un medio divino para la adoración espiritual? La Parte 4 trata estas cuestiones.

Texto, realidad y predicación

La Parte 5 atiende la pregunta: ¿Predicamos el texto o la realidad revelada por medio de él? Dos de mis mayores inquietudes al escribir este libro están interrelacionadas de manera paradójica, como lo está la relación entre lo divino y lo humano en Jesucristo. Jesús era un ser humano de carne y hueso. Pero era mucho más que eso. Sin embargo, ese mucho más se conoce a través del hombre encarnado. Por eso Pablo se refirió a "la gloria de Dios *en la faz de Jesucristo*" (2 Co. 4:6). En este sentido, la Biblia es como la encarnación. Es humana. Es narrativa, palabras, frases, cláusulas, lógica. Pero es mucho más que eso. Encierra y comunica realidades que son mucho más que palabras. Se podría hablar de "la gloria de Dios *en las palabras de las Escrituras*".

Por consiguiente, no basta con decir "lo que predicamos es el texto". Tampoco basta con decir "lo que predicamos es la realidad detrás del texto". Estas dos visiones deficientes constituyen mis dos preocupaciones.

Dos preocupaciones: texto y realidad

Una preocupación es rogar a los predicadores que presten atención rigurosa a la redacción de sus textos, y ayudar a las personas a ver cómo las mismas palabras del texto revelan los puntos que señala el predicador acerca de la realidad. La otra es rogar a los predicadores que penetren profundamente en la realidad que las palabras señalan. Estas realidades, ya sean aspectos de la naturaleza humana, de la naturaleza de Dios, del camino de la salvación, de los horrores del mal o de los misterios de la providencia, son profundos. El objetivo de predicar es que nuestro pueblo vea por sí mismo estas realidades *en el texto*, no en la opinión del predicador. De modo que la Parte 5 aborda "el componente de realidad" y se propone dilucidar la relación entre la atención rigurosa al texto y la penetración radical en la realidad.

La visión global del autor acerca de la realidad

La Parte 6 formula de manera más específica la pregunta: ¿Cuál es la realidad que predicamos? Aquí se constata que no basta con responder: Predique la realidad que el texto busca comunicar. Esta respuesta no es incorrecta. Sin embargo, no permite aclarar la pregunta: ¿Qué aspectos de la visión global de un autor acerca de la realidad deberían incluirse en la exposición del texto? Mi argumento es que debemos tener presente la visión global del autor acerca de la realidad (capítulo 12). De lo contrario, podemos extraer del texto inferencias que no están allí. A veces, esta visión más amplia se comunica en el contexto más cercano. A veces no.

Problemas bíblicos generales en toda nuestra predicación

Si es fundamental tener presente la visión amplia del autor acerca de la realidad, ¿cómo debe el predicador seleccionar los aspectos de su visión global de la realidad para incluir en su predicación? Mi planteamiento para responder esta pregunta (Parte 6) consiste en formular tres preguntas adicionales basadas en tres presupuestos. Primero, dar por hecho que entre más definitiva es la meta general de lo que se propuso decir un autor, más importante es entrelazarla con nuestra predicación de un texto particular. De ahí que pregunte: ¿Cuál es la meta definitiva de los autores bíblicos?

Segundo, doy por hecho que aquello que el apóstol Pablo considera indispensable en *su* predicación debe ser indispensable en la *nuestra*. Al respecto, mi pregunta es: ¿Qué afirma Pablo que considera indispensable en su predicación?

Tercero, doy por hecho que hay una manera de vivir la vida cristiana que lleva a la salvación final, y hay una manera de tratar de vivirla que lleva a la destrucción, y que entender esto es relevante para el manejo correcto de cada texto. Mi pregunta es entonces: ¿Qué estilo de vida es necesario para alcanzar la salvación final?

La respuesta que doy a la primera pregunta es: La meta final de los escritores bíblicos es glorificar a Dios (capítulos 13 y 14). La respuesta a la segunda pregunta es: Pablo dijo que proclamar a Cristo crucificado era indispensable en su predicación (capítulos 15 y 16). La respuesta a la tercera pregunta es: El camino de vida que es necesario para la salvación final empieza con la justificación solo por la fe, y continúa con un andar en el amor mediante el poder del Espíritu Santo por la fe. Dicho estilo de vida puede llamarse la "obediencia de fe" (Ro. 1:5; 16:26), la santidad sin la cual nuestra congregación no verá al Señor (capítulos 17 y 18).

Se puede observar cómo esta es una descripción trinitaria de la realidad que predicamos: vivir para la gloria de Dios, magnificar al Cristo crucificado, caminar en el Espíritu. Intento argumentar que estas tres realidades no se verán claramente si las consideramos como algo separado de la terminología específica de los textos de las Escrituras. Predicar dichos giros (o saltos) aparte de las particularidades del texto con el propósito de predicar la realidad de la gloria de Dios, la cruz de Cristo, o el poder del Espíritu, produce una desconexión de la autoridad divina y el poder espiritual. Es en este texto inspirado de las Escrituras donde reside nuestra autoridad. Y es en la terminología misma del texto inspirado donde resplandecen las revelaciones más gráficas, confiables y contundentes de estas realidades.

Fieles a la inspiración del Antiguo Testamento

Por último, es preciso dar respuesta a la pregunta acerca de si podemos ser fieles a las intenciones de los escritores del Antiguo Testamento que fueron "inspirados por el Espíritu Santo" (2 P. 1:21), si podemos extraer de sus textos el énfasis constante en la gloria de Dios, la cruz de Cristo y la obediencia de fe. Responder esa pregunta es el objetivo de la Parte 7. Mi respuesta es afirmativa: Sí podemos ser fieles a sus intenciones. En efecto, puesto que estos autores del Antiguo Testamento anhelaban mostrar más claramente las implicaciones futuras de su enseñanza (1 P. 1:10-12), ¡estimarían contrario a sus intenciones que los emisarios del Mesías del siglo XXI predicaran a partir de sus escritos como si Él no hubiera venido!

La meta principal

Un solo propósito fundamental ha dado lugar a la existencia, la lectura y la predicación de las Escrituras cristianas. El propósito es que el valor y la belleza infinitos de Dios sean exaltados en la eterna y ferviente adoración de la esposa de Cristo, comprada por su sangre, de cada pueblo, lengua, tribu y nación. Con ese objetivo supremo en mente, he escrito *Una gloria peculiar*, a fin de mostrar cómo podemos saber que la Biblia es la palabra infalible de Dios. Con ese mismo propósito he escrito *La lectura sobrenatural de la Biblia*, para mostrar cómo podemos descubrir el significado de esa palabra infalible. Por último, el presente volumen, *Exultación expositiva*, se propone mostrar cómo la predicación se convierte en y da origen a la adoración comprada por la sangre y movida por el Espíritu, del valor y de la belleza de Dios.

Dios ha determinado que hasta el logro de su propósito final, que es la adoración ferviente en las asambleas de su pueblo, no cesarán sobre la tierra los sacrificios cotidianos de amor, los deleites eternos de la era venidera, la lectura sobrenatural de la Biblia y la predicación de su realidad por medio del Espíritu. El propósito de Dios sobre la tierra avanzará por medio de iglesias saturadas de Biblia y centradas en Dios que exaltan a Cristo, donde la solemnidad y la dicha de la adoración eterna se estimulan y se practican semanalmente en la presencia y el poder de la exultación expositiva.

PARTE 1

Un contexto para la predicación

El pueblo de Dios reunido para adorar

1

La esencia de la adoración corporativa

Este es un libro acerca de la predicación en la adoración. Espero mostrar que la predicación *es* adoración y que *facilita* la adoración. En la introducción reconocí que no todos los cristianos consideran la reunión semanal del pueblo de Dios como adoración[1]. Es posible que usted sea de los que piensan, "puesto que el Nuevo Testamento nunca llama las reuniones semanales del pueblo de Dios 'adoración' o 'cultos de adoración', es inútil defender la consideración de nuestras reuniones semanales en esos términos". Si tal es el caso, ¿me permitiría poner carnada en mi azuelo con la esperanza de captar un poco más su atención?

Puede que entendamos de manera diferente la palabra "adoración". Tal vez si clarifico mi concepto de adoración, usted no trace una línea de separación entre los cultos de "enseñanza", "edificación" o "exhortación" por un lado, y "adoración" por el otro.

Mi carnada consiste en afirmar que el plan de reunirse semanalmente para la enseñanza pero no para la adoración es como el plan de casarse sin sexo, por decirlo de una manera. O comer sin saborear. O hacer un descubrimiento sin emocionarse. O milagros sin asombro. O dádivas sin gratitud. O advertencias sin temor. O arrepentimiento sin lamentación. O resolución sin celo. O anhelos sin satisfacción. O ver sin observar.

---

1. David Peterson, antiguo catedrático de Nuevo Testamento en el Moore Theological College, Sydney, Australia, ha deplorado este desarrollo. Él señala que al reaccionar contra la distorsión del lenguaje de la adoración como refiriéndose a un mero acto litúrgico, en lugar de la totalidad de la vida, "muchos parecen haber abandonado cualquier aplicación del lenguaje a lo que hacemos en la iglesia. Con este tratamiento ha surgido un énfasis en reunirse para la comunión y para animarse mutuamente, con una mínima expectativa de encontrarse juntos con Dios". Consultado el 23 de junio de 2017, http://sydneyanglicans.net/blogs/ministrythinking/achurchwithoutworship.

La esencia de la adoración: saborear lo que vemos de Dios

Por otro lado, si usted cree, como yo, que *ver* la belleza espiritual de la verdad bíblica sin *saborearla* es pecado, tal vez reconsidere antes de minimizar la adoración como una razón para reunirse como iglesia. De hecho, la puede considerar más bien como la razón fundamental para hacerlo. Y sí, yo creo que saborear la gloria de Dios constituye la esencia de la verdadera adoración.

Me pregunto si está de acuerdo con esto. ¿Está de acuerdo con que la esencia central de la adoración es saborear la gloria de Dios en Cristo, o estar satisfecho con todo lo que Dios es para usted en Jesús? ¿O es esto demasiado subjetivo? Fíjese bien que uso la palabra *esencia*, no *totalidad*. No digo que saborear lo que vemos de Dios sea la *totalidad* de la adoración, sino la esencia, sin lo cual la adoración es vana (Mt. 15:8-9).

Me parece entonces que lo primero que debemos hacer, si hemos de presentar argumentos a favor de la predicación como parte del plan de Dios para las reuniones de adoración del pueblo de Dios, es argumentar bíblicamente que deben existir tales reuniones. El peso de dicho argumento queda expuesto en el capítulo 2. Sin embargo, se sustenta en la afirmación de que la *esencia* de la adoración es experimentar en el corazón afectos que engrandecen la belleza y el valor de Dios. Esto es cierto ya sea que la adoración se considere como la obediencia a Cristo en la vida cotidiana, las tareas del ministerio eclesial o la asamblea para la alabanza corporativa.

En otro aparte, he defendido en cierto detalle[2] que la adoración en el Nuevo Testamento, comparada con la adoración en el Antiguo Testamento, tendía a enfocarse en algo radicalmente sencillo e interno, con múltiples expresiones externas en la vida y en la liturgia que han podido adaptarse a lo largo de los siglos en miles de culturas diferentes. La adoración adoptó en el Nuevo Testamento el carácter propio de una religión que invita a *"ir y contar"* a todas las naciones (Mt. 28:18-20), en contraposición con los rituales detallados prescritos en el Antiguo Testamento propios de una religión que propone *"venir y ver"* (1 R. 10:1-13). En otras palabras, lo que encontramos en el Nuevo Testamento es una sorprendente ausencia de especificidad de la adoración como forma externa, y una intensificación radical de la adoración como una experiencia interna del corazón.

---

2. Ver John Piper, "The Inner Simplicity and Outer Freedom of Worldwide Worship", en *Let the Nations Be Glad!: The Supremacy of God in Missions*, 3rd ed. (Grand Rapids, MI: Baker Academic, 2010), 239-54. (Publicado en castellano por Clie con el título *¡Alégrense las naciones! La supremacía de Dios en las misiones*).

El indicador bíblico de la esencia interna de la adoración

Podemos ver indicadores que apuntan a esto. Un ejemplo se encuentra en Juan 4:23, donde Jesús dijo: "Mas la hora viene, y ahora es, cuando los verdaderos adoradores adorarán al Padre en espíritu y en verdad; porque también el Padre tales adoradores busca que le adoren". A mi modo de ver, "en espíritu" significa que esta verdadera adoración es movida por el Espíritu Santo y ocurre principalmente como una experiencia interna y espiritual, no como un suceso primordialmente externo o corporal (cf. Jn. 3:6). Y considero que "en verdad" significa que esta adoración verdadera es una respuesta a las visiones verdaderas de Dios, y se configura y guía según las visiones de Dios que son verdaderas.

Por esta y otras razones, sostengo que Jesús rompió con firmeza cualquier conexión necesaria entre la adoración y sus vínculos externos y geográficos. Se trata primordialmente de algo interior y está desprovista de ubicación alguna. "Jesús le dijo: Mujer, créeme, que la hora viene cuando ni en este monte ni en Jerusalén adoraréis al Padre" (Jn. 4:21). Esta esencia interna de la adoración es lo que Jesús tenía en mente cuando dijo, "Este pueblo de labios me honra; mas su corazón está lejos de mí. Pues en vano me honran" (Mt. 15:8-9). Cuando el corazón está lejos de Dios, la adoración es vana, insustancial, nula, sin importar cuán apropiada sea en su forma. La experiencia del corazón es la esencia vital e indispensable que define la adoración.

Así pues, en el Nuevo Testamento, la adoración aparece considerablemente desinstitucionalizada, desprovista de ubicación y de aspectos externos. Toda la idea central parte de ceremonias, temporadas, lugares y formas, y se traslada a lo que sucede en el corazón, no solo el domingo sino cada día y todo el tiempo a lo largo de toda la vida.

La esencia de la adoración orientada hacia Dios

Esta inclinación hacia Dios en todos los aspectos de la vida es lo que Pablo tiene en mente cuando dice: "Si, pues, coméis o bebéis, o hacéis otra cosa, hacedlo todo para la gloria de Dios" (1 Co. 10:31). Y, "todo lo que hacéis, sea de palabra o de hecho, hacedlo todo en el nombre del Señor Jesús, dando gracias a Dios Padre por medio de él" (Col. 3:17). Esto es adoración: *Demostrar con los actos la estima que hay en el corazón por la gloria de Dios y el nombre del Señor Jesús.* O, como vimos en la introducción, adorar significa conocer, atesorar de manera consciente y demostrar el valor supremo y la belleza de Dios.

Sin embargo, el Nuevo Testamento usa esas frases acerca de la más grande adoración (1 Co. 10:31 y Col. 3:17) sin hacer referencia alguna a los cultos de adoración. Son frases que describen la vida diaria. Incluso cuando Pablo nos hace el llamado, "sed llenos del Espíritu, hablando entre vosotros con salmos, con himnos y cánticos espirituales, cantando y alabando al Señor en vuestros corazones; dando siempre gracias por todo al Dios y Padre, en el nombre de nuestro Señor Jesucristo" (Ef. 5:18-20), no hace mención alguna de tiempo, lugar, o reunión específicos. De hecho, las palabras clave son "siempre" y "por todo", "dando *siempre* gracias y *por todo*" (cf. Col. 3:17). Esto puede ser, en realidad, lo que deberíamos hacer en un *culto de adoración*, aunque Pablo no se detiene a decírnoslo. Se preocupa más bien por hacer un llamado a una autenticidad radical e interior en la adoración, y a su predominancia que abarca y permea todos los aspectos de la vida. El lugar y la forma no son esenciales. El espíritu y la verdad son lo único que importa.

La experiencia interior que permea la vida entera

Así pues, mi conclusión es que el Nuevo Testamento evidencia una asombrosa indiferencia hacia las formas y los lugares externos de adoración. Al mismo tiempo, intensifica de manera radical la adoración como una experiencia interna, espiritual e ilimitada que permea la vida entera. Una de las razones para este tratamiento neotestamentario es que el Nuevo Testamento no es un manual detallado para los cultos de adoración. Antes bien, es un manual para vivir la vida cristiana en la diversidad representada en miles de culturas que son libres para encarnar la realidad espiritual y moral de la adoración que se encuentra en el Nuevo Testamento. Por eso mi argumento más detallado para este concepto de la adoración en el Nuevo Testamento se encuentra en mi libro acerca de las misiones[3]. El giro radical de las formas de adoración externas y detalladas del Antiguo Testamento a las formas flexibles que expresan la esencia interna de la adoración en el Nuevo Testamento, no es solo un tema teológico sino que también atañe a la misionología.

¿Qué es esta experiencia de adoración interior y espiritual?

En lugar del extenso argumento presentado en *¡Alégrense las naciones!*, permítame presentar un ejemplo bíblico de cómo la Biblia revela la esencia

3. Véase nota 2.

interna de la adoración como el acto de *saborear la gloria de Dios en Cristo,* o *estar satisfecho con todo lo que Dios es para nosotros en Jesús.* Doy por sabido que la adoración, ya sea el acto interno del corazón, el acto externo de obediencia diaria, o el acto colectivo de la congregación, consiste en engrandecer a Dios. Es decir, es un acto que de manera consciente muestra cuán grandioso es nuestro Dios. Digo "de manera consciente" porque aunque la luna y las estrellas demuestran cuán grandioso es nuestro Dios, no están adorando, puesto que no tienen consciencia. En cambio, la adoración es un acto consciente (interior o exterior) que revela o expresa cuán grande y glorioso es Dios. Adorar es conocer, atesorar y demostrar el valor de Dios.

Uno de los pasajes que revelan la esencia interior de la adoración con mayor claridad es Filipenses 1:20-23:

> Conforme a mi anhelo y esperanza de que en nada seré avergonzado; antes bien con toda confianza, como siempre, ahora también será magnificado Cristo en mi cuerpo, o por *vida* o por *muerte*. Porque para mí el *vivir* es Cristo, y el *morir* es ganancia. Mas si el vivir en la carne resulta para mí en beneficio de la obra, no sé entonces qué escoger. Porque de ambas cosas estoy puesto en estrecho, teniendo deseo de partir y estar con Cristo, lo cual es muchísimo mejor.

Observe que la pasión de Pablo en la vida es que lo que haga con su cuerpo, ya sea en vida o en muerte, sea siempre adoración, a fin de que sea "magnificado Cristo" (v. 20). Así pues, la pregunta es: ¿Nos dice Pablo qué clase de experiencia interior glorifica a Cristo de esa manera? Sí, lo dice. Nos lo muestra por la manera como conecta el versículo 21 con el versículo 20.

Observe que en el versículo 20, "vida" y "muerte" corresponden a "vivir" y "morir" en el versículo 21. Y la conexión entre los dos versículos es que el versículo 21 nos presenta las bases que determinan cómo el vivir y el morir pueden magnificar a Cristo. "Conforme a mi anhelo y esperanza... será magnificado Cristo en mi cuerpo, o por vida o por muerte. *Porque* para mí el vivir es Cristo, y el *morir* es ganancia".

Una conexión clave: ganancia en la muerte, excelencia de Cristo

El versículo 21 describe la experiencia interna que exalta a Cristo y que constituye la esencia de la adoración. Para poder ver esto, tomemos el par "muerte" y "morir". "Mi... esperanza... será magnificado Cristo en mi cuerpo... por *muerte*... Para mí... el *morir* es ganancia". Es decir, Cristo será magnificado en mi muerte si mi morir es ganancia para mí. Ahí está. La experiencia interna que magnifica a Cristo en la muerte es considerar la muerte como ganancia.

Pero ¿qué es eso? ¿Por qué asumir la muerte como ganancia magnifica la grandeza de Cristo? El versículo 23 da la respuesta: "teniendo deseo de partir y estar con Cristo, lo cual es muchísimo mejor". Esto es lo que hace la muerte: Nos lleva para estar "con Cristo", es decir, nos lleva a una experiencia plena con Cristo. Partimos y estamos con Cristo, y eso, afirma Pablo, es ganancia. Y cuando usted experimenta la muerte de esa manera, según dice Pablo, usted magnifica a Cristo, deja ver su excelencia. Experimentar a Cristo como ganancia en nuestro morir magnifica a Cristo. Esta es la esencia de la adoración en la hora de la muerte y en la vida (como lo muestra Fil. 3:8).

Ganancia significa satisfacción plena en la pérdida

Ahora podemos decir que la esencia interna de la adoración es estimar a Cristo como ganancia. De hecho, una ganancia mayor que todo lo que la vida puede ofrecer, lo cual incluye familia, carrera, jubilación, fama, comida, amigos. La esencia de la adoración es experimentar a Cristo como una ganancia mayor que todo lo que la vida puede ofrecer. Y a esto es a lo que me refiero con las palabras *saborear a Cristo, atesorar a Cristo, estar satisfecho con Cristo*. Esta es la esencia interna de la adoración. Porque, como dice Pablo, experimentar a Cristo como ganancia, como una satisfacción mayor en la muerte, es la forma como Cristo es magnificado en la muerte.

Me encanta resumir lo que yo denomino "hedonismo cristiano" con la frase "Dios se glorifica más en nosotros cuando hallamos en Él la satisfacción suprema". Si usted se pregunta de dónde saqué esa frase, la respuesta es aquí mismo en Filipenses 1:20-21. Cristo es magnificado en mi muerte, cuando en mi muerte yo estoy satisfecho en Él, cuando experimento la muerte como ganancia porque lo gano a Él. O, dicho de otra manera, la esencia de alabar a Cristo consiste en estimar a Cristo. Cristo será alabado en mi muerte, si en mi muerte Él es estimado más que la vida. La esencia interna de la adoración es estimar a Cristo, atesorarlo, valorarlo, encontrar la plena satisfacción en Él.

El paso siguiente: ¿Son esenciales los cultos de adoración?

Todavía no hemos determinado si la reunión habitual del pueblo de Dios para la adoración corporativa es esencial o normativa. Pero si podemos establecer esa importancia a partir de las Escrituras, esta esencia interna de la adoración afectaría profundamente lo que hacemos y el propósito de la predicación. En la predicación, y en todas las demás partes del culto, "perseguiríamos con ansias a Dios", lo cual quiere decir que buscaríamos con ansias la *satisfacción* en Dios, buscaríamos con ansias a Dios como nuestra *recompensa*, y buscaríamos con ansias a Dios como nuestro *tesoro*, como *el alimento de nuestra alma*, *el deleite de nuestro corazón* y *la dicha* de nuestro espíritu. Porque sabemos, gracias a Filipenses 1:20-21 y 3:8, que experimentar a Cristo como nuestra ganancia suprema lo magnifica, lo exalta y lo adora, ya sea en la calle o en el santuario.

Ahora planteemos el siguiente paso del argumento: ¿Existe una justificación bíblica para creer que las reuniones habituales de las iglesias cristianas locales para la adoración corporativa son esenciales para el logro de la meta de Dios para su pueblo en este mundo?

2

La adoración corporativa

Bíblica y bellamente apropiada

Dado que el enfoque de este libro es la naturaleza y el método de la predicación en las reuniones habituales de los cristianos para la adoración corporativa, es importante explicar por qué dichas reuniones son esenciales en la vida de la iglesia cristiana. En el capítulo anterior sostuve que la esencia interna de la adoración es estar satisfecho con todo lo que Dios es para nosotros en Cristo, o saborear la gloria de Dios en Cristo. En lo referente a la *esencia interna* de la adoración, quise dar a entender que hay más en la adoración que su esencia, no menos. Dicha esencia tiene raíces, y también ramas. Ambas son esenciales en la adoración corporativa.

En la introducción, definí este conjunto de la adoración como conocer, atesorar y demostrar el valor supremo y la belleza de Dios, el Dios trino de las Escrituras cristianas. Conocer la gloria de Dios y sus obras y caminos es la raíz de la esencia interior de la adoración. Atesorar (o saborear) las numerosas glorias que son así conocidas, constituye la esencia interna. Y todas nuestras demostraciones externas de este atesoramiento interno constituyen las ramas de la esencia interna.

El argumento de la belleza moral

La pregunta que plantea este capítulo es: ¿Por qué las reuniones habituales de adoración corporativa constituyen una de las múltiples demostraciones del valor supremo de Dios cuando expresamos externamente, en "cultos de adoración", lo que sabemos y atesoramos acerca de su gloria? Mi respuesta a esta pregunta consiste en argumentar que tales reuniones son bellamente apropiadas. Adopto esta concepción con base ante todo en el precedente que encontramos en el Salmo 147:1 (LBLA):

> ¡Aleluya!
> Porque bueno es cantar alabanzas a nuestro Dios,
> porque agradable y *apropiada* es la alabanza.

La palabra que se traduce "apropiada" (*navá*) significa "bella" o "preciosa", como en Cantares 1:5 ("soy morena pero *preciosa*", LBLA) y 2:14 ("*precioso* tu semblante", LBLA, cf. 4:3; 6:4). Sin embargo, el significado de la palabra trascendió la mera belleza física y pasó a referirse a la belleza moral. Podríamos decir, por ejemplo, "ese fue un *hermoso* acto de amor y sacrificio". Y cuando el concepto de belleza pasa del simple aspecto físico para incluir la dimensión espiritual o moral de la realidad, el significado de "apropiado" se hace evidente. Porque, ¿qué es belleza moral absoluta e invisible sino algo que es precisamente lo que debería ser? Es lo que corresponde perfectamente con la realidad definitiva.

De ahí que la misma palabra se use para referirse a lo que es "conveniente", "adecuado" o "pertinente", como en Proverbios 17:7: "No *conviene* (*navá*) al necio la altilocuencia; ¡cuánto menos al príncipe el labio mentiroso!". La altilocuencia puede ser bella en algunas personas, pero en boca de un necio está fuera de lugar, es inapropiada, inoportuna, extraña. Como Proverbios 11:22 que dice: "Como zarcillo de oro en el hocico de un cerdo es la mujer bella y apartada de razón". Hay algo que no encaja. No es hermoso.

La mayor justificación posible

Voy pues a plantear mi argumento acerca de las reuniones habituales de adoración corporativa basándome en que son bellamente apropiadas, pero no solo porque existe un precedente bíblico. La conveniencia moral en la naturaleza definitiva de las cosas constituye la justificación mayor posible para cualquier asunto. Si Dios revela que algo es absolutamente *apropiado*, ha decretado la afirmación más absoluta posible, algo que corresponde con su naturaleza y con sus caminos. A la luz de su manera de ser y de la manera como diseñó el universo, esto concuerda perfectamente. Es hermoso. En eso consiste la belleza. Es la cualidad de estar en perfecta armonía con la manera de ser de Dios.

Esta es una justificación mucho más profunda que el argumento de la adoración corporativa como un mandamiento de Dios. Antes de ser ordenada, la adoración corporativa es bellamente apropiada. La adoración no se vuelve bella porque es ordenada. Es ordenada porque es fundamentalmente bella; es decir, está en perfecta armonía con lo que Dios es y con el propósito con el cual creó al hombre.

Si es apropiada en el Antiguo, ¿cuánto más en el Nuevo?

Hay razones bíblicas de peso que explican la tradición de dos mil años de las iglesias cristianas de reunirse al menos una vez a la semana para la adoración corporativa. Y la gran mayoría de estas iglesias no han descubierto el uso de la palabra *adoración* para describir el propósito principal por el cual se reúnen. Eso también tiene una razón de ser bíblica.

Empecemos nuestro argumento a favor de la bella idoneidad de la adoración corporativa cristiana habitual notando que si tal adoración era apropiada en los tiempos del Antiguo Testamento, lo es mucho más en los tiempos del Nuevo Testamento, siendo que tenemos una revelación mucho más completa de la gloria de Dios en Cristo. Sabemos por el Antiguo Testamento que Dios ordenó que se le debía adorar colectivamente, no solo individualmente. Es impensable considerar que la adoración sea menos apropiada para el pueblo de Dios del nuevo pacto, que conoce mejor cuán digno de alabanza es Dios en Cristo. Sería muy anómalo afirmar que el Dios revelado en el éxodo sea a todas luces digno de congregar en torno a Él una asamblea que lo alaba, mientras el Dios que levantó a Jesús de los muertos no recibe tal adoración unida y pública.

Los salmistas dejan claro que Dios ha dispuesto que su pueblo se congregue para adorarlo colectivamente: "En medio de la *congregación* te alabaré" (Sal. 22:22). "De ti será mi alabanza en la gran *congregación*" (Sal. 22:25). "Te confesaré en grande *congregación*; te alabaré entre *numeroso* pueblo" (Sal. 35:18). "He anunciado justicia en grande *congregación*; / He aquí, no refrené mis labios, / Jehová, tú lo sabes. / ... No oculté tu misericordia y tu verdad en grande *asamblea*" (Sal. 40:9-10). "Bendecid a Dios en las *congregaciones*" (Sal. 68:26). "Exáltenlo en la *congregación* del pueblo, / y en la reunión de ancianos lo alaben" (Sal. 107:32).

Como hemos visto, una manera de describir la razón de Dios para mover a su pueblo a adorarlo de esta manera es que es "bueno", "agradable" y "apropiado". "¡Aleluya! / Porque *bueno* es cantar alabanzas a nuestro Dios, / porque *agradable* y *apropiada* es la alabanza" (Sal. 147:1, LBLA). "Alegraos, oh justos, en Jehová; / en los íntegros es *bella* la alabanza" (Sal. 33:1).

Llamar las alabanzas del pueblo de Dios "buenas", "agradables" y "apropiadas" significa que sus alabanzas en privado y "en grande congregación" no son fortuitas. No son algo arbitrario ni caprichoso. Dios no hace nada que no sea "apropiado". La alabanza "coincide" con la realidad definitiva. Encaja bellamente, gratamente. Por eso es "buena". Hay algo acerca de la naturaleza de Dios y de la naturaleza del corazón humano (a solas y en comunidad) que hace que la adoración sea apropiada, es decir, pertinente, adecuada, indicada, oportuna, conveniente, acertada, bella.

Si fue apropiado, bueno y agradable para el pueblo de Israel bendecir, alabar y dar gracias a Dios por librarlos "en grande congregación", es aún más apropiado, bueno y agradable para los cristianos reunirse con el mismo propósito. Y eso es lo que hemos hecho a lo largo de dos mil años.

La gloria singular que Dios recibe de la adoración corporativa

Otra razón que explica por qué es apropiada la adoración corporativa del pueblo de Dios es la gloria mayor que recibe Dios de la adoración corporativa unificada, en comparación con la adoración solitaria e individual. Claro está, Dios se glorifica en los cristianos individuales cuyos corazones egoístas han sido liberados para atesorar a Dios por encima de todas las cosas. Cada alma conquistada es un trofeo de la gracia soberana (Hch. 18:27) y ha sido diseñada por Dios "para alabanza de la gloria de su gracia" (Ef. 1:6). Cada buen árbol que lleva fruto de alabanza es "plantío de Jehová, *para gloria suya*" (Is. 61:3).

No obstante, hay más gloria divina para deleitarse y demostrar en la unidad de corazón, de mente y de acción de un pueblo diverso que adora de manera colectiva. Hay dos razones para esto, dos maneras como el Señor recibe mayor gloria de la adoración corporativa que de la adoración individual.

La gloria de vencer más obstáculos

Primero, tal unidad es más difícil de alcanzar que la gloria que se deriva a partir de individuos esparcidos que alaban a Dios a su manera. Toda alabanza individual genuina al Dios verdadero es un milagro divino de la gracia soberana. Pero otro milagro mucho mayor ocurre cuando esos individuos no solo pasan de muerte a vida, sino de la *ruptura* de muerte a la *unidad* de vida. Por consiguiente, es apropiado que el Señor reciba esa adoración unida, puesto que es agradable, bueno y hermoso que Él sea honrado por el gran poder que despliega para generar esa adoración corporativa unificada.

La gloria de un nuevo tipo de belleza

En segundo lugar, la adoración corporativa unificada entre seres humanos diversos produce una belleza que glorifica a Dios y que no existe en la adoración individual por sí sola. Sabemos esto gracias a las analogías con las que estamos familiarizados en la vida cotidiana: la música, el deporte, el ejército, etc. En la música, hay un tipo de belleza que surge de la armonía a cuatro voces que es diferente a la belleza del sonido al unísono. Hay cierta belleza en la sinfonía unificada de los instrumentos que es diferente a la belleza del solista virtuoso.

En el deporte, hay belleza en la ejecución individual asombrosa de un jugador de baloncesto profesional, pero una belleza diferente en las jugadas magistrales del equipo como un todo. Hay mayor belleza cuando el "equipo" coordina la acción en torno al cesto que complementa los lanzamientos de fuera. En el ejército, las hazañas individuales son bellas, pero hay otro tipo de belleza en los grandes movimientos de tropas que son organizados con impecable precisión y que se traducen en una victoria para toda la fuerza armada.

De igual manera, cuando los seres humanos de diversas etnias, trasfondos, gustos, expectativas, deseos, prioridades, aversiones, admiraciones y necesidades unen sus corazones, mentes, voces y acciones en adoración unificada al único Dios verdadero por medio de Jesucristo, traen al mundo una realidad que es bellamente *apropiada*. Es una adoración acorde con el poder y la dignidad de Dios, cuya gloria es capaz de conquistar las alabanzas humildes y desinteresadas de un pueblo diverso.

Imágenes colectivas del pueblo de Cristo que glorifican a Dios

Otra realidad que hace *apropiada* la adoración corporativa habitual del pueblo de Cristo es la naturaleza de la iglesia como fue revelada en las imágenes que usa el Nuevo Testamento para describirla. Tengo en mente los términos *cuerpo, familia, esposa, rebaño, iglesia, templo, sacerdocio, linaje, nación, adquisición* y *pueblo*. Cada una de estas imágenes expresa la naturaleza colectiva del pueblo de Dios, y cada una, en mayor o menor medida, señala cuán apropiado es para los cristianos reunirse para adorar a Cristo.

El cuerpo

> Los gentiles son coherederos y miembros del mismo cuerpo, y copartícipes de la promesa en Cristo Jesús por medio del evangelio (Ef. 3:6).

Junto con el remanente del Israel verdadero (Ef. 2:12), los creyentes gentiles forman "un cuerpo" en Cristo por el Espíritu. "Porque por un solo Espíritu fuimos todos bautizados en un cuerpo, sean judíos o griegos, sean esclavos o libres; y a todos se nos dio a beber de un mismo Espíritu" (1 Co. 12:13). Hay un énfasis doble en la imagen del "cuerpo" para la iglesia. Por un lado, que somos "miembros los unos de los otros" (Ro. 12:5; Ef. 4:25). Por el otro, que Jesucristo es la "cabeza del cuerpo" (Col. 1:18).

El hecho de que el cuerpo tiene una cabeza supone, para Pablo, que Jesús ha de ser adorado. Colosenses 1:18 dice además: "y Él es la cabeza del cuerpo que es la iglesia, él que es el principio, el primogénito de entre los muertos, *para que en todo tenga la preeminencia*". En otras palabras, se nos insta a dejar que nuestra identidad colectiva guíe nuestra mente a Jesucristo, la cabeza que en todo tiene la preeminencia. Ser el cuerpo de Cristo significa ser un pueblo cuya vida corporativa depende de la preeminencia de la cabeza, y está diseñado para magnificarla. Por lo tanto, sería inapropiado que este cuerpo a través de sus expresiones locales (1 Co. 12:12, 21) no se esforzara por congregarse, como un cuerpo, para alabar la preeminencia de su cabeza, Jesucristo.

La familia

En el término *familia* incluyo las imágenes de "hijos de Dios" (Jn. 1:12; Ro. 8:16), de "hijos e hijas" de Dios (2 Co. 6:18) y de "hermanos" (Mt. 23:8; He. 2:11).

> Así que ya no sois extranjeros ni advenedizos, sino conciudadanos de los santos, y miembros de la familia de Dios (Ef. 2:19; cf. 1 Ti. 3:15).

Esta imagen incluye no solo la realidad colectiva próxima de la que goza una familia, sino también la relación de esta familia con Dios y con Cristo. La familia tiene "un Padre" (Mt. 23:9); y "uno es vuestro Padre" (Mt. 10:25) en esta familia. Y la familia tiene un hermano mayor que tiene la preeminencia como "el primogénito entre muchos hermanos" (Ro. 8:29). Cada una de esas relaciones señala una adoración familiar extraordinaria.

En primer lugar, existe la premisa de que un padre debe ser honrado de manera singular en la familia: "Honra a tu padre" (Ef. 6:2). "Si, pues, soy padre, ¿dónde está mi honra?" (Mal. 1:6). Existe además el gran honor debido al padre de familia: "Si al *padre de familia* llamaron Beelzebú, ¿cuánto más a *los de su casa*?" (Mt. 10:25). La lógica de este argumento depende de que el padre de familia sea digno de mayor honra que los miembros de su casa. A la luz de lo que conocemos acerca de la verdadera distancia que existe entre los miembros humanos de la familia y el Padre de familia celestial, el honor que Él merece supone una familia que adora.

De igual forma, en Romanos 8:29, Pablo señala la adoración de Cristo entre los "hermanos" cuando dice: "Porque a los que antes [Dios] conoció, también los predestinó para que fuesen hechos conformes a la imagen de su Hijo, *para que Él sea el primogénito entre muchos hermanos*". El propósito ("para que") según el cual todos los miembros de la familia han sido predestinados para ser como el unigénito Hijo de Dios es "para que Él sea el primogénito" (*prototókos*). Las implicaciones de esto han sido reveladas en Colosenses 1:18: "Él que es el principio, *el primogénito* (*prototókos*) de entre los muertos, *para que en todo tenga la preeminencia*".

En otras palabras, la imagen de la iglesia como una familia no solo muestra su realidad corporativa sino también la intención de Dios de que Él y su Hijo (Padre, Padre de familia, Primogénito) reciban honra como el dador y el protector de la vida, el dueño y el guarda de todo, y como absolutamente preeminente. Esta es otra manera de decir que sería inapropiado que la familia no se reuniera a experimentar y expresar su honra al Padre, al Padre de familia, y al preeminente Hermano mayor.

La esposa

Jesús no es polígamo. Él tiene una esposa.

> Vino entonces a mí uno de los siete ángeles que tenían las siete copas llenas de las siete plagas postreras, y habló conmigo, diciendo: Ven acá, yo te mostraré la desposada, la *esposa* del Cordero (Ap. 21:9).

Esto da a entender una notable singularidad y una identidad corporativa para el pueblo de Cristo. Queda aún más claro cuando nos detenemos a meditar en cuán inapropiado es que los individuos cristianos, especialmente hombres, hablen de Cristo como su esposo en sentido individual. Llamar al pueblo de Cristo su "esposa" no sugiere un romance con cristianos individuales, sino en sentido colectivo el liderazgo, la sumisión, el amor sacrificado y la reverencia.

> Las casadas estén sujetas a sus propios maridos, como al Señor; porque el marido es cabeza de la mujer, así como Cristo es cabeza de la iglesia,

> la cual es su cuerpo, y él es su Salvador. Así que, como la iglesia está sujeta a Cristo, así también las casadas lo estén a sus maridos en todo. Maridos, amad a vuestras mujeres, así como Cristo amó a la iglesia, y se entregó a sí mismo por ella, para santificarla, habiéndola purificado en el lavamiento del agua por la palabra, a fin de presentársela a sí mismo, una iglesia gloriosa, que no tuviese mancha ni arruga ni cosa semejante, sino que fuese santa y sin mancha. Así también los maridos deben amar a sus mujeres como a sus mismos cuerpos. El que ama a su mujer, a sí mismo se ama. Porque nadie aborreció jamás a su propia carne, sino que la sustenta y la cuida, como también Cristo a la iglesia... Por lo demás, cada uno de vosotros ame también a su mujer como a sí mismo; y la mujer respete a su marido (Ef. 5:22-29, 33).

Pablo no invierte los roles cuando compara la relación entre la iglesia y Cristo con la relación entre una esposa y un esposo, en ese orden. Cristo y la iglesia no son intercambiables. Por eso la analogía funciona. Cristo dirige como cabeza (vv. 22-23). Él se entrega a la muerte (v. 25) para salvar (v. 23), santificar (v. 26), sustentar (v. 29) y hacer gloriosa (v. 23) a su esposa. Todo esto, a fin de que ella gustosamente se someta a él (v. 22) y lo reverencie. La palabra que se traduce "respeto" en el versículo 33 es la palabra *fobetai*, que comúnmente significa "temor", pero que probablemente debe entenderse en este contexto como "respeto" o "reverencia". Así que en esta imagen de la iglesia como esposa están presentes unos indicadores importantes para la estima, el respeto y la sumisión que la iglesia profesa a Cristo.

Es claro también en el lenguaje de Pablo en Efesios 5 que él desea que veamos esta relación como una experiencia de adoración *gozosa*. Claro está que hay reverencia y sumisión. Pero lo que engloba todo esto es lo siguiente: Cristo la ama, se entrega por ella, la santifica, la limpia, le quita toda mancha y arruga (¡eterna juventud!), la sustenta, la atesora y se la presenta a sí mismo. Si la iglesia realmente se ve a sí misma de esta manera, ¿sería apropiado que no existieran asambleas para expresar colectivamente este gozo y nuestro anhelo por la cena de las bodas del Cordero que está próxima (Ap. 19:9)?

El rebaño

> Yo soy el buen pastor; y conozco mis ovejas, y las mías me conocen, así como el Padre me conoce, y yo conozco al Padre; y pongo mi vida por las ovejas. También tengo otras ovejas que no son de este redil; aquéllas

> también debo traer, y oirán mi voz; y habrá un rebaño, y un pastor. Por eso me ama el Padre, porque yo pongo mi vida, para volverla a tomar. Nadie me la quita, sino que yo de mí mismo la pongo. Tengo poder para ponerla, y tengo poder para volverla a tomar. Este mandamiento recibí de mi Padre (Jn. 10:14-18; cf. 1 P. 5:1-3).

Cuando todas las ovejas que están dispersadas por todo el mundo (Jn. 11:52) oigan la voz del Pastor y vengan a Cristo, habrá "un rebaño" (10:16). Ese es el énfasis colectivo de esta imagen. Sin embargo, el énfasis recae considerablemente sobre el asombroso poder y la autoridad del Pastor, superior a cualquier poder común que pueda tener un pastor. Las ovejas le pertenecen de antemano (v. 14), dondequiera que se encuentren en el mundo (v. 16) y *antes* de que ellas vinieran a Él. "Conozco mis ovejas". "Tengo otras ovejas". Su voz es irresistible cuando llama a las ovejas que le pertenecen (v. 16). "*Oirán* mi voz". Eso es lo que quiere decir cuando afirma: "*Debo* traer". La voz ejecutará esa tarea.

En seguida vienen las incomparables palabras de amor y autoridad: "Yo pongo mi vida" por las ovejas (vv. 15, 17). "Nadie me la quita... tengo poder para volverla a tomar" (v. 18). Ahora bien, no se trata de un pastor cualquiera, y la respuesta de este rebaño indudablemente no es la respuesta común de las ovejas. Si resulta supremamente maravilloso que un gran Pastor reúna las ovejas de todos los rincones del mundo muriendo por ellas y levantándose de los muertos, entonces es supremamente apropiado que ese rebaño exprese a una sola voz sus alabanzas por un amor, una autoridad y un poder semejantes. Sin duda se reunirán con regularidad en las praderas, incapaces de contener su asombro ante un Pastor semejante.

La asamblea, la iglesia

La palabra más común en el Nuevo Testamento para referirse al pueblo de Cristo es *ekklesía*, que se traduce más de cien veces "iglesia". Por lo general, la palabra "iglesia" no da un solo significado de *ekklesía*. "Iglesia", en inglés, se basa en una antigua palabra inglesa para denotar "del Señor" o "que pertenece al Señor", de ahí que posiblemente se interprete como la "casa del Señor" o "el pueblo del Señor". Sin embargo, según su raíz, la palabra no sugiere "casa" ni "pueblo". De modo que la etimología de la palabra *iglesia* no nos dice mucho.

La palabra *ekklesía* significa simplemente "asamblea", un grupo de personas que se reúnen con un fin secular o religioso. En Hechos 19 se usa tres veces para referirse a una asamblea secular (vv. 32, 29, 41). ¿Por qué se escogió esta palabra como la referencia más clara al pueblo de Cristo en el Nuevo Testamento?

Tal vez porque la traducción griega del Antiguo Testamento hebreo (denominada la Septuaginta y cuya abreviación es LXX) revela una preferencia por traducir la palabra hebrea para referirse a la congregación de Israel reunida (*cajál*) como *ekklesía*. De ahí que nueve de los diez usos de *cajál* en los Salmos se traduzcan en la Septuaginta como *ekklesía*. Por ejemplo:

> Te confesaré en grande *congregación* [*ekklesía*];
> Te alabaré entre numeroso pueblo (Sal. 35:18; LXX 34:18).
>
> He anunciado justicia en grande *congregación* [*ekklesía*];
> He aquí, no refrené mis labios, Jehová, tú lo sabes (Sal. 40:9; LXX 39:10).
>
> Cantad a Jehová cántico nuevo;
> Su alabanza sea en la congregación [*ekklesía*] de los santos (Sal. 149:1).

Esta conexión entre la palabra más común del Nuevo Testamento para referirse al pueblo de Cristo (iglesia) y la palabra usada en el Antiguo Testamento para referirse al pueblo de Israel reunido, lo cual incluye las asambleas de adoración, denota que hay una alusión a la adoración corporativa en la palabra iglesia (*ekklesía*).

El templo, la casa, el sacerdocio, el linaje, la nación, el pueblo adquirido, el pueblo

Por último, en nuestro sumario de imágenes de la iglesia en el Nuevo Testamento, el apóstol Pedro nos presenta una serie de seis imágenes (la casa, el sacerdocio, el linaje, la nación, el pueblo adquirido y el pueblo), las cuales están conectadas de manera explícita con la adoración corporativa.

> Acercándoos a él, piedra viva, desechada ciertamente por los hombres, mas para Dios escogida y preciosa, vosotros también, como piedras vivas, sed edificados como *casa espiritual* y *sacerdocio santo*, para ofrecer sacrificios espirituales aceptables a Dios por medio de Jesucristo... Mas vosotros sois *linaje escogido, real sacerdocio, nación santa, pueblo adquirido por Dios*, para que anunciéis las virtudes de aquel que os llamó de las tinieblas

> a su luz admirable. Vosotros que en otro tiempo no erais pueblo, pero que ahora sois *pueblo de Dios*; que en otro tiempo no habíais alcanzado misericordia, pero ahora habéis alcanzado misericordia (1 P. 2:4-10).

Esta es quizá la conexión más explícita que encontramos en el Nuevo Testamento entre la existencia de la iglesia y los propósitos divinos de adoración corporativa. Pedro dice que los cristianos "como piedras vivas [son] edificados como casa espiritual" para ser un "sacerdocio santo, *para ofrecer sacrificios espirituales aceptables a Dios por medio de Jesucristo*". Hay una frase que señala un propósito explícito que define la razón por la cual Dios está edificando "una casa espiritual [con piedras vivas individuales]", es decir, la iglesia. Él lo hace *a fin de que* ellos ofrezcan "sacrificios espirituales aceptables a Dios por medio de Jesucristo". No me atrevería a limitar el significado de dichos sacrificios a la adoración corporativa, pero la imagen de la casa y del sacerdocio no admite dudas al respecto.

En seguida, Pedro declara el mismo propósito para la iglesia una vez más en el versículo 9, solo que con otras palabras. "Mas vosotros sois linaje escogido, real sacerdocio, nación santa, pueblo adquirido por Dios, *para que anunciéis las virtudes de aquel que os llamó de las tinieblas a su luz admirable*". Aquí conecta nuestra realidad corporativa como nuevo linaje, nuestro sacerdocio real, nuestra nueva raza santa ("nación", *éthnos*), nuestro preciado estatus como pueblo adquirido, y conecta todo con nuestro propósito: anunciar sus virtudes.

El punto aquí no es discutir si la palabra "anunciar" se aplica únicamente al lenguaje de la adoración corporativa. De hecho, quisiera hacer la salvedad que en este pasaje Pedro también tiene en mente la proclamación de las virtudes de Dios con palabras y hechos a los ojos del resto del mundo (cf. 1 P. 2:12). Lo que quiero decir simplemente es que este pasaje abunda en las imágenes y propósitos de la adoración corporativa. Por consiguiente, en la mente de Pedro la sola existencia y naturaleza de la iglesia revela su llamado a ser un pueblo que adora. En efecto, sería extraño e inapropiado que esta "casa espiritual" construida en una unidad colectiva formada por piedras vivas individuales, con el propósito de ofrecer sacrificios de alabanza, nunca se reuniera con ese fin.

Comunicarnos con cánticos a Dios

El apóstol Pablo nos permite entrever de nuevo la bella idoneidad de la adoración corporativa cristiana, la cual expresa con dos exhortaciones directas:

> No os embriaguéis con vino, en lo cual hay disolución; antes bien sed llenos del Espíritu, hablando entre vosotros con salmos, con himnos y cánticos espirituales, cantando y alabando al Señor en vuestros corazones; dando siempre gracias por todo al Dios y Padre, en el nombre de nuestro Señor Jesucristo (Ef. 5:18-20).

> La palabra de Cristo more en abundancia en vosotros, enseñándoos y exhortándoos unos a otros en toda sabiduría, cantando con gracia en vuestros corazones al Señor con salmos e himnos y cánticos espirituales. Y todo lo que hacéis, sea de palabra o de hecho, hacedlo todo en el nombre del Señor Jesús, dando gracias a Dios Padre por medio de Él (Col. 3:16-17).

Ambas exhortaciones instan a los hermanos a entonar "salmos, himnos y cánticos espirituales", los unos a los otros, y a Dios: "hablando *entre vosotros* con salmos" y "cantando... *al Señor*" (Ef. 5:19); enseñando y exhortándose "*unos a otros* en toda sabiduría, cantando... *al Señor* con salmos" (Col. 3:16). Este cantar bidireccional, al hombre y a Dios, es lo que hace de la adoración corporativa una experiencia *colectiva*, y lo que la hace *adoración*. Si estuviéramos tan dispersos que no pudiéramos oírnos cantar los unos a los otros, no sería *colectiva*. Y si no estuviéramos cantando al Señor (o refiriéndonos al Señor), no sería *adoración*.

¿Reunirnos para edificación y no para adoración?

Este punto necesita subrayarse porque es aquí precisamente donde algunas personas se desvían hacia el postulado superficial según el cual las asambleas del Nuevo Testamento del pueblo de Cristo no tenían como finalidad la adoración sino únicamente la edificación. Según esto, las asambleas nunca fueron llamadas "cultos de adoración" como los llamamos hoy, de modo que es erróneo ponerles ese nombre, ya que no lo eran, y también porque esa no es la razón por la cual deberíamos reunirnos.

Yo llamo esto un postulado superficial por tres razones. Una es que toma con ligereza las palabras de Pablo en Efesios 5:18-20 y Colosenses 3:16-17. Estos pasajes describen con claridad y, al menos en parte, lo que sucede cuando los cristianos se reúnen y por qué se reúnen. Se reúnen, entre otras razones, para cantar. Y esto es adoración cristiana, porque cantan "al Señor [Jesús]". Alegar que esta práctica de cantar "para el Señor" solo importa por el efecto que produce en las personas que nos rodean es como afirmar que usted agradece los regalos que recibe solamente para enseñar gratitud a los demás, o que la única razón por la cual usted besa a su esposa es para instruir a sus hijos acerca del significado del matrimonio.

Pablo no elogia la hipocresía. Él aplaude y ordena que nos deleitemos en el Señor mismo, "cantando con gracia *en [nuestros] corazones* al Señor". ¡Al Señor! ¡En nuestro corazón! Esto es adoración. Y es corporativa.

¿Para qué nos edificamos?

La segunda razón por la cual digo que es un argumento superficial asegurar que las asambleas del pueblo de Cristo en el Nuevo Testamento no tenían como fin la adoración sino únicamente la edificación, es que tal planteamiento no penetra lo suficiente en lo que es la edificación y cómo se relaciona con la dimensión vertical de enfocarse en Dios. ¿Qué pasa si edificar (*oikodoméo*) es una descripción de "*ofrecer sacrificios espirituales aceptables* a Dios por medio de Jesucristo" (1 P. 2:5)? ¿Qué pasa si *edificar* significa alentar a otros a hacer "todo para la gloria de Dios" (1 Co. 10:31)? ¿Qué pasa si *edificar* significa hacerlo "todo en el nombre del Señor Jesús" (Col. 3:17)? En otras palabras, ¿qué pasa si *edificar* significa ayudar a otros a enfocarse en Dios y a exaltar a Cristo de manera radical?

No es tan obvio, cuando se analiza bíblicamente, determinar si la edificación (*oikodomé*) es una alternativa a la adoración. Realmente *no es* una alternativa a la adoración. Entendida correctamente, es un *acto* de adoración. Adorar es conocer, disfrutar y manifestar la gloria de Dios. La edificación es otra manera de *demostrar* por qué y cómo *conocemos* y *valoramos* a Dios.

El ánimo de considerar la edificación y la adoración corporativa como alternativas las destruye a ambas. Las expresiones colectivas de alabanza y gratitud a Dios que son auténticas y sinceras, y que se basan en la verdad, tendrán un efecto edificante sobre las demás personas. Las llevará a ver la verdad y a percibir el valor que otros creyentes ven y perciben. Pero tendrá este efecto precisamente porque Dios es el centro, no el hombre. De lo contrario, la alabanza y las acciones de gracias son manipuladoras y falsas. Es precisamente la intensidad y el gozo de esa inclinación hacia Dios lo que produce el efecto transformador (edificante) en el corazón. Si se intenta afirmar que la edificación reclama protagonismo para el hombre y no propicia la adoración, habrá una tendencia sutil (o no tan sutil) a estimar la adoración vertical centrada en Dios como un fenómeno horizontal, lo cual aniquila la adoración corporativa.

De manera similar, la edificación sufre si se la desconecta de la adoración. Esta desconexión considera el objeto de la edificación como algo aparte de la adoración. Pero no lo es. Sea lo que sea que nos esforcemos por edificar en otros (amor, gozo, paz, paciencia, benignidad, bondad, fe, etc.), tales rasgos no son cristianos a menos que estén sustentados en un celo por la gloria de Dios en Cristo; es decir, a menos que sean expresiones de adoración. Separar la adoración y la edificación las destruye a ambas.

Alabanza, gratitud y edificación en Corinto

La tercera razón por la cual digo que es superficial plantear que las asambleas del pueblo de Cristo en el Nuevo Testamento no eran para adoración sino para edificación, es que revela una aproximación descuidada a la enseñanza de Pablo acerca de la edificación y la adoración en las asambleas, según lo expone en 1 Corintios 12-14.

Es evidente que Pablo subraya la edificación (*oikodomé*) como el objetivo de estas reuniones:

> Pero el que profetiza habla a los hombres para *edificación*, exhortación y consolación (1 Co. 14:3).
>
> El que habla en lengua extraña, a sí mismo se *edifica*; pero el que profetiza, *edifica* a la iglesia (1 Co. 14:4).
>
> Mayor es el que profetiza que el que habla en lenguas, a no ser que las interprete para que la iglesia reciba *edificación* (1 Co. 14:5).
>
> Así también vosotros; pues que anheláis dones espirituales, procurad abundar en ellos para *edificación* de la iglesia (1 Co. 14:12).
>
> Porque tú, a la verdad, bien das gracias; pero el otro no es *edificado* (1 Co. 14:17).
>
> Hágase todo para *edificación* (1 Co. 14:26).

Queda muy claro. "Hágase todo para edificación". Sin embargo, sería superficial concluir a partir de esto que el objetivo es la edificación, no la adoración. Esto es verdad no solo por lo que ya hemos visto acerca de la naturaleza misma de la edificación como una expresión de adoración, sino también por lo que Pablo dice explícitamente acerca de la relación entre edificación y adoración. Veamos lo que dice 1 Corintios 14:15-17:

> *Cantaré* [*psállo*] con el espíritu, pero cantaré también con el entendimiento. Porque si *bendices* [*eulogues*, alabas, agradeces] sólo con el

> espíritu, el que ocupa lugar de simple oyente, ¿cómo dirá el Amén a tu acción de gracias [*eujaristía*]? pues no sabe lo que has dicho. Porque tú, a la verdad, bien das gracias; pero el otro no es edificado [*oikodomeitai*].

En este pasaje encontramos una mirada a la relación entre la adoración vertical y la edificación horizontal, como Pablo la entiende y como en efecto la experimenta. Las asambleas en Corinto incluían varios tipos de discurso: "la palabra de sabiduría... de ciencia... profecía... diversos géneros de lengua... interpretación de lenguas" (1 Co. 12:8-10); "revelación... ciencia... profecía... doctrina" (1 Co. 14:6). Cualquiera sea el tipo de comunicación, incluía la alabanza y la acción de gracias en sentido vertical. Eso es lo que Pablo dice en 1 Corintios 14:15-16. Luego pregunta: Si alabamos y damos gracias a Dios de manera ininteligible, ¿cómo puede alguien decir "amén" y cómo será "edificado" (vv. 16-17)?

Hay algo que queda absolutamente claro aquí. En el pensamiento de Pablo, los medios de edificación incluyen expresiones verticales de adoración a Dios. "Tú, a la verdad, bien *das gracias*; pero el otro no es *edificado* [si se habla de manera incomprensible]". Esto significa que, según Pablo, el fervor auténtico e inteligible hacia Dios expresado en la adoración corporativa edifica a las personas. Esto, como hemos visto, es lo más natural del mundo, si el significado mismo de edificación es animar a las personas a una vida de adoración genuina que se centra en Dios y exalta a Cristo. Las personas se inspiran a ser verdaderos adoradores rodeándose de verdaderos adoradores. Esto es cierto incluso de quien visita desde fuera la asamblea cristiana: "lo oculto de su corazón se hace manifiesto; y así, postrándose sobre el rostro, *adorará a Dios*, declarando que verdaderamente Dios está entre vosotros" (1 Co. 14:25).

La adoración corporativa es bellamente apropiada

A la luz de todo lo que hemos visto en este capítulo, concluyo pues que *es bellamente apropiado que el pueblo de Cristo se congregue con regularidad para practicar la adoración corporativa.* Con "adoración" me refiero a una experiencia completamente centrada en Dios que exalta a Cristo y mediante la cual *se conoce, se atesora y se expresa* la gloria de Dios por medio de Jesucristo. La iglesia que sigue esta práctica experimenta sus múltiples efectos positivos. Sin embargo, dichos efectos se producen precisamente porque no son en sí mismos el centro ni el objetivo supremo. La adoración deja de ser adoración cuando los pastores tratan de incentivarla con el fin de obtener otros efectos positivos. Claro que se lograrán. Pero no cuando esos efectos son el centro. Los efectos positivos se producen cuando el centro del culto de adoración es el valor infinito de la gloria de Dios.

¿Con qué frecuencia debemos reunirnos para adorar?

No he sido específico acerca de la frecuencia con la cual debería reunirse la iglesia para la adoración corporativa. Tampoco me he referido a cuándo ni cómo, o si cada asamblea de la iglesia tiene el mismo enfoque vertical y radical. Hablaré acerca de esto para concluir este capítulo.

Al parecer, la iglesia primitiva se reunía al menos una vez semanalmente el primer día de la semana, el domingo, porque fue el día en que Jesús resucitó. "Cada primer día de la semana cada uno de vosotros ponga aparte algo, según haya prosperado" (1 Co. 16:2). Esta referencia a una colecta para los pobres el primer día de la semana aparece en la descripción de la adoración semanal en el siglo II que presenta Justino Mártir, escritor que vivió aproximadamente del 100 al 165 d.C. Lo que esto sugiere es que Pablo se refiere aquí no a un acto privado sino a un acto colectivo que hace parte de una asamblea de adoración. Justino escribe:

> Y en el día llamado domingo [τῇ τοῦ Ἡλίου λεγομένῃ ἡμέρᾳ], todos los que viven en las ciudades o en el campo se reúnen en un lugar, y se leen los hechos de los apóstoles o los escritos de los profetas, tanto como el tiempo lo permita; luego, cuando el lector ha terminado, quien preside instruye verbalmente y exhorta a imitar esas virtudes. En seguida, todos nos levantamos y oramos, y, como hemos dicho anteriormente, cuando terminamos de orar, se trae el pan y el vino, y el que preside eleva igualmente oraciones y acciones de gracias, conforme a su capacidad, y la congregación asiente y dice amén; se reparte a todos y cada uno participa de aquello por lo cual se ha dado gracias, y a los ausentes se les hace llegar una porción por intermedio de los diáconos. Y aquellos que son adinerados, y así lo han dispuesto, dan lo que cada uno considera apropiado; y lo que se recoge se entrega al que preside, quien lo reparte entre los huérfanos y las viudas, los que por enfermedad u otro motivo sufren necesidad o están en cadenas y los extranjeros que están de paso entre nosotros, y concretamente se encarga de todos los que están necesitados[1].

1. Justin Martyr, "The First Apology of Justin", cap. 67, en *The Apostolic Fathers with Justin Martyr and Irenaeus*, ed. Alexander Roberts, James Donaldson y A. Cleveland Coxe, vol. 1, The Ante-Nicene Fathers (Buffalo, NY: Christian Literature Co., 1885), pp. 185-86.

La justificación de esta tradición

Yo diría entonces que dos mil años de tradición cristiana han quedado justificados, y que la referencia de base para nuestras asambleas debería ser por lo menos una vez por semana para las reuniones de la iglesia en pleno con el propósito de enfocarse intensamente en adorar a Dios por medio de Jesucristo. En tiempos de gran despertar espiritual en la historia de la iglesia, la frecuencia de esas asambleas ha aumentado. Además de las reuniones de todos los miembros de la iglesia para adorar, el Nuevo Testamento requiere de manera implícita otras reuniones más pequeñas donde todos los miembros pueden participar conjuntamente del cumplimiento del mandato bíblico. Yo ubicaría en esta categoría a Hebreos 10:24-25:

> Y considerémonos unos a otros para estimularnos al amor y a las buenas obras; no dejando de congregarnos, como algunos tienen por costumbre, sino exhortándonos; y tanto más, cuanto veis que aquel día se acerca.

Naturalmente, se espera asimismo que los cristianos se exhorten continuamente, no solo en las asambleas formales, ya sean grandes o pequeñas, sino también en la interacción diaria: "Exhortaos los unos a los otros *cada día*, entre tanto que se dice: Hoy; para que ninguno de vosotros se endurezca por el engaño del pecado" (He. 3:13).

Llamamiento a gozarse y a dar prelación a Dios

A mi parecer, el Nuevo Testamento deja un margen muy amplio para la diversidad y la flexibilidad en lo concerniente a la frecuencia, la duración, la hora y el lugar de las asambleas eclesiales. Esto es, sin duda, algo intencional, porque hay miles de culturas diversas alrededor del mundo donde Dios quiere que su iglesia sea autóctona. Mi llamamiento es a que, cualquiera sea el motivo por el cual se reúne una iglesia, se dé prioridad a la reunión semanal para la adoración corporativa, y que sin importar cuán pequeña o grande sea, se centre intensamente en la gloria de Dios.

La semana tiene 168 horas. La mayoría de esas horas se emplean en ocupaciones horizontales. Por esta razón, la mayoría de las personas están desacostumbradas al tipo de seriedad gozosa que adopta la atención en Dios como algo espiritualmente posible y profundamente emocionante. La alegría combinada con solemnidad, o el peso de gloria, es algo que resulta ajeno a la mayoría de las personas en la actualidad, a menos que hayan sufrido mucho. Pero creo que tal es nuestra meta: conocer, atesorar y demostrar el valor y la belleza de Dios y sus caminos. Y hacerlo juntos. Hacerlo como un cuerpo. Dada la grandeza de Dios y el portento de sus caminos, la naturaleza de su pueblo escogido, y las posibilidades de experimentar un gozo insondable en su presencia, es bellamente apropiado que lo hagamos.

De la belleza de la adoración a los beneficios de la predicación

Ahora pasamos de la naturaleza y la idoneidad de la adoración corporativa a la pregunta: ¿Qué es predicar? Y ¿por qué debe ser una parte esencial de la adoración corporativa? ¿De qué manera se integra el anuncio de las buenas nuevas en el mundo a la adoración del pueblo de Dios? Ese es el tema que nos ocupa en el capítulo 3, el primer capítulo de la Parte 2.

PARTE 2

¿Por qué es la exultación expositiva parte integral de la adoración corporativa?

Anuncio, historia y Trinidad

3

Cómo introdujo Pablo el anuncio a la casa de Dios

Si es bellamente apropiado que los cristianos se reúnan de manera habitual para la adoración corporativa, ¿por qué es tan importante la predicación en dicha reunión? Mi respuesta es que la predicación *es* adoración en sí misma, y que ha sido designada por Dios para despertar e intensificar la adoración. Lo hace pregonando la realidad que ha sido comunicada a través de las palabras de las Escrituras, las cuales fueron escritas para producir y sustentar la adoración.

Dicho de otra manera, el predicador explica el significado de las Escrituras y, al mismo tiempo, se muestra *exultante* frente a la realidad allí expuesta, lo cual glorifica a Dios. Explicación sin exultación no es predicación. Por consiguiente, la predicación o exultación expositiva conviene particularmente en la adoración cristiana corporativa, porque *adorar* significa conocer, atesorar y demostrar el valor supremo y la belleza de Dios. La predicación ayuda a la congregación a que logre esto mediante la práctica. La predicación muestra del valor supremo de Dios dando a conocer el significado de las Escrituras y, al mismo tiempo, atesorando y expresando las glorias de Dios reveladas en ese significado bíblico.

¿Qué significa *exposición*?

El término que uso para referirme a la predicación es *exultación expositiva*. Voy a extenderme más en el significado de *expositiva* en los próximos capítulos. Pero tal vez conviene dar una definición breve en este momento. He aquí su esencia, según lo presenta John Stott y conforme al sentido que yo le asigno al término *exposición*:

> Sostengo como argumento que toda predicación cristiana verdadera es una predicación expositiva. Claro, si se considera que un sermón "expositivo" es una explicación versículo a versículo de un extenso pasaje de las Escrituras, entonces solo hay una manera posible de predicar, pero ese sería un uso inadecuado del término. Efectivamente, "exposición" tiene un significado mucho más amplio. Se refiere más al contenido del sermón (una verdad bíblica) que a su estilo (un comentario corriente). Exponer las Escrituras significa extraer del texto *lo que está allí y hacerlo visible.* El expositor destapa lo que parece herméticamente cerrado, esclarece lo que está oscuro, descifra lo que está enredado, y despliega lo que está comprimido. Lo opuesto a exposición es "imposición", que es imponerle al texto algo que no está ahí. No obstante, el "texto" en cuestión podría ser un versículo, una frase o incluso una sola palabra. Podría igualmente ser un párrafo, un capítulo o un libro entero. La extensión del texto es insustancial, en tanto que sea bíblico. Lo que importa es lo que hacemos con él. Ya sea largo o corto, nuestra responsabilidad como expositores es abrirlo de tal manera que comunique su mensaje con claridad, nitidez, exactitud y relevancia, y que esté libre de añadiduras, detracciones o falsificaciones.[1]

Esta definición de *exposición* ofrece una gran flexibilidad para llevar a cabo de diferentes maneras lo que según Stott es nuestra tarea: Tomar "lo que está allí y hacerlo visible".

Dos condiciones para la definición de Stott

Quiero hacer dos aclaraciones. Una es que no solo el texto puede ser de cualquier extensión, sino que también se pueden usar tantos pasajes como sea posible manejar. Puede tratarse más de un pasaje en un sermón. En otras palabras, la exposición puede hacerse de manera temática. Un sermón expositivo puede tratar acerca de la muerte, el amor, la esperanza o el matrimonio. Lo que lo hace expositivo no es que presenta un solo pasaje, sino que la predicación se hace a partir de los textos bíblicos, y que su verdadero significado sea "extraído y expuesto a la vista".

El otro requisito que quiero subrayar es que el contenido del mensaje no es, en su esencia, el texto bíblico (si bien sigue siendo indispensable en todos sus detalles), sino la *realidad* de lo que el pasaje comunica. Cuando Stott dice que el contenido del sermón es "verdad bíblica", quiero asegurarme de

---

1. John Stott, *Between Two Worlds: The Art of Preaching in the Twentieth Century* (Grand Rapids, MI: Eerdmans, 1982), pp. 125-26; énfasis añadido.

que la palabra "verdad" hace referencia no solo a las proposiciones gramaticales e históricas sino a la *realidad* a la que alude: su naturaleza, su valor y sus implicaciones para la vida real en este momento.

Si el pasaje es "Dios es amor", el sermón "extrae y expone" la realidad de Dios, la realidad del amor y la realidad de la relación entre Dios y amor expresada mediante la palabra "es". La predicación muestra lo que son estas realidades, cuán valiosas son, y por qué. La predicación subraya las implicaciones de estas realidades. Trata de hacer manifiesto el valor que tienen estas realidades para nuestra vida. Hablaré mucho más acerca de la relación entre el texto y la realidad en la Parte 5, pero por ahora basta con dar una idea de lo que quiero decir con *exposición*.

La exposición y la exultación son inseparables

El enfoque de este capítulo no es la predicación como exposición sino la predicación como exultación, es decir, la predicación como adoración. Sin embargo, hay que tener presente que en la verdadera predicación, la exposición y la exultación nunca están separadas. Es posible hacer la exposición de un texto en el cual ni siquiera se cree, y que mucho menos se considera un motivo de exultación. De modo que yo no considero la exposición propiamente dicha como la señal característica de la predicación. El diablo puede hacer exposición bíblica e incluso emitir proposiciones verdaderas acerca del significado del texto. Pero el diablo no puede exultar frente a la gloria divina del significado de las Escrituras. Él lo odia. Así que no puede *predicar*, no de la manera como yo lo defino.

Naturalmente, un aficionado distraído que ignora por completo el significado de los textos puede exultar cuando predica, pero no en el sentido verdadero del texto ni de la realidad que contiene. De modo que la exultación *per se* no es la marca distintiva de la predicación. No obstante, la *exposición* en tanto que el esclarecimiento de lo que las Escrituras quieren decir, y la *exultación* como el aprecio manifiesto de las glorias divinas de su significado, operan juntas y se combinan para hacer de la predicación lo que es.

El vocabulario de la predicación

A fin de dar un fundamento bíblico al planteamiento según el cual la predicación es *exultación* expositiva, empezaremos con el vocabulario del Nuevo Testamento relativo a la predicación.

La palabra *predicar* (o alguna forma derivada de ella) aparece más de setenta veces en la versión Reina-Valera 1960. Casi todas estas instancias proceden de las palabras griegas *euangelizomai* ("predicar las buenas nuevas"[2]) o *kerússo* ("predicar" o "anunciar"). Ambas palabras se refieren principalmente a la proclamación pública de un mensaje al mundo, no solo a una iglesia que se reúne para adorar.

Anunciar en el mundo y en la iglesia

A propósito de lo anterior, Gordon Hugenberg escribe:

> "Predicar" es en cierto modo un término desafortunado como representación de estos dos grupos de palabras. "Predicar" expresa con precisión el carácter tradicionalmente público y autoritativo de los diversos actos discursivos que definen estos dos términos griegos; sin embargo, es una traducción confusa en el sentido de que en el lenguaje común se usa "predicar" para referirse a los sermones formales dirigidos a los fieles, mientras que el Nuevo Testamento usa tanto *kerússo* como *euangelizomai* para referirse principalmente (aunque no exclusivamente) a la actividad evangelística dirigida a los no creyentes.[3]

Mi respuesta a esta observación tiene varias connotaciones. En efecto, la *predicación* en la actualidad se refiere con mayor frecuencia a los sermones en la iglesia (y tal es mi uso del término), y además, *kerússo* y *euangelizomai* se refieren más a menudo en el Nuevo Testamento a hablar en público a quienes no son creyentes. Por otro lado, un aspecto del discurso peculiar empleado en *kerússo* y en *euangelizomai* puede hacerlo especialmente adecuado para designar el trabajo de los pastores cristianos de comunicar la Palabra de Dios a su congregación.

Observe cuidadosamente las palabras de Hugenberg que acabo de citar y que están entre paréntesis: "aunque no exclusivamente". Ambos términos, *kerússo* y *euangelizomai*, se refieren "principalmente (aunque no exclusivamente) a la actividad evangelística dirigida a los no creyentes". Dicha concesión es importante, ya que sostendré que Pablo, en efecto, ejemplifica y ordena la clase de discurso implícito en *kerússo* y *euangelizomai* en el contexto de la iglesia reunida, no solo en la función pública de la predicación evangelística.

---

2. La Reina-Valera traduce *euangelizomai* con varias expresiones, entre ellas "predicar" y "predicando" (p. ej., Hch. 5:42; 1 Co. 9:18), "anunciando el evangelio" (p. ej., Lc. 9:6; Ro. 1:15), "anunciar el evangelio", "anunciar buenas nuevas" (p. ej., Hch. 8:12; Ro. 10:15) y "dar buenas nuevas" (p. ej., Lc.1:19; 2:10).

3. G. P. Hugenberger, "Preach", en *The International Standard Bible Encyclopedia*, ed. rev., ed. Geoffrey W. Bromiley (Grand Rapids, MI: Eerdmans, 1979-1988), p. 941.

El hecho de que en el Nuevo Testamento "predicar" sea la principal traducción de los términos *kerússo* y *euangelizomai*, sugiere que la predicación es una forma particular de discurso que deriva su carácter, al menos en parte, de estos actos públicos de anunciar. La predicación no era una conversación ordinaria. Tampoco era idéntica a la enseñanza. Tanto *euangelizomai* ("predicar buenas nuevas") como *kerússo* ("predicar" o "anunciar") poseen la cualidad del *anuncio*, y dado que el contenido cristiano específico del anuncio es la buena nueva de la obra salvadora de Cristo, con todas sus raíces y ramas, la naturaleza del anuncio no era desaprobación ni indiferencia, sino recomendación y aclimatación.

En otras palabras, el hecho de que en la historia de la iglesia el discurso habitual dirigido al pueblo de Dios en la adoración corporativa haya sido llamado "predicación" puede no resultar confuso ni desafortunado después de todo. Puede obedecer al hecho de que las dimensiones cruciales de *kerússo* y *euangelizomai* son esenciales para el mensaje acerca de las glorias divinas que está dirigido al pueblo de Dios en la adoración corporativa.

Connotaciones de euangelizomai

El tipo de alocución implícito en *euangelizomai*, por ejemplo, es que el orador está motivado no por noticias aburridas, poco interesantes o negativas, sino más bien por "buenas noticias". Podemos percibir el espíritu de esta clase de comunicación, por ejemplo, en pasajes como los siguientes:

> El ángel les dijo: No temáis; porque he aquí *os doy nuevas* [*euangelizomai*] *de gran gozo*, que será para todo el pueblo: que os ha nacido hoy, en la ciudad de David, un Salvador, que es Cristo el Señor (Lc. 2:10-11).
>
> El Espíritu del Señor está sobre mí, por cuanto me ha ungido para *dar buenas nuevas* [*euangelizomai*] a los pobres... a *pregonar* [*kerússo*] libertad a los cautivos; a poner en libertad a los oprimidos; a predicar [*kerússo*] el año agradable del Señor (Lc. 4:18-19).
>
> ¿Y cómo predicarán si no fueren enviados? Como está escrito: ¡Cuán hermosos son los pies de los que... *anuncian buenas nuevas* [*euangelizomai*]!" (Ro. 10:15).

Connotaciones de kerússo

El tipo de discurso tácito en *kerússo*, en su uso general en el primer siglo, se derivaba no del sentido de buenas nuevas sino de la urgencia por tratarse de una comunicación de gran relevancia cuya fuente era una autoridad notable. Este es el presupuesto detrás de la pregunta retórica de Pablo: "¿Y cómo predicarán [*keruxosin*] si no *fueren enviados*?" (Ro. 10:15). Es decir, ¿si no tuvieren una autoridad importante por encima de ellos?

Cito de nuevo el resumen de la investigación que presenta Hugenberger:

> En su uso más amplio y más general (aunque no el más común), *kerússo* describe la emisión de un ruido fuerte que llama la atención o de un anuncio público que se hace oralmente; de ahí que pueda traducirse simplemente "proclamar". Un ejemplo bíblico se encuentra en Sofonías 3:14, LXX, donde a Israel se le ordena: "da voces de júbilo" (*kerússo*) en un cántico jubiloso de alabanza al Señor (cf. también Éx. 32:5; Os. 32:5; Jl. 2:1; Zac, 9:9; Ap. 5:2)...
>
> Un *kérux* [un heraldo] es un mensajero que transmite el mensaje de un rey: La Biblia presenta varios ejemplos de este uso más limitado del grupo de palabras de *kerússo* (cf. p. ej., LXX Éx. 36:6; 2 R. 10:20; 2 Cr. 36:22; Dn. 5:29).[4]

Una forma no común de hablar

Así pues, ambos términos, *euangelizomai* y *kerússo*, como las palabras originarias del término "predicar" en el Nuevo Testamento, describen un tipo de discurso que involucra algo más que la transmisión de información o la explicación de una verdad que proviene de otra fuente. Ambos designan un tipo de comunicación que corresponde a buenas nuevas, denotan una gran relevancia y una autoridad notable.

Podría decirse que hay, en ambos términos, gozo y seriedad. El gozo está en *euangelizomai* y la seriedad en *kerússo*. Ambos son serios. Ambos son términos de peso. Ninguno es frívolo, superficial ni trivial. Si el mensajero da la impresión de que sus nuevas son triviales, está hablando de manera atípica. Estaría contradiciendo su llamado como quien ha sido comisionado para esta clase de comunicado (*euangelizomai* y *kerússo*).

Uso de *enseñanza* en relación con *euangelizomai* y *kerússo*

Esto se confirma y explica cuando nos preguntamos acerca de la relación entre estos dos tipos de discurso, por un lado, y la enseñanza (*didásko/ didaskalía*), por el otro. Lo que encontramos fue que predicar (anunciar,

---

4. Ibíd., p. 942.

pregonar, proclamar) no es lo mismo que enseñar. Sin embargo, entre más nos concentramos en el papel de la predicación en la iglesia reunida, más interrelacionados parecen estar estos tipos de discurso.

Cuando se menciona la enseñanza junto con *kerússo* y *euangelizomai*, se considera que se trata de algo, al menos en cierta medida, distinto y aparte de estos tipos de discurso. Por ejemplo:

enseñanza + kerússo

> Y recorrió Jesús toda Galilea, *enseñando* en las sinagogas de ellos, y *predicando* [*kerusson*] el evangelio del reino, y sanando toda enfermedad y toda dolencia en el pueblo (Mt. 4:23).
>
> Cuando Jesús terminó de dar instrucciones a sus doce discípulos, se fue de allí a *enseñar* y a *predicar* [*kerussein*] en las ciudades de ellos (Mt. 11:1).
>
> Y Pablo permaneció dos años enteros en una casa alquilada, y recibía a todos los que a él venían, *predicando* [*kerusson*] el reino de Dios y *enseñando* acerca del Señor Jesucristo, abiertamente y sin impedimento (Hch. 28:30-31).
>
> Para esto yo fui constituido *predicador* [*kérux*] y apóstol (digo verdad en Cristo, no miento), y *maestro* de los gentiles en fe y verdad (1 Ti. 2:7).

enseñanza + euangelizomai

> Sucedió un día, que *enseñando* Jesús al pueblo en el templo, y *anunciando* [*euangelizomenou*] el evangelio, llegaron los principales sacerdotes y los escribas, con los ancianos (Mt. 20:1).
>
> Y todos los días, en el templo y por las casas, no cesaban de *enseñar* y *predicar* [*euangelizomenou*] a Jesucristo (Hch. 5:42).
>
> Y Pablo y Bernabé continuaron en Antioquía, *enseñando* la palabra del Señor y *anunciando* [*euangelizomenoi*] el evangelio con otros muchos (Hch. 15:35).

Tal vez sería artificial trazar una línea divisoria entre la predicación y la enseñanza en los ejemplos citados, a pesar de que se mencionen aparte. Digo esto por la naturaleza de la realidad de la comunicación. Un mensajero que cumple el papel de pregonero puede anunciar con asombro que el rey ofrece amnistía a cada traidor que se arrepiente y juramenta lealtad al rey.

Y conforme transmite el mensaje, puede darse cuenta, por el semblante de las personas, que debe explicar lo que significa *amnistía*, *traidor* y *lealtad*. En otras palabras, pregonar y enseñar pueden estar necesariamente interrelacionadas, si bien en general los textos que acabo de citar se les da un trato como distintas.

Pablo introduce el anuncio a la iglesia

Esta realidad interrelacionada se hace más clara cuando nos planteamos la pregunta: ¿El Nuevo Testamento presenta y ordena "predicar" en el contexto de la iglesia reunida? ¿Es la predicación la clase de discurso implícito en *kerússo* y *euangelizomai*, diseñado como parte de lo que hace la iglesia cuando se reúne para la adoración corporativa? De ser así, ¿cómo se relaciona con la enseñanza?

El apóstol Pablo toma tres palabras para referirse a predicar y proclamar en público, y las aplica a las reuniones habituales de la iglesia. Además de *euangelizomai* y *kerússo*, usa *katanguélo* (que se traduce "anunciar" en diecisiete de las dieciocho instancias en las que aparece en el Nuevo Testamento) como un tipo de discurso dirigido a los creyentes, no solo al resto del mundo incrédulo. En lo que queda del capítulo, nos enfocaremos en las tres instancias en las cuales Pablo lo hace.

Katanguélo: "*Yo anuncio*"

Empezamos con *katanguélo*, "yo anuncio". En Colosenses 1:27-28, Pablo dice:

> A quienes Dios quiso dar a conocer las riquezas de la gloria de este misterio entre los gentiles; que es Cristo en vosotros, la esperanza de gloria, a quien anunciamos [*katanguelomen*], amonestando [*nouthountes*] a todo hombre, y enseñando [*didaskontes*] a todo hombre en toda sabiduría, a fin de presentar perfecto en Cristo Jesús a todo hombre.

Observe que *anunciar* es el verbo principal, el cual se modifica luego con dos participios: *amonestando* y *enseñando*. Esto significa que anunciar no es una acción completamente distinta de la enseñanza. Antes bien, la enseñanza es un aspecto del anuncio de Pablo. También significa que anunciar es lo que hizo Pablo entre los creyentes a quienes procuraba llevar a la madurez, no solo entre los incrédulos a quienes buscaba convertir.

Esto queda implícito en las palabras "*anunciamos... enseñando* a todo...

a fin de presentar perfecto en Cristo Jesús a todo hombre". En otras palabras, el objetivo es llevar a los creyentes a la madurez en Cristo, no solo convertirlos. En este pasaje, el acto principal para llevar a cabo ese proceso de maduración es *anunciar*. *Katanguélo* es el verbo principal. Los otros dos (*amonestar* y *enseñar*) describen aspectos de cómo se lleva a cabo el anuncio. El hecho de que todos estos verbos (*anunciar*, *amonestar* y *enseñar*) están en tiempo presente en el griego original evidencia la obra continua e ininterrumpida entre los creyentes.

Este énfasis en la iglesia reunida se confirma en Colosenses 1:16 por el uso de las mismas palabras (*didaskontes y nouthountes*) para describir la manera como "la palabra de Cristo [mora] en abundancia en vosotros [los cristianos]", que es "amonestando... y enseñando" (*didaskontes kaí nouthountes*) los unos a los otros. No solo eso, sino que Colosenses 1:28 y 3:16 usan la frase "en toda sabiduría" para describir cómo se lleva a cabo este ministerio de la palabra. A partir de esto, yo infiero que la obra de Pablo de "anunciar" constantemente, lo cual incluye enseñar y amonestar "en toda sabiduría", es por lo menos una de las formas de comunicación que a su parecer debían emplear los cristianos en sus asambleas de adoración.

Euangelizomai: *"Yo predico las buenas nuevas"*

Pablo también toma la palabra que denota comúnmente el anuncio público de buenas nuevas (*euangelizomai*) y la aplica a su ministerio a los creyentes en el contexto de la iglesia. Podemos ver esto en Romanos 1:13-15:

> Pero no quiero, hermanos, que ignoréis que muchas veces me he propuesto ir a vosotros (pero hasta ahora he sido estorbado), para tener también entre vosotros algún fruto, como entre los demás gentiles. A griegos y a no griegos, a sabios y a no sabios soy deudor. Así que, en cuanto a mí, pronto estoy a anunciaros [*euangelisasthai*] el evangelio también a vosotros que estáis en Roma.

¿Cuál es el fruto que él espera tener?

Es posible que cuando Pablo dice, en el versículo 13, que esperaba "tener algún fruto entre vosotros del mismo modo que entre los demás gentiles" (esta es mi traducción), quería decir que esperaba tener algunos gentiles convertidos. Sin embargo, los otros diez usos de la palabra *fruto* en las cartas de Pablo nunca hacen referencia a sus convertidos. Existe el *fruto* que conduce a la santificación (Ro. 6:22), el *fruto* del Espíritu (Gá. 5:22), el *fruto* de justicia (Fil. 1:11) y el *fruto* de dádivas generosas (Fil. 4:17), pero nunca el fruto de personas convertidas.

Nada más en los versículos anteriores, Pablo había dicho: "Porque deseo veros, para comunicaros algún don espiritual, a fin de que seáis confirmados; esto es, para ser mutuamente confortados por la fe que nos es común a vosotros y a mí" (Ro. 1:11-12). Sería muy natural considerar el "fruto" que Pablo espera tener "entre vosotros" como el fruto de una fe más firme con todos los efectos de una vida transformada.

¿Cómo buscará Pablo este fruto?

¿Cómo espera Pablo ver que se desarrolle este fruto? Él dice en el versículo 15: "pronto estoy a anunciaros el evangelio también a vosotros que estáis en Roma". Observe que Pablo está pronto a anunciar las buenas nuevas *a vosotros* (*humin*, dativo), es decir, a creyentes. Esta sería una de las maneras como él espera "tener fruto" entre ellos.

Este es el concepto de Pablo acerca del evangelio entre creyentes: La aplicación constante del evangelio *por medio del anuncio del evangelio* (*euangelizomai*) era una tarea necesaria constantemente para transformar y fortalecer a los creyentes, no solo para convertirlos. Por ejemplo, Pablo escribe a los filipenses: "Solamente que os comportéis como es *digno del evangelio* de Cristo" (Fil. 1:27). En otras palabras, la exhortación y la instrucción en la forma como el evangelio transforma a los cristianos son necesarias para ayudarles a comportarse "como es digno del evangelio". Asimismo, cuando Pablo vio en Antioquía que Pedro no andaba "rectamente *conforme a la verdad del evangelio*", Pablo tuvo que recordarle con severidad las realidades del evangelio (Gá. 2:14).

Así que para Pablo, el "fruto" de la vida cristiana consiste en una manera de vivir que es "*digna del evangelio de Cristo*". Y para producir dicho fruto no solo se necesita la conversión por medio del *evangelio*, sino *la predicación constante a los creyentes de cómo opera el evangelio*. De ahí que a los "hermanos" en Roma diga: "pronto estoy a anunciaros el evangelio también *a vosotros*".

La predicación de las buenas nuevas compete a la iglesia

Por consiguiente, sería un error afirmar que, dado que en el Nuevo Testamento la palabra *euangelizomai* se refiere comúnmente a la predicación evangelística pública, no debe considerarse parte de la función del pastor a fin de "tener fruto" entre los santos. Por el contrario, Romanos 1:15, al igual que Colosenses 1:28, señalan en otra dirección. Hay algo acerca del discurso peculiar implícito en *euangelizomai* y *katanguélo* que compete a la predicación que imparten los pastores a su congregación de personas ya convertidas.

Kerússo: "Yo anuncio"

Recuerde que *kerússo* se usaba comúnmente para referirse al anuncio público en nombre de alguien con autoridad notable de un asunto de gran importancia. No era la clase de comunicación que se limitaba a divulgar información o a explicar ambigüedades. Era una comunicación que iba acompañada de un comportamiento que daba a entender la importancia de su contenido y la autoridad de su autor. Un emisario (*kérux*) cuya expresión revelaba falta de reverencia a su rey o menosprecio por su mensaje era prácticamente considerado un traidor. Hablar como mensajero era comunicar no solo la verdad sino también el valor del mensaje y la majestad de la autoridad que lo enviaba.

La predicación es un mandato

Ahora, por tercera vez, Pablo usa una palabra (*kerússo*) con todas estas connotaciones, para describir la manera como debería dirigirse a la iglesia. De hecho, en esta ocasión no lo dice a manera de descripción sino como un mandato. En 2 Timoteo 4:2 es la única instancia en la que el Nuevo Testamento *ordena* predicar (ya sea expresado como *kerússo*, *euangelizomai* o *katanguélo*) a la comunidad de cristianos que se congrega. Por consiguiente, este pasaje es de importancia singular para comprender (1) el contexto, (2) el contenido, (3) la naturaleza) y (4) la importancia de la predicación.

Para clarificar estos cuatro aspectos de la predicación, el contexto inmediato más relevante es 2 Timoteo 3:16—4:4:

> Toda la Escritura es inspirada por Dios, y útil para enseñar, para redargüir, para corregir, para instruir en justicia, a fin de que el hombre de Dios sea perfecto, enteramente preparado para toda buena obra. Te encarezco delante de Dios y del Señor Jesucristo, que juzgará a los vivos y a los muertos en su manifestación y en su reino, que prediques la palabra; que instes a tiempo y fuera de tiempo; redarguye, reprende, exhorta con toda paciencia y doctrina. Porque vendrá tiempo cuando no sufrirán la sana doctrina, sino que teniendo comezón de oír, se amontonarán maestros conforme a sus propias concupiscencias, y apartarán de la verdad el oído y se volverán a las fábulas.

1. El contexto de la predicación

El mandato de predicar aparece al principio de 2 Timoteo 4:2: "que prediques la palabra" (*kerúxon ton logon*). Pablo ya ha indicado a Timoteo que procure "[usar] bien la palabra de verdad" (2:15) como un guía que *endereza un camino* para el viajero (*orthotomounta*, ver usos en Pr. 3:6; 11:5). Los destinatarios que tiene en mente son "los elegidos" (2 Ti. 2:10), es decir, la iglesia.

Predicar la verdad es una de las maneras como Timoteo va a "usar bien la *palabra de verdad*". Con el fin de preparar a Timoteo para el mandato de predicar (en 4:2), Pablo le recuerda cuán confiables son los "escritos sagrados", es decir, los escritos del Antiguo Testamento en los cuales ha sido instruido desde la infancia (3:15). Estas Escrituras "te pueden hacer sabio para la salvación por la fe que es en Cristo Jesús".

En seguida, Pablo presenta a Timoteo la razón por la cual estas Escrituras son tan eficaces para hacerlo sabio y para guiarlo a la salvación por medio de la fe en Cristo: Son inspiradas por Dios.

> *Toda la Escritura es inspirada por Dios*, y útil para enseñar, para redargüir, para corregir, para instruir en justicia, a fin de que el hombre de Dios sea perfecto, enteramente preparado para toda buena obra (2 Ti. 3:16-17).

Si bien el término "hombre de Dios", en el contexto de sus diecisiete menciones en el Antiguo Testamento, señala tal vez a Timoteo como beneficiario de la obra de las Escrituras que lo preparan y equipan, lo que está claramente implícito es que si él maneja adecuadamente estas Escrituras, no solo será transformado él sino también su congregación. Cuando las Escrituras llevan a cabo la obra de completar y preparar a Timoteo, él podrá *enderezar el camino* (2.15) de los viajeros como él, que hacen parte de su iglesia.

Por lo anterior, podemos inferir que cuando Pablo le ordena inmediatamente a Timoteo "que prediques la palabra" (4:2), el contexto que tiene en mente es la iglesia reunida. En ese momento, no le está diciendo a Timoteo que haga "obra de evangelista" (4:5), sino que tome estas Escrituras y que las predique al pueblo de Dios.

Predicar a una iglesia errante. Los destinatarios de la predicación están necesitados de amonestación, reprensión, exhortación y enseñanza paciente (4:2b). Luego, en los versículos 3 al 4, Pablo presenta una razón adicional que sustenta la predicación fiel de la Palabra, es decir, que aquellos que ahora están dispuestos a la sana enseñanza puede que no siempre lo estén:

> Porque vendrá tiempo cuando no sufrirán la sana doctrina, sino que teniendo comezón de oír, se amontonarán maestros conforme a sus propias concupiscencias, y apartarán de la verdad el oído y se volverán a las fábulas.

Pablo no dice que este mandato de predicar la Palabra tenga como fin beneficiar las multitudes de incrédulos que se han apartado para creer fábulas. Antes bien, le dice a Timoteo "que [predique] la Palabra" porque la iglesia corre el peligro de apartarse de la verdad de la Palabra de Dios y de volverse a las fábulas. La predicación tiene como objetivo protegerlos.

Por consiguiente, concluyo que el *contexto* para esta predicación es el pueblo de Dios que se congrega para escucharla. Pablo ha escogido una palabra para la predicación (*kerússo*) que comúnmente significa anunciar una gran verdad que proviene de una autoridad notable en el mundo, y la ha usado para referirse a la clase de discurso que necesita la iglesia: "que prediques la palabra".

2. El contenido de la predicación

Pablo ordena: "Que prediques la palabra" (2 Ti. 4:2). *Palabra* (*logon*) no es un término técnico en los escritos de Pablo que se refiere a una sola cosa. Incluso en las epístolas pastorales (1 y 2 Timoteo y Tito), Pablo usa la palabra veinte veces para referirse, por ejemplo, a la palabra fiel (1 Ti. 1:15), "las palabras de la fe" (1 Ti. 4:6), "las sanas palabras de nuestro Señor Jesucristo" (1 Ti. 6:3), "la forma de las sanas palabras" (2 Ti. 1:13), "la Palabra de Dios" (2 Ti. 2:9) y "la palabra de verdad" (2 Ti. 2:15).

Sería infundado afirmar que "predicar la palabra" se refiera a algo menos que la palabra *de las Escrituras* que se mencionan dos versículos antes. El corte del capítulo entre esos dos versículos es desorientador. Sin esa ruptura, se lee de la siguiente forma: "Pero persiste tú en lo que has aprendido… las Sagradas Escrituras… Toda la Escritura es inspirada por Dios… Te encarezco… que prediques la palabra" (2 Ti. 3:14—4:2). En otras palabras, predica la *Escritura*. Toda la Escritura. Toda es inspirada. Toda es útil. Toda puede hacer sabio para la salvación en Jesús. Toda ella prepara a la iglesia para toda buena obra.

La palabra es escrita. Cabe subrayar lo obvio pero que fácilmente se pasa por alto: Esto significa que la palabra que debe predicarse nos ha sido dada en forma escrita, en un libro. En la frase "toda Escritura es inspirada por Dios", "toda Escritura" (*pasa grafé*) se refiere a todos los *escritos*, las "Sagradas Escrituras" (*jiera grammata*) que menciona en el versículo anterior, a saber, las Escrituras judías, el Antiguo Testamento. Esto significa que la preparación para la predicación consistirá, en gran medida, en ocuparse en un libro. Debemos encontrar el contenido de nuestra predicación en un libro.

Por supuesto, la predicación no debe ser muerta. No debe ser meramente académica. Aún así, debe derivarse de un libro. Debe ser fiel al libro. Debe estar saturada del libro. Debe estar en equilibrio con el libro. Como veremos a su debido tiempo, debe ser dada por el Espíritu, moldeada por el Espíritu, comunicada por el Espíritu y entregada por el Espíritu. Cabe notar que el Espíritu Santo inspiró un libro particular, *el* Libro, que vela por el Libro y vive para exaltar al Cristo del Libro (Jn. 16:14). De modo que el contenido de nuestra predicación es nada menos que una interpretación fiel de este Libro.

La palabra incluye el Nuevo Testamento. El contexto provee un indicio de que la palabra que predicamos no es simplemente el Antiguo Testamento, sino también el Nuevo Testamento. Observe en el versículo siguiente (1 Ti. 4:3) la razón que esgrime Pablo para predicar la palabra: "Porque vendrá tiempo cuando no sufrirán *la sana doctrina*". Hay que predicar la palabra porque *la sana doctrina* no siempre será bien recibida. ¿A qué se refiere con "sana doctrina"?

Encontramos la respuesta en 2 Timoteo 1:13: "Retén la forma de *las sanas palabras* que de mí oíste, en la fe y amor que es en Cristo Jesús". La "sana doctrina" en 2 Timoteo 4:3 se refiere a "la forma de las sanas palabras" que transmitió Pablo a Timoteo. "Retén la forma de las sanas palabras que *de mí* oíste".

Hay dos frases en 2 Timoteo 1:13 que encierran tremendas implicaciones para el contenido de la predicación: "la forma de... las palabras" y "de mí". Hay una forma o norma de la sana enseñanza. Esto significa que en la iglesia primitiva había un cuerpo en desarrollo de doctrina establecida (o enseñanza) bajo la supervisión de los apóstoles, la cual se transmitía fielmente a las iglesias. Eso es lo que significa la expresión "de mí" en 2 Timoteo 4:3. Pablo y los demás apóstoles eran los guardianes autorizados de "la forma de las sanas palabras" que eran comunicadas a las iglesias.

El buen depósito, las sanas palabras, la forma de doctrina, todo el consejo. Podemos ver este cuerpo de enseñanza en otros lugares y expresado en diferentes frases. En 1 Timoteo 6:20 y 2 Timoteo 1:14, Pablo le dice a Timoteo "guarda el buen depósito [*ten kalen paratheken*] por el Espíritu que mora en vosotros". En Romanos 6:17, Pablo dice: "Pero gracias a Dios, que aunque erais esclavos del pecado, habéis obedecido de corazón a aquella *forma de doctrina* [*túpon didajés*] a la cual fuisteis entregados". En Hechos 20:26-27, él dijo a los ancianos de la iglesia en Éfeso: "Estoy limpio de la sangre de todos; porque no he rehuido anunciaros *todo el consejo de Dios* [*pasan ten boulen tou theou*]".

Estas cuatro frases ("el buen depósito", "las sanas palabras", "la forma de doctrina", "todo el consejo de Dios") indican un cuerpo unificado de doctrina que Jesús había prometido dar a las iglesias: "El Espíritu Santo, a quien el Padre enviará en mi nombre, él os enseñará todas las cosas, y os recordará todo lo que yo os he dicho... él os guiará a toda la verdad" (Jn. 14:26; 16:13). En 1 Corintios 2:7, Pablo denomina este cuerpo de doctrina unificado y establecido que fue dado por el Espíritu, "sabiduría de Dios", y declara que fue impartido a las iglesias por medio de los apóstoles "en palabras... que enseña el Espíritu" (1 Co. 2:13).

Este es el cuerpo coherente de verdad que fue compilado en el libro que denominamos el Nuevo Testamento[5]. Junto con las Escrituras del Antiguo Testamento que Pablo menciona en 2 Timoteo 3:16, el Nuevo Testamento forma una palabra completa que Pablo refiere de manera implícita cuando dijo "que prediques la palabra".

3. La naturaleza de la predicación

La yuxtaposición de la palabra "anunciar" en 2 Timoteo 4:2 ("que *prediques* la palabra", *kerúxon ton logon*) en referencia a "la sana doctrina" (*jugiainouses didaskalías*) del siguiente versículo, revela algo crucial acerca de la naturaleza de la predicación. "Que *prediques* la palabra; que instes a tiempo y fuera de tiempo... con... *doctrina* [*didajé*]. Porque vendrá tiempo cuando no sufrirán la sana *doctrina*". No debemos pasar por alto las distintas e importantes implicaciones de ninguna de estas palabras: "predicar" (*kerúxon*) y "enseñar" (*didaskalías*).

Es propio de la naturaleza misma del anuncio de la palabra de la

5. Para un estudio más completo de "¿Qué libros y qué palabras forman las Escrituras cristianas?", vea la sección que lleva ese título en John Piper, *Una gloria peculiar. Cómo las Escrituras revelan su completa veracidad* (Grand Rapids, MI: Editorial Portavoz, 2017), 37-84.

Escritura que este suponga una medida considerable de enseñanza.[6] Las realidades que son anunciadas deben ser esclarecidas. Los textos bíblicos utilizados precisan una explicación. Y es propio de la naturaleza misma del caso, y del vocabulario empleado por Pablo (*katanguélo, kerússo, euangelizomai*), que esta enseñanza se presente habitualmente en forma de anuncio, es decir, de predicación.

El mensaje del predicador, o el mensajero, no es simplemente un conjunto de hechos que han de comprenderse. Es una constelación de glorias que han de atesorarse. Es, en ocasiones, una tempestad de horrores de los cuales es preciso huir. Cualquier idea que sugiera que el mensaje de un predicador debe ser transmitido como una explicación desconectada y distante, desestima la importancia del uso que hace Pablo de la frase "¡*predica* la palabra!" o "¡*anuncia* las buenas nuevas!" o "*proclama* a Cristo". Predicar es a la vez enseñar con precisión y anunciar con emoción. Es *exultación expositiva.*

La importancia de la predicación

Hasta ahora, nuestro análisis de 2 Timoteo 3:16—4:4 ha obviado la parte más impresionante de este pasaje. Digo "más impresionante" porque no hay nada que se le parezca en otro lugar de las Escrituras. Me refiero a 2 Timoteo 4:1, que constituye la introducción del mandato de predicar la Palabra. No tengo conocimiento de ningún otro mandato bíblico que tenga una introducción tan extendida, gloriosa y vehemente (si bien 1 Ti. 5:21 se aproxima[7]).

Pablo introduce el mandato "que prediques la palabra" en el versículo 2 con cinco expresiones que refuerzan el mensaje. Cada una es seleccionada para intensificar y profundizar la importancia del mandato de predicar. Dudo que alguien haya sobrestimado jamás la seriedad que Pablo busca inspirar aquí.

Te encarezco
    delante de Dios

---

6. Por supuesto, otras palabras, además de enseñar, se emplean en las epístolas pastorales para describir la manera como habla el pastor a su congregación. El pastor está llamado a exhortar (1 Ti. 5:1), recordar (2 Ti. 2:14), hablar (Tit. 2:15), reprender (1 Ti. 5:20), hacer aprender (Tit. 3:14), entre otros. No digo que estas funciones deban disminuir o descuidarse. Solo defiendo la importancia de la predicación, sin disminuir la importancia de otras exhortaciones bíblicas. Estas tienen su lugar junto a la predicación y como parte de ella.

7. "Te encarezco delante de Dios y del Señor Jesucristo, y de sus ángeles escogidos, que guardes estas cosas sin prejuicios, no haciendo nada con parcialidad" (1 Ti. 5:21).

y del Señor Jesucristo,
que juzgará a los vivos y a los muertos
en su manifestación y en su reino,
que prediques la palabra.

Una introducción incomparable

1. "*Te encarezco...*". La palabra aquí es *testificar*, con un prefijo que lo refuerza y le añade peso (*diamarturomai*). Tenga en cuenta que Pablo está fijando un mandato a predicar. Aun así, emplea el término "testifico solemnemente" en su propia exhortación. ¿Qué quiere decir "testifico solemnemente" que prediques la palabra? Observe que no dice "ordeno *solemnemente*... que prediques la palabra". La palabra *testificar* parece sugerir que él está hablando en el contexto de una corte en la que están en juego asuntos de gran importancia. *Testificar* sugiere que él ha visto algo, o que ha oído algo, y que no expresa simplemente su propia opinión. Está testificando algo que ha visto o que ha oído. Y esa experiencia de ver y oír lo ha llevado a pensar con tal seriedad que emplea esta serie de expresiones para acentuar el mensaje.

2. "*delante de Dios...*". "Te encarezco [testifico solemnemente] *delante de Dios...*". Ahora tenemos una idea del contexto del pensamiento de Pablo donde él comunica este mandato-testimonio "que prediques la palabra". Él está en la presencia de Dios. Él es consciente de la atención especial y minuciosa que Dios presta a este testimonio. Lo que esto significa es que Dios es quien ha autorizado este mandato. Es un testimonio en la medida en que proviene de la autorización directa de Dios. Pablo está testificando el hecho de que Dios es el autor de este mandamiento. Dios vela cuidadosamente para asegurarse de que sea comunicado. No hay autoridad alguna que esté por encima de "testifico *delante de Dios*".

3. "*y de Jesucristo...*". "Testifico delante de Dios y *de Jesucristo...*". El hecho de añadir a Jesucristo como otro asistente al solemne testimonio de predicar la Palabra no incrementa su autoridad. No hay autoridad más elevada que Dios. Pero sí multiplica las personas que tienen una injerencia decisiva en la predicación como tal. Dios es el autor de la Palabra que ha de predicarse, y Jesucristo el protagonista de esa historia. Si Timoteo ha de percibir la solemnidad del mandamiento de predicar la Palabra, basta con decirle que el mandato es entregado en presencia del *autor* y del *objeto* de toda predicación; de hecho, de toda realidad.

4. "*que juzgará a los vivos y a los muertos...*". "Testifico delante de Dios

y de Jesucristo, *que juzgará a los vivos y a los muertos...*". De las cientos de afirmaciones que Pablo pudo haber pronunciado acerca de Jesús, esto es lo que dice: Jesús va a juzgar a los vivos y a los muertos. ¿Por qué? Al parecer, la cuestión es que cuando se trata de predicar, hay mucho más en juego que cualquier recompensa o amenaza en esta vida. En la predicación enfrentamos personas y realidades que van mucho más allá de las fronteras de este mundo. Su existencia, sus recompensas y sus castigos trascienden esta vida. Cristo está activo en este mundo, gobernando a los vivientes. Y Cristo está activo, y siempre lo estará, en la realidad que existe más allá de este mundo, tratando con justicia a los que han muerto. Esta persona gloriosa es ineludible en vida e inexorable en muerte. Cada ser humano va a encararlo tarde o temprano como juez. Estas son las cuestiones colosales de la predicación. Pablo quiere que sintamos ese peso.

5. "*en su manifestación y en su reino...*". "Te encarezco delante de Dios y del Señor Jesucristo, que juzgará a los vivos y a los muertos *en su manifestación y en su reino...*". En el Nuevo Testamento, cinco o seis usos de la palabra *manifestación* (*epifáneian*) ocurren en las epístolas pastorales. Se refiere al menos una vez a la aparición histórica de Jesús en la encarnación (2 Ti. 1:10), y al menos en dos ocasiones a la segunda venida futura de Cristo (1 Ti. 6:14; Tit. 2:13). Las otras dos pueden referirse a cualquiera de las dos anteriores, incluso en este pasaje (2 Ti. 4:1, 8). Quizá la ambigüedad sea intencional. ¿Ama usted su manifestación (pasada y venidera, 1 Ti. 4:8)? ¿Siente además el peso para predicar acerca de la manifestación de Dios mismo en la historia (presente y venidera)?

En otras palabras: "Predicador, tenga presente que anuncia la Palabra del rey del universo que viene", Aquel que vino una vez no a juzgar sino a salvar (Jn. 3:17), pero que ahora vendrá a juzgar. En estos días, cuando usted está llamado a predicar (¡entre las dos manifestaciones del Señor!), puede que Él parezca distante, porque no aparece. Sin embargo, debe predicar siendo consciente de esto y nunca olvidando que él se manifestó y que *volverá* a manifestarse.

Y cuando Él regrese, será rey, y su reino será establecido abiertamente. Ya no dirá: "Mi reino no es de este mundo" (Jn. 18:36). Reinará abiertamente y sin oposición. Todos sus opositores serán arrojados a las tinieblas (Mt. 22:13; 25:30). Ya no estarán. Y toda la verdad que antes predicó será validada públicamente, y todos los que se han apartado con comezón de oír serán avergonzados.

Por tal motivo, Pablo le insiste a Timoteo: "testifico solemnemente delante de Dios y de Jesucristo, que juzgará a los vivos y a los muertos, en su manifestación y en su reino, *que prediques la palabra*". Esa clase de introducción extendida, gloriosa y vehemente del mandato de *predicar la palabra* es extraordinario. Por tanto, la predicación que esclarece y anuncia, la *exultación expositiva*, reviste una importancia extraordinaria.

No hay asamblea como la adoración cristiana

En el capítulo anterior, sostuve con base en las Escrituras que es bellamente apropiado que los cristianos se reúnan con frecuencia para la adoración corporativa, es decir, que se reúnan para *demostrar* colectivamente que *conocen* al Dios trino y que *lo estiman* por encima de todas las cosas. En este capítulo me he enfocado en la naturaleza de la predicación, echando un vistazo a la razón por la cual esta clase de discurso es tan importante en las reuniones habituales de adoración corporativa. Más específicamente, me he enfocado en la manera como el apóstol Pablo introdujo un tipo de comunicación pública en la iglesia (anunciar, proclamar, pregonar), y lo puso al servicio del ministerio de la palabra para creyentes.

¿Por qué sucedió esto? Mi respuesta es que Pablo se inclinó a dar esa forma a la predicación por su inherente idoneidad y su afinidad con la naturaleza de Dios, la naturaleza de las Escrituras y la naturaleza de la adoración corporativa. *Dios* es infinitamente bello y valioso. *Las Escrituras*, como su palabra inspirada, se proponen despertar y sustentar el conocimiento verdadero de Dios, a fin de que podamos deleitarnos en Él y manifestarlo al mundo. Y la *adoración corporativa* brinda una expresión unida y visible de ese conocimiento, de ese deleite y de esa manifestación.

Conforme estas realidades transformaron al apóstol Pablo, él vio que la clase de discurso apropiado para la iglesia reunida en adoración era único. No existía paralelo alguno a esta clase de asamblea en el mundo: un pueblo adquirido por Dios (1 P. 2:9), escogido desde antes de la fundación del mundo (Ef. 1:4), destinado para ser como el Hijo de Dios (Ro. 8:29), comprado con sangre divina (Hch. 20:28), justificado y aceptado delante del trono celestial (Ro. 5:1; 15:16), una nueva creación en la tierra (2 Co. 5:17), morada del Creador del universo (1 Co. 6:19), santificado mediante el cuerpo de Jesús (He. 10:10), llamado a la gloria eterna (1 P. 5:10), heredero del mundo (Ro. 4:13; 1 Co. 3:21-23), destinado a reinar con Cristo (Ap. 3:21) y a juzgar a los ángeles (1 Co. 6:3). Nunca ha existido una asamblea parecida. No hay nada sobre la tierra que se le compare.

Y no solamente la asamblea era única. También lo era el Libro. Toda esta verdad gloriosa acerca del pueblo reunido de Cristo fue preservada y revelada en un libro, y en un "depósito" apostólico que se convertiría en la piedra angular de *el* Libro. El Dios, el Libro y el pueblo reunido bajo la autoridad del Dios revelado en el Libro eran incomparables. No había Dios, ni libro, ni pueblo como ellos. Pablo vio esto, y supo que la asamblea de este pueblo se caracterizaría por un tipo de comunicación sin igual. Eso incluía la predicación.

La predicación, comunicación sin par

Conforme Pablo anunciaba las riquezas inescrutables de Cristo, proclamaba las buenas nuevas de gran gozo y comunicaba el mensaje reconciliador del Rey que tiene toda autoridad, vio que esta clase de anuncio, proclama y mensaje no podía ser desechado cuando este pueblo extraordinario bajo este Dios extraordinario revelado en este Libro extraordinario se reunía para adorar. Las riquezas de gloria, la bondad de las noticias, el peso de la verdad y la autoridad que lo sustenta todo no quedaban rebajados cuando eran comunicados a este pueblo reunido. Por el contrario, se elevaban aún más.

Por lo tanto, Pablo no solamente *dio ejemplo* de proclamar a Cristo y anunciar las buenas nuevas al pueblo de Dios, sino que también *mandó* anunciar en la iglesia las Escrituras que fueron inspiradas por Dios: "que prediques la palabra" (2 Ti. 4:2). Sin embargo, subrayo que este mandato (testimonio) no fue arbitrario, sino inspirado por la idoneidad y la afinidad que Pablo discernió que existe entre la naturaleza de Dios, de las Escrituras y de la adoración por un lado, y el tipo de discurso requerido por el otro.

Pablo vio que la calidad de la proclamación, del anuncio y del mensaje de su alocución pública acerca del Cristo resucitado contenía una dimensión de celebración, de afirmación exuberante y de asombro. Combinaba un reconocimiento humilde de que el mensaje no se originaba en el mensajero sino en su rey. La autoridad que lo regía no era suya, sino de su Soberano. Y la gloria y el valor del mensaje eran directamente proporcionales a la gloria y el valor del Rey. Por lo tanto, era imposible para el mensajero ser indiferente al mensaje sin ser indiferente al Rey. Era algo tan impensable como despreciar un tesoro infinito.

La predicación también es bellamente apropiada

Por tanto, nada era más apropiado que la presentación, la explicación, la contemplación y la aplicación del mensaje del Rey, en medio del pueblo del Rey, estuviera acompañada de *exultación*. Esta idoneidad constituye la base de la transposición que hace Pablo de la música de la proclamación al mundo, a la música de la predicación en la adoración. Él consideró que la predicación como *exultación expositiva* se ajusta de manera singular a la adoración corporativa, porque la adoración corporativa es el conocimiento, el atesoramiento y la manifestación unificados del valor supremo y la belleza de Dios. La predicación se ajusta a esa asamblea porque de eso se trata precisamente la predicación. La predicación muestra el valor supremo de Dios al abrir las Escrituras para dar a conocer las glorias de Dios, al tiempo que las valora como el tesoro más valioso. La exultación expositiva facilita la adoración corporativa porque adora a Aquel a quien revela como digno de adoración.

Más profundo que Pablo

Este capítulo se ha centrado en las implicaciones del uso que hace Pablo del vocabulario de la predicación (*katanguélo, kerússo, euangelizomai*). Pablo expresó con autoridad la convicción de la iglesia primitiva de introducir en la casa de Dios el carácter de anuncio y de mensaje de estas palabras. Hemos visto que anunciar la Palabra de Dios supone una medida considerable de enseñanza. Los pasajes bíblicos que se usan deben ser explicados. Las realidades que se anuncian deben ser esclarecidas. Sin embargo, el mensaje del predicador nunca debe limitarse únicamente a ser un conjunto de hechos que necesitan clarificación. Se trata de una constelación de glorias que han de atesorarse. La idea de que el mensaje de un predicador podría transmitirse como una explicación desconectada desestima la importancia del uso que hace Pablo de la frase "¡*predica* la palabra!" o "¡*anuncia* las buenas nuevas!" o "*proclama* a Cristo". Predicar es a la vez enseñar con precisión y anunciar con emoción. Es *exultación expositiva.*

Las raíces de la predicación como un acto de adoración, y en aras de la adoración, son más profundas que los usos que hace Pablo de *katanguélo, kerússo* y *euangelizomai*. Son raíces que penetran la providencia de Dios en la historia y en la forma como Él ha designado la Escritura, la fe y la gloria para crear un pueblo a imagen de su Hijo. Estas raíces penetran incluso hasta la naturaleza eterna y trinitaria de Dios. Nos ocuparemos de estas raíces en los siguientes dos capítulos.

4

Cuatro raíces de la bella idoneidad de la exultación expositiva en la adoración

El argumento del capítulo anterior no afirmó simplemente que el apóstol Pablo ordenara la predicación como parte de la adoración corporativa de la iglesia, sino que lo hizo por la idoneidad y la compatibilidad subyacentes que hay entre la predicación, por un lado, y la naturaleza de Dios, de su Palabra y de la adoración, por el otro. Si el argumento más sólido para la adoración corporativa en el capítulo 2 fue que "en los íntegros *es hermosa* la alabanza" (Sal. 33:1), entonces el argumento más sólido para predicar en el capítulo 2 fue que la predicación *es hermosa* en la adoración.

El mandato de predicar no vuelve la predicación bellamente apropiada. Su bella idoneidad es lo que da origen al mandato. "Que prediques la palabra" (2 Ti. 4:2) no es una exhortación arbitraria. Requiere la predicación en las asambleas del pueblo de Dios porque la predicación es un aspecto *apropiado* de la adoración corporativa. Es una idoneidad que fluye de la naturaleza de Dios y del hombre, de la manera como Dios rige al mundo y de la manera como Él transforma a su pueblo.

El objetivo de este capítulo es plantear más evidencia para esa declaración. Me enfocaré en cuatro raíces de la idoneidad de la predicación en la adoración cristiana. Primero, las raíces históricas de la predicación cristiana en la adoración de la sinagoga en el Antiguo Testamento. Después, la idoneidad que nace de la relación entre (2) la predicación y las Escrituras, (3) la predicación y la fe, y (4) la predicación y la transformación humana.

1. Raíces históricas de la predicación cristiana

Como sucede con la mayoría de los planes divinos en el mundo, la presencia de la predicación en la adoración en la asamblea de los cristianos primitivos no surgió de la nada, como si su idoneidad y armonía fueran la *única* causa. Las raíces y los antecedentes históricos prepararon el camino. De hecho, es *apropiado* que así sea, puesto que Dios no solo es el Dios que penetra en la historia por medio de Jesucristo, sino también el Dios que prepara todo para dicha entrada mediante su providencia en la historia. Lo que presento a continuación es un bosquejo simplificado de las raíces históricas de la predicación cristiana en la adoración.

Esdras, exposición y adoración

Como lo demuestra Nehemías 8:5-8, desde el Antiguo Testamento aparece un tipo de exhortación basada en las Escrituras en el contexto de la adoración cuando se reunía el pueblo de Israel.

> Abrió, pues, Esdras el libro a ojos de todo el pueblo, porque estaba más alto que todo el pueblo; y cuando lo abrió, todo el pueblo estuvo atento. Bendijo entonces Esdras a Jehová, Dios grande. Y todo el pueblo respondió: ¡Amén! ¡Amén! alzando sus manos; y se humillaron y adoraron a Jehová inclinados a tierra. Y los levitas... hacían entender al pueblo la ley; y el pueblo estaba atento en su lugar. *Y leían en el libro* de la ley de Dios claramente, y *ponían el sentido*, de modo que entendiesen la lectura.

Aquí vemos un "libro" divinamente autorizado (v. 5), la "ley" (v. 7). Vemos además que los levitas ayudaron a Esdras: "Y leían del libro" (v. 8). Asimismo, "ponían sentido" a lo que habían leído (v. 8) y ayudaban al pueblo a entender (v. 7). Por último, vemos que todo esto se hacía en el contexto de la adoración: Bendijo Esdras ...a Dios, el pueblo dijo "amén, amén", alzaron sus manos, e inclinaron sus rostros a tierra (v. 6).

Importancia de la sinagoga

Como ejemplo aislado de la lectura de las Escrituras seguida de una explicación en el contexto de la adoración, puede que este no sea un pasaje relevante para nuestro propósito. Pero tampoco es un ejemplo aislado. Se convirtió en una pauta para la adoración en la naciente sinagoga judía a lo largo de cuatro siglos entre el Antiguo y el Nuevo Testamentos. Edwin Charles Dargan, en su *A History of Preaching* [Historia de la predicación], lo señala:

> Durante muchos años hubo silencio profético, mientras esperaban la venida del Prometido, el amanecer de una nueva era. Durante este período, la adoración de los judíos experimentó un desarrollo considerable, que fue especialmente significativo en la historia de la predicación. Fue la exposición exhortativa de los Escritos Sagrados en relación con los servicios de la sinagoga... De ahí que veamos que existió una base clara y definida para la predicación cristiana en el discurso sagrado de ese pueblo que, conforme a la disposición divina de los acontecimientos, dio origen al Cristianismo.[1]

En consonancia, cuando se da inicio al Nuevo Testamento, vemos que Jesús entra en la sinagoga desde el principio de su ministerio y sigue esta pauta de lectura de las Escrituras y de "ponerle sentido".

> Vino a Nazaret, donde se había criado; y en el día de reposo entró en la sinagoga, conforme a su costumbre, y se levantó a leer. Y se le dio el libro del profeta Isaías; y habiendo abierto el libro, halló el lugar donde estaba escrito:
>
> > El Espíritu del Señor está sobre mí,
> > Por cuanto me ha ungido para dar buenas nuevas a los pobres;
> > Me ha enviado a sanar a los quebrantados de corazón;
> > A pregonar libertad a los cautivos,
> > Y vista a los ciegos;
> > A poner en libertad a los oprimidos;
> > A predicar el año agradable del Señor.
>
> Y enrollando el libro, lo dio al ministro, y se sentó; y los ojos de todos en la sinagoga estaban fijos en él. Y comenzó a decirles: Hoy se ha cumplido esta Escritura delante de vosotros.

El modelo en Hechos

El mismo modelo se encuentra en Hechos de los apóstoles. Por ejemplo, Hechos 15:21 dice: "Porque Moisés desde tiempos antiguos tiene en cada ciudad quien lo predique [*kerússontas auton*] en las sinagogas, donde es

---

1. Edwin Charles Dargan, *A History of Preaching*, vol. 1 (Nueva York: Hodder & Stoughton, 1905), pp. 20-21.

leído cada día de reposo". Aquí tenemos no solo la lectura de Moisés, sino su *predicación* en la sinagoga. Este es un precedente notable para lo que Pablo ordenó en la iglesia con la misma palabra específica (*kerússo*). "Que prediques [*kerúxon*] la palabra" (2 Ti. 4:2).

Vemos también a Pablo mismo usando este modelo de la sinagoga para presentar a Jesús como el Mesías. En Antioquía de Pisidia, según Hechos 13:14-16:

> Entraron [Pablo y Bernabé] en la sinagoga un día de reposo y se sentaron. Y después de la lectura de la ley y de los profetas, los principales de la sinagoga mandaron a decirles: Varones hermanos, si tenéis alguna palabra de exhortación para el pueblo, hablad. Entonces Pablo, levantándose, hecha señal de silencio con la mano, dijo: Varones israelitas, y los que teméis a Dios, oíd.

Este es, indudablemente, el modelo con el cual creció Pablo en Tarso, y el que usó repetidamente en su predicación itinerante conforme viajaba de ciudad en ciudad. Se lee la Escritura, y se da una palabra de explicación y de aplicación, y se convierte en una práctica frecuente en el día de reposo como parte de la reunión habitual de adoración de los judíos (Hch. 13:14; 18:4).

Por lo anterior, coincido con Dargan en concluir que el modelo cristiano de exposición de la Escritura en el contexto de la adoración corporativa habitual tiene sus raíces en el modelo de la sinagoga judía, cuyas raíces son aún más profundas en el Antiguo Testamento. La lectura de la Escritura y la predicación de Moisés (Hch. 15:21) durante la adoración corporativa habitual en la sinagoga no debería sorprendernos, puesto que las glorias del Cristianismo no partieron de cero a partir de Jesús y de los apóstoles. Tienen sus raíces en el Antiguo Testamento. Por ende, es de esperar que algo como la *exultación expositiva* surja en la sinagoga y en sus ramificaciones cristianas.

Providencia, historia y predicación

Citando de nuevo las palabras de Dargan "hubo una base clara y definida para la predicación cristiana en el discurso sagrado de ese pueblo [Israel] que, conforme a la disposición divina de los acontecimientos, dio origen al Cristianismo[2]". En otras palabras, la providencia de Dios en la historia de Israel y en la iglesia cristiana es lo que explica en definitiva el surgimiento

---

2. Ibíd.

de la predicación cristiana como históricamente fundada y bellamente apropiada para la adoración cristiana. Sin embargo, esa idoneidad de la predicación en la adoración corporativa tiene raíces aún más profundas que los precedentes históricos de la sinagoga que, en la providencia divina, tuvieron lugar. Las veremos a continuación.

2. Predicación y Escritura

En el capítulo anterior vimos que cuando Pablo ordenó a Timoteo "que prediques la palabra" (2 Ti. 4:2), el término "palabra" se refería nada menos que a toda la Escritura, la cual incluye, por defecto, tanto el Antiguo como el Nuevo Testamentos[3]. Justo antes había dicho: "Toda la Escritura es inspirada por Dios" (2 Ti. 3:16). La siguiente frase culmina la idea diciendo "que prediques la palabra" (4:2).

Al decirle de esta manera al predicador que *predique las Escrituras,* Pablo sugiere que los predicadores han de convertirse en los voceros de Dios para llevar a cabo el propósito para el cual Dios inspiró y preservó la Biblia. En *La lectura sobrenatural de la Biblia,* argumenté que la Escritura misma muestra que su objetivo supremo para el lector y el predicador es que el valor infinito de Dios y su belleza sean exaltados en la eterna y ferviente adoración de la esposa de Cristo, comprada con su sangre, de cada pueblo, idioma, tribu y nación. Y naturalmente, "adoración" no se limita a los cultos de adoración, como sostuve al comienzo de este libro. La adoración abarca todas las formas, en el tiempo y en la eternidad, mediante las cuales la nueva humanidad en Cristo conoce, disfruta y manifiesta la belleza y el valor de Dios, ya sea de manera individual, colectiva o cósmica.

La finalidad de la Escritura es la finalidad de la predicación

Puesto que Pablo nos manda predicar la Escritura, la naturaleza y la finalidad de la Escritura determinan la naturaleza y la finalidad de la predicación. Tanto la predicación como la Escritura *enseñan* la verdad de la gloria y el valor de Dios, y ambas comunican mucho más que enseñanza, a saber, el *aprecio* de Dios. El corazón del predicador y los corazones del Autor y los escritores de la Escritura prodigan el valor infinito de aquello que revelan. La Escritura comunica la *explicación* de la belleza y el valor de Dios, y la Escritura comunica la *exultación* de sus autores inspirada por ese valor y esa belleza. La Escritura es siempre verdadera y nunca neutral.

---

3. Véase capítulo 3, pp. 65-67.

Por consiguiente, la predicación, teniendo como finalidad la misma adoración que tienen por objetivo las Escrituras, *explica* la gloria y el valor de Dios, y *exulta* frente a la gloria y el valor de Dios. Siempre busca ser verdadera y nunca se permite ser neutral frente a realidades portentosas. El predicador habla como un auténtico agente humilde de las Escrituras. Lo que busca producir, él mismo aspira alcanzar. Se propone plasmar la adoración que la Biblia busca (Jn. 4:23). Y luego se propone abrir su boca y presentar con la mayor claridad y belleza posibles las glorias de Dios en las Escrituras. Mediante cada gracia que le ha sido otorgada por medio del Espíritu Santo, se consagra a la exultación expositiva.

La Escritura y la predicación apuntan a la adoración y operan en la adoración

Por tanto, es claro que esta predicación se integra perfectamente a la adoración corporativa. *Es* adoración y *busca* adorar, porque es fiel a la Escritura. La Escritura está inspirada por Dios con el fin de despertar, alimentar y consumar la ferviente adoración de la esposa de Cristo, comprada con su sangre, de cada pueblo, idioma, tribu y nación. Dios ha dispuesto que la predicación anuncie estas Escrituras y logre la finalidad para la cual fueron dadas. Por consiguiente, la finalidad de la predicación es la adoración, es decir, se propone crear y sustentar un pueblo que conoce, disfruta y demuestra la gloria y el valor de Dios.

La predicación no contradice su propio objetivo siendo indiferente a las glorias de la Escritura. Tiene como objetivo la adoración siendo en sí misma un acto de adoración. Al esclarecer la verdad, atesora el valor de la verdad. Al explicarla, la exulta. El predicador se estremece frente a la posibilidad de llegar a ser inculpado por las palabras de Jesús: Este predicador "de labios me honra; mas su corazón está lejos de mí" (Mt. 15:8). Su corazón no está lejos del fuego de la verdad de Dios. Se encuentra lo bastante cerca para ser encendido. Es una "antorcha" que arde y que alumbra (Jn. 5:35)[4]. Arde con exultación. Alumbra con exposición.

3. Predicación y fe

Otra prueba de que la predicación tiene su lugar que le corresponde en la

---

4. Para una meditación ampliada sobre Juan 5:35 y las implicaciones de "arder" y "alumbrar" en la predicación, ver Jonathan Edwards, "The True Excellency of a Minister of the Gospel", en *Sermons and Discourses*, pp. 1743-1758, ed. Wilson H. Kimnach y Harry S. Stout, vol. 25, *The Works of Jonathan Edwards* (New Haven, CT: Yale University Press, 2006), pp. 82-102.

adoración es el hecho de que su objetivo es la fe, la cual Dios ha dispuesto para manifestar su gloria. La fe es el requisito primordial para el pacto que Dios demanda, precisamente porque nos hace humildes y amplifica la credibilidad y la absoluta suficiencia de Dios.

En repetidas instancias, Pablo menciona juntamente la predicación y *la fe* como su meta, especialmente cuando usa el término *anunciar* (*kérugma*). Por ejemplo:

> ¿Cómo, pues, invocarán a aquel en el cual no han creído? ¿Y cómo creerán en aquel de quien no han oído? ¿Y cómo oirán sin haber quien les predique [*kerussontos*]?... Así que la *fe* es por el oír, y el oír, por la palabra de Dios (Ro. 10:14, 17).
>
> Pues ya que en la sabiduría de Dios, el mundo no conoció a Dios mediante la sabiduría, agradó a Dios salvar a los *creyentes* por la locura de la *predicación* [*kerugmatos*] (1 Co. 1:21).
>
> Ni mi palabra ni mi predicación [*kérugma*] fue con palabras persuasivas de humana sabiduría, sino con demostración del Espíritu y de poder, para que vuestra *fe* no esté fundada en la sabiduría de los hombres, sino en el poder de Dios (1 Co. 2:4-5).
>
> Porque o sea yo o sean ellos, así predicamos [*kerussomen*], y así habéis *creído* (1 Co. 15:11).
>
> Y si Cristo no resucitó, vana es entonces nuestra predicación [*kérugma*], vana es también vuestra *fe* (1 Co. 15:14).

¿Por qué es la fe el objetivo de la predicación?

Ciertamente podemos afirmar, según estos pasajes, que el objetivo de la predicación es engendrar y sustentar la fe en Dios y en Jesucristo. Si preguntamos por qué la fe ocupa un lugar tan prominente en el designio de Dios para su pueblo, no es difícil encontrar la respuesta. Debemos *vivir* por fe (Gá. 2:20), es decir, hacer todo confiando en Dios para cada una de nuestras necesidades, porque de ese modo se magnifican la confiabilidad y la absoluta suficiencia de Dios. Actuar en fe dirige la atención al poder, la misericordia, la bondad y la sabiduría de Dios. La fe glorifica a Dios. Eso es evidente a todo lo largo de las Escrituras.

Pablo subraya este hecho, por ejemplo, en relación con la fe de Abraham, en Romanos 4:20: "Tampoco dudó, por *incredulidad*, de la promesa de

Dios, sino que se fortaleció en *fe*, dando *gloria* a Dios". Cuando confiamos en Dios para que sea el poder decisivo que motiva toda nuestra obediencia (como todos los santos de Hebreos 11 que obedecieron "por la fe"), exaltamos la grandeza de Dios.

Eso es lo que Pedro quiere decir en 1 Pedro 4:11: "Si alguno ministra, [que] ministre *conforme al poder que Dios da* [es decir, confiando en Dios para que sea Él quien obre de manera decisiva y use nuestro servicio], *para que en todo sea Dios glorificado* por Jesucristo". En otras palabras, Dios se glorifica cuando servimos por la fe en su fuerza, la cual está siempre disponible. Por eso la fe es esencial en nuestra relación salvadora con Dios. La fe lo glorifica. Lo hace ver como Él es realmente: confiable, poderoso, lleno de gracia y de sabiduría. La fe es la raíz esencial de la adoración.

Lo que la falta de fe revela acerca de Dios

La Escritura resalta esta verdad al mostrar las implicaciones de lo opuesto de la fe, la incredulidad. Por ejemplo, en Números 14:11, Dios dice a Moisés: "¿Hasta cuándo me ha de *irritar* este pueblo? ¿Hasta cuándo *no* me creerán, con todas las señales que he hecho en medio de ellos?". En otras palabras, no creer, no confiar en Dios, a pesar de todas las evidencias de su favor y de su poder, equivale a despreciarlo. Y esto es lo opuesto a glorificarlo.

Dios también dice a Moisés y a Aarón en Números 20:12: "Por cuanto no *creísteis* en mí, para *santificarme* delante de los hijos de Israel, por tanto, no meteréis esta congregación en la tierra que les he dado". Dicho de otra manera, no creer en la promesa de Dios es profanar su santidad. Es lo contrario a glorificarlo. Pocas cosas son más ofensivas e insultantes que decirle a alguien "no confío en ti". Eso es especialmente cierto en el caso de Dios.

Cuando Jesús quería explicar por qué los líderes judíos no podían creer en Él, dijo: "¿Cómo podéis vosotros *creer*, pues recibís gloria los unos de los otros, y no buscáis la gloria que viene del Dios único?" (Jn. 5:44). En otras palabras, la fe es completamente contraria a preferir la gloria de los hombres por encima de la gloria de Dios. Amar la gloria de Dios y experimentar la fe auténtica y salvadora son dos realidades que nacen en el corazón. Amar la gloria de Dios y confiar en Dios son inseparables. La fe es la fuente de la adoración.

Fe es más que confiar en Dios para recibir dádivas

De hecho, el corazón de la fe salvadora es una percepción espiritual que valora la belleza de la gloria de Dios en Cristo. La fe ve, y de inmediato disfruta, percibe y valora la verdad suprema y la belleza de Cristo en el evangelio. Así lo expresa Pablo: "En los cuales el dios de este mundo [Satanás] ha cegado el entendimiento de los *incrédulos*, para que no *vean* el resplandor del evangelio de la *gloria* de Cristo, que es la imagen de Dios" (2 Co. 4:4, LBLA). Pero cuando Dios "[resplandece] en nuestros corazones, para iluminación del conocimiento de la gloria de Dios en la faz de Jesucristo" (2 Co. 4:6), la fe viene. Hay una valoración de la gloria de Cristo en el evangelio. Vemos, y al mismo tiempo, nos deleitamos. Conocemos y amamos. Contemplamos y abrazamos.

Así fue como Jesús describió la fe en Juan 6:35: "Yo soy el pan de vida; el que a mí *viene*, nunca tendrá hambre; y el que *en mí cree*, no tendrá sed jamás". Observe el paralelo entre *venir* para satisfacer el hambre y *creer* para calmar la sed. El hambre y la sed hacen referencia al mismo vacío en el alma. Y creer y venir son el mismo acto del alma. *Creer* en Jesús significa *venir* a Él para saciar el hambre y la sed de nuestra alma. La fe en Cristo significa que estamos satisfechos con todo lo que Dios es para nosotros en Jesús.

Predicar por la fe es predicar por la adoración

He aquí la razón de predicar: Pablo dejó claro que la finalidad de la predicación es despertar, sustentar y fortalecer la fe. La esencia de la fe es ver, disfrutar y estar satisfecho en todo lo que Dios es para nosotros en Jesús. Cuando los predicadores experimentamos esto en la predicación, y nuestra congregación lo experimenta por medio de nuestra predicación, ambos magnificamos el inmensurable valor y belleza de Dios. Esto evidencia que es adoración, la adoración del predicador y de la congregación. Y cualesquiera sean las acciones que motiva, sustenta y guía tal fe, se convierten en adoración en todas las esferas de la vida.

Esto es lo que la predicación se propone despertar y sustentar. El objetivo de la predicación, sea cual sea el tema o el pasaje que trate, es esta clase de fe. Busca estimular en el alma un estado de satisfacción con todo lo que Dios es para nosotros en Jesús, porque esta satisfacción engrandece la gloria Dios que es absolutamente suficiente. Y eso es adoración. Por consiguiente, la predicación ocupa el lugar que le corresponde cuando el pueblo de Dios se reúne para adorar.

4. Predicación y transformación

Cuando el predicador busca despertar y sustentar la fe viva para la gloria de Dios, es consciente de que la fe constituye el medio por excelencia mediante el cual Dios transforma a los creyentes en personas amorosas y generosas. Es así como Pablo establece la conexión entre confiar en Cristo y amar a las personas: "porque en Cristo Jesús ni la circuncisión vale algo, ni la incircuncisión, sino la fe que obra por el amor" (Gá. 5:6). Primero, hay fe que justifica, salva y nos une a Cristo. Luego esa fe, en el poder del Espíritu Santo, nos libera del temor y de la codicia que destruyen el amor. La fe "obra por el amor".

Esta actitud amorosa de negarse a sí mismo y de sacrificarse constituye la bella conducta que como coincidieron en afirmar Jesús y Pedro, lleva a otras personas a ver y a glorificar a Dios (Mt. 5:16; 1 P. 2:12). Por lo tanto, no solo la fe glorifica a Dios al manifestarle que es confiable, sabio y poderoso, sino que también glorifica a Dios "obrando por el amor", lo cual lleva a las personas a ver y a admirar la gloria de Dios. Por eso la predicación, cuyo objetivo es la fe, también busca demostrar públicamente la gloria de Dios en la nueva conducta de los cristianos.

Transformarse en gloria al contemplar la gloria

No obstante, el objeto de esta sección consiste en esbozar otro punto de vista de Pablo de la conexión entre la predicación y la transformación moral de la vida cristiana. Esta perspectiva diferente de la conexión entre la predicación y la transformación también depende de la gloria de Dios y deja aún más claro que el acto de la predicación es en sí mismo una forma de adoración, y un aspecto clave de la adoración corporativa cristiana.

Pienso aquí en la predicación como la representación de Cristo en palabras tan gráficas que Pablo se refiere a su efecto como *ver* la gloria misma de Cristo, una visión tan poderosa que transforma al que la ve. El pasaje clave es 2 Corintios 3:18, y el contexto es crucial para que comprendamos el vínculo con la predicación.

Pablo escribe: "Por tanto, nosotros todos, mirando a cara descubierta como en un espejo la gloria del Señor, somos transformados de gloria en gloria en la misma imagen, como por el Espíritu del Señor" (2 Co. 3:18). Examinaremos esto más detalladamente en un momento. Sin embargo, cabe señalar primero que este no es el único pasaje donde Pablo hace énfasis en el efecto transformador de *ver* a Cristo.

¡"Ante cuyos ojos" Cristo fue crucificado!

En Gálatas 3:1, Pablo dice: "¡Oh gálatas insensatos! ¿quién os fascinó para no obedecer a la verdad, a vosotros *ante cuyos ojos* Jesucristo fue ya presentado claramente entre vosotros como crucificado?". Él los llama insensatos, porque al parecer se habían desviado del evangelio. Lo cierto es que Pablo estaba desconcertado. Su expresión: "¿quién os fascinó?", evidencia cuán profunda era su convicción de que realmente *ver* a Cristo crucificado transforma a las personas. "Ante cuyos ojos", en mi *predicación*, ¡vieron a Cristo crucificado!

Richard Longenecker tiene razón en decir: "La frase 'Cristo crucificado' era en labios de Pablo una forma abreviada del evangelio (cf. 1 Co. 1:23; 2:2; también 1 Co. 1:13; 2:8; 2 Co. 13:4)[5]". Este era el corazón de la predicación de Pablo: "nosotros predicamos [*kerussomen*] a Cristo crucificado" (1 Co. 1:23). "Pues me propuse no saber entre vosotros cosa alguna sino a Jesucristo, y a éste crucificado" (1 Co. 2:2). Así que cuando Pablo dice en Gálatas 3:1: "vosotros ante cuyos ojos Jesucristo fue ya presentado claramente entre vosotros como crucificado", quiere decir que esto sucedió cuando él "*predicó* a Cristo crucificado". La predicación tiene como finalidad presentar a Cristo de tal modo que se experimente una "visión" espiritual, una visión tan poderosa que los oyentes y los testigos sean "transformados en la misma imagen".

Predicar y contemplar la gloria

En el contexto de 2 Corintios 3:18, el nexo con la predicación se encuentra en 2 Corintios 4:5. Ver este nexo es crucial. Recuerde que las divisiones por capítulos no son originales, y que a menudo confunden. Es lo que sucede en este pasaje. La frase que viene después de 2 Corintios 3:18 dice: "Por lo cual, teniendo nosotros este ministerio según la misericordia que hemos recibido, no desmayamos" (2 Co. 4:1). "Este ministerio" se refiere al ministerio acerca del cual viene hablando desde el comienzo de 2 Corintios 3, "el ministerio del espíritu" (v. 8) y "el ministerio de justificación" (v. 9). "Este ministerio" viene "con más gloria" (3:8, LBLA), y "mucho más abunda en gloria" (v. 9, LBLA) que el pacto de Moisés.

Parte de esa gloria superior es "la gloria del Señor" que contemplamos en 2 Corintios 3:18, la gloria que nos transforma cuando la vemos. De modo que 4:1 no empieza un nuevo tema. Se trata del "ministerio del espíritu" que viene con "más gloria", la gloria de Dios que, cuando es contemplada, transforma (3:18). Lo que Pablo subraya en 2 Corintios 4:1-3 es que cuando él

---

5. Richard N. Longenecker, *Galatians*, vol. 41, Word Biblical Commentary (Dallas: Word, 1998), p. 101.

aborda la "Palabra de Dios" concerniente a su gloria, no la adultera. Antes bien, la presenta con absoluta sinceridad y transparencia. Es la "manifestación de la verdad" (v. 2).

Es el diablo, no Pablo, quien oculta las cosas: "Pero si el evangelio está aún encubierto, entre los que se pierden está encubierto; en los cuales el dios de este siglo [el diablo] cegó el entendimiento de los incrédulos" (4:4-5). La pasión de Pablo es revelar la gloria de Cristo en su predicación. La pasión del diablo es encubrirla. El objetivo de Pablo es que sus oyentes puedan mirar "la gloria del Señor" (3:18).

La conexión con la predicación aparece explícita en 2 Corintios 4:4-5:

> En los cuales el dios de este siglo cegó el entendimiento de los incrédulos, para que no les resplandezca la luz del evangelio de *la gloria de Cristo*, el cual es la imagen de Dios. Porque no nos predicamos [*kerussomen*] a nosotros mismos, sino a Jesucristo como Señor, y a nosotros como vuestros siervos por amor de Jesús.

Podemos ver los nexos entre 2 Corintios 3:18 y 4:4. Ambas citas se refieren a mirar, o contemplar, la gloria de Cristo, o el Señor. Pablo persiste en revelarla en 3:18, y Satanás la encubre en 4:4. Dos cosas evidencian que el esfuerzo de Pablo por revelar la gloria de Cristo se manifiesta por medio de la predicación. Primero está la referencia al "evangelio" en 4:4. Él se refiere a que "resplandezca la luz del *evangelio de la gloria de Cristo*". En otras palabras, la gloria de Cristo se hace manifiesta en la historia del evangelio. Cuando se predica el evangelio, la gloria de Cristo es "presentad[a] claramente" (Gá. 3:1) en la crucifixión y en la resurrección.

La otra observación que muestra el vínculo entre la predicación de Pablo y la revelación de la gloria de Cristo es el término explícito que denota el anuncio en 2 Corintios 4:5. La gloria que el diablo trata de encubrir es lo que predicamos, es lo que *anunciamos*. "Porque no nos predicamos [anunciamos, *kerussomen*] a nosotros mismos, sino a Jesucristo como Señor, y a nosotros como vuestros siervos por amor de Jesús". Aquí aparece de nuevo la palabra clave: *anunciar.* El Cristo crucificado es el Señor resucitado. ¡A Él anunciamos!

Por lo tanto, infiero a partir de la línea de pensamiento de Pablo en 2 Corintios 3:18-4:5, que la declaración crucial acerca de la transformación en 3:18-19 es una descripción de lo que Dios ha dispuesto que suceda por medio de la predicación: "nosotros todos, mirando a cara descubierta como en un espejo la gloria del Señor, somos transformados de gloria en gloria en la misma imagen, como por el Espíritu del Señor". Él se incluye ("nosotros todos…"), porque él también tenía que ver la gloria del Señor para ser transformado. Sin embargo, la manera en que Pablo extiende su propia experiencia de *contemplación* a otros es presentar a Cristo crucificado (Gá. 3:1) y a Cristo como Señor (2 Co. 4:5).

Predicar, contemplar, adorar

El punto que trato de señalar aquí es que la predicación es sumamente indicada para la adoración corporativa, porque Dios la ha adecuado de manera única para revelar la gloria de Cristo con la finalidad de transformar a las personas en esa gloria. La verdadera adoración siempre involucra alguna medida de esa transformación; de lo contrario, seríamos unos hipócritas. Así pues, la adoración genuina siempre comprende la revelación de la gloria de Dios en Cristo[6]. El anuncio de la "Palabra de Dios" con una "manifestación de la verdad" (2 Co. 4:2) es la manera como Pablo comunica esa revelación y como nos ordenó hacerlo: "que prediques la palabra" (2 Ti. 4:2).

La mirada que despierta la adoración

Es preciso hacer otra observación crucial antes de concluir esta sección. "Mirando a cara descubierta como en un espejo la gloria del Señor" (2 Co. 3:18) no puede significar simplemente mirar lo que es capaz de ver el ojo natural o el ojo del diablo. Pablo dijo que si los príncipes de este siglo hubieran visto realmente la gloria de Cristo, "nunca habrían crucificado al Señor de gloria" (1 Co. 2:18). Pablo explicó además: "el hombre natural no percibe las cosas que son del Espíritu de Dios, porque para él son locura, y no las puede entender, porque se han de discernir espiritualmente" (1 Co. 2:14).

"Discernir espiritualmente" significa que su verdadera belleza y valor son apreciados y comprendidos con la ayuda del Espíritu Santo. El "hombre natural" puede ver muchas cosas asombrosas acerca de Jesús. Judas sin duda las vio. Pero el hombre natural no "discierne" la cautivadora belleza y el valor de Cristo. El evangelio de Cristo es locura para él, en lugar de ser su mayor riqueza. Para él, Cristo no es el tesoro que está escondido en el campo por el cual están dispuestos a venderlo todo a fin de obtenerlo (Mt. 13:44). Él no es la perla de gran precio (Mt. 13:46). Él no es de "valor

6. Pablo se refiere a la gloria de Dios en la faz de Jesucristo (2 Co. 4:6) y también a la gloria de Cristo, el cual es la imagen de Dios (2 Co. 4:4). Se trata de una misma gloria, no de dos, y puede que en ocasiones nos refiramos a ella como la gloria de Dios y en otras como la gloria de Cristo.

incomparable", junto a quien todo lo demás es basura en comparación (Fil. 3:8, LBLA). De los tales, que "miran" de tal modo a Jesús, Pablo dice que "viendo no ven" (Mt. 13:13).

Sin embargo, cuando Pablo dice "mirando a cara descubierta como en un espejo la gloria del Señor", de manera que somos transformados de gloria en gloria en la misma imagen, se refiere al discernimiento espiritual de 1 Corintios 2:14. Describe el acto de ver con los ojos del corazón (Ef. 1:18). Habla acerca de saber algo como es preciso saberlo (1 Co. 8:2). Habla del milagro de "comprender con todos los santos cuál sea la anchura, la longitud, la profundidad y la altura, y de conocer el amor de Cristo" (Ef. 3:18-19). Se refiere, al igual que Pedro, no solo a prestar atención a Cristo, sino a gustar: "si es que habéis gustado la benignidad del Señor" (1 P. 2:3). Pablo dice que esto sucede "como por el Espíritu del Señor" (2 Co. 3:18). Es un milagro.

La predicación debe ser adoración

La naturaleza sobrenatural del acto de mirar la gloria del Señor supone que la predicación que procura impartir esta contemplación milagrosa y transformadora debe ella misma contemplar la gloria. Es imposible aspirar a algo que no se puede concebir. Sin embargo, el hombre natural no tiene noción alguna de esta contemplación espiritual de la gloria de Cristo. Por lo tanto, la predicación debe ser espiritual, "como por el Espíritu del Señor". Y eso significa que el predicador debe haber gustado primero. Debe saber como debe saber (1 Co. 8:2). Debe discernir espiritualmente. Debe considerar todo lo demás como basura. Debe renunciar a todo por la perla y el tesoro (Lc. 14:33). Esto significa que conforme predica este tesoro, lo está atesorando. Al sostener la perla, la estima. Cuando invita a la fiesta, saborea el banquete. De no ser así, sería un "hombre natural" hipócrita, no apto para el ministerio.

Por consiguiente, "que prediques la palabra" significa mostrar la gloria de Dios como algo de valor supremo, de tal modo que las personas puedan verla y atesorarla, y ser transformadas. Esto significa además que el predicador debe *aspirar* a la adoración y *practicar* la adoración. Debe demostrar y experimentar el valor de Cristo. Debe explicarlo y exaltarlo. Debe tomar la carga bienaventurada de la exultación expositiva.

Un regalo para el pueblo de Dios

Lo que hemos visto en este capítulo es que el encargo de Pablo "que prediques la palabra" (2 Ti. 4:2) no es arbitrario. Tiene sus raíces en la bella idoneidad de la exultación expositiva como parte de la adoración cristiana. En la sabia providencia de Dios, la predicación cristiana surgió de la adoración de la sinagoga donde cada día de reposo se predicaba a Moisés (Hch. 15:21). En su magnífico designio respecto a cómo su iglesia ha de conocer, confiar y asemejarse al Hijo de Dios, Dios ordenó predicar para abrir la Escritura, despertar la fe y revelar la gloria. En cada caso, el resultado designado es adoración. La predicación es una preciosa dádiva para la iglesia, un regalo bellamente apropiado para su pueblo que le adora.

Ahora nos disponemos a considerar quizá la razón más asombrosa por la cual la predicación es bellamente apropiada para el logro de la meta suprema del universo: Que Dios sea adorado por lo que es. Examinaremos las raíces trinitarias de la exultación expositiva.

5

Las raíces trinitarias de la exultación expositiva

Nos queda un aspecto más para elogiar la bella idoneidad de la predicación en la adoración corporativa. En este aparte, indagaremos las raíces de la exultación expositiva en los confines inescrutables del ser trino de Dios y de su existencia eterna. Aquí sugiero que la razón suprema por la cual la predicación conviene en la adoración es que su calidad única como forma de comunicación concuerda con la naturaleza de Dios, ya que Él se *conoce* y se *deleita* en sí mismo en la Trinidad, desde toda la eternidad.

Si bien puede ser improcedente afirmar que Dios se *adora* a Sí mismo, dado que la palabra tiene usualmente la connotación de un ser inferior que exulta a uno superior, en cualquier caso las raíces de la adoración humana se remontan a la manera como el Padre, desde toda la eternidad, ha *conocido* perfectamente al Hijo, y a la manera como han experimentado un mutuo disfrute supremo. En última instancia, adoramos como lo hacemos, conociendo la verdad y atesorando la belleza y el valor de Dios, porque del mismo modo Dios se conoce y se atesora a Sí mismo. Y, a mi parecer, si lográramos penetrar hasta el fondo las palabras de Jesús, esto quedaría implícito cuando dijo que el Padre busca quienes le adoren en *espíritu* y en *verdad* (Jn. 4:23).

La concepción de Jonathan Edwards de la Trinidad

Me parece que el concepto de Jonathan Edwards de la Trinidad se sustenta bíblicamente y es maravilloso. Me parece que sus implicaciones concernientes a la idoneidad de la predicación en la adoración son convincentes. Solo puedo bosquejarlo aquí, pero recomiendo a todo pastor la lectura de su "Ensayo sobre la Trinidad", lo cual constituye una propuesta realista, ya que se trata de treinta páginas nada más,[1] y puede encontrarse gratuitamente en línea.

> Y esa supongo es la bendita Trinidad que encontramos en las sagradas Escrituras. El *Padre* es la deidad que subsiste en la más perfecta, no creada y absoluta forma, o la deidad en su existencia directa. El *Hijo* es la deidad engendrada por el conocimiento de Dios o la idea de Sí mismo, y que subsiste en esa idea. El *Espíritu Santo* es la deidad que subsiste en los actos, o la divina esencia que fluye e inspira en el infinito amor de Dios y deleite en Sí mismo. Y creo que la esencia divina entera subsiste verdadera e inequívocamente en la idea divina y en el amor divino, y por ende cada una de ellas son personas propiamente distintas.[2]

El eterno Hijo unigénito

Dicho de otra manera, el Hijo existe eternamente en una "idea de Sí mismo" que tiene Dios, un conocimiento de sí mismo que conlleva una plenitud tal del ser divino que la idea se levanta como una Persona divina por cuenta propia, plenamente Dios. Puesto que eso suena totalmente extraño, y muchos lo consideran inadecuado, oigamos lo que Edwards expresa para ayudarnos a comprenderlo:

> Si un hombre pudiera tener una idea absolutamente perfecta de todo lo que sucede en su mente, y todas las series de ideas y ejercicios fueran perfectas en lo referente a orden, grado, circunstancias y demás, para cualquier lapso particular del tiempo pasado (digamos que la hora que acaba de transcurrir), para este hombre todos los intentos y propósitos serían los que fueron en esa última hora. Y si fuera posible para un hombre, por un reflejo perfecto, contemplar todo lo que está en su propia mente en una hora dada tal como es y al mismo tiempo en que ocurre allí en su primera y directa existencia; y si un hombre tuviera un reflejo perfecto o idea contemplativa de cada pensamiento en el instante mismo en que ese pensamiento se produce, y de cada maniobra en y durante ese mismo tiempo en que ésta se desarrolla, y así durante la hora completa, ese hombre sería realmente dos. Sería en realidad doble.

---

1. Jonathan Edwards, *Writings on the Trinity, Grace, and Faith*, ed. Sang Hyun Lee y Harry S. Stout, vol. 21, *The Works of Jonathan Edwards* (New Haven, CT: Yale University Press, 2003), pp. 113-31.

2. Ibíd., p. 131; énfasis añadido.

> Sería dos veces simultáneamente. La idea que tiene de sí mismo sería él mismo nuevamente.[3]
>
> Por consiguiente, en tanto que Dios con perfecta claridad, plenitud y fortaleza se entiende a Sí mismo, observa su propia esencia (en la cual no existe distinción entre sustancia y acción, sino que es completamente sustancia y completamente acción), esa idea que Dios tiene de sí mismo es absolutamente Él mismo. Esta representación de la naturaleza y la esencia divinas es la naturaleza y la esencia divinas que se repite. Así que mediante el pensamiento de Dios sobre la deidad, [la deidad] debe evidentemente generarse. En virtud de ese acto hay otra persona que se engendra; hay otro infinito, eterno, todopoderoso y santísimo, y el mismo Dios, la exacta naturaleza divina.[4]
>
> Y esta persona es la segunda persona de la Trinidad, el unigénito y amado Hijo de Dios. Él es la idea eterna, necesaria, perfecta, esencial y personal que Dios tuvo de sí mismo. Y me parece que este hecho está confirmado plenamente por la Palabra de [Dios].[5]

Parte de lo inesperado de esta perspectiva puede mitigarse si traemos a nuestra memoria pasajes bíblicos como:

> El cual, siendo el resplandor de su gloria, y la imagen misma de su sustancia (He. 1:3).
>
> Él es la imagen del Dios invisible, el primogénito de toda la creación (Col. 1:15).
>
> El cual, siendo en forma de Dios, no estimó el ser igual a Dios como cosa a que aferrarse (Fil 2:6).
>
> ...la luz del evangelio de la gloria de Cristo, el cual es la imagen de Dios (2 Co. 4:4).
>
> En el principio era el Verbo, y el Verbo era con Dios, y el Verbo era Dios (Jn. 1:1).

En cierto sentido, el Hijo de Dios es el reflejo revelado de Dios Padre. Desde la eternidad, Dios ha tenido una idea completa y perfecta de todas sus

3. Ibíd., p. 116.
4. Ibíd.
5. Ibíd., p. 117.

perfecciones. Él ha tenido una "imagen del Dios invisible". Esta imagen de Dios es tan completa y perfecta que es, de hecho, la imagen de Dios Hijo desplegada como una persona en sí misma.

Por consiguiente, Dios Hijo no fue creado ni hecho. Es eterno junto con el Padre. Es por ello dependiente del Padre como imagen de un original, pero no inferior en atributo divino alguno, porque es una imagen completa y viviente de las perfecciones del Padre. Esto, por supuesto, es un gran misterio: Cómo una idea, reflejo o imagen del Padre pueden ser realmente una persona en sí misma. Yo no pretendo ser capaz de explicar de manera exhaustiva algo que es infinito.

La procesión eterna del Espíritu

La tercera persona de la Trinidad, el Espíritu Santo, ha existido eternamente porque el Padre y el Hijo siempre se han amado y se han deleitado mutuamente a tal grado y de tal modo que el Espíritu Santo que emana de ellos, y entre ellos, ha existido siempre como una persona en sí misma. Esta es la explicación de Edwards:

> De la Deidad que es de este modo unigénita por la idea de Dios de sí mismo y desplegado en una existencia o persona distinta en esa idea, procede el acto más puro, una energía infinitamente santa y tierna que nace entre el Padre y el Hijo: su amor y gozo son mutuos, ya que se aman y deleitan el uno en el otro. Proverbios 8:30: "Y era su delicia de día en día, teniendo solaz delante de él en todo tiempo". Este es el eterno y más perfecto y esencial acto de la divina naturaleza, en el cual la Deidad actúa en un grado infinito y en la más perfecta forma posible. La deidad se vuelve todo acto. La mismísima esencia divina fluye y es como si fuera inspirada en amor y gozo. Es así que la deidad permanece en lo sucesivo en otra forma de existencia y de ahí procede la tercera Persona de la Trinidad, el Espíritu Santo.[6]

En otras palabras, el amor entre el Padre y el Hijo es tan perfecto, tan constante, y encierra de manera tan completa todo lo que el Padre y el Hijo son en Sí mismos, que este amor se manifiesta como una persona en sí misma.

C. S. Lewis trata de poner esto en términos de una analogía comprensible, nada más que una analogía:

---

6. Ibíd., p. 121.

> Sabréis que los seres humanos, cuando se reúnen en familia, o en un club, o en un gremio, hablan del "espíritu" de esa familia, de dicho club o gremio. Hablan de su espíritu porque los miembros individuales, cuando están juntos, realmente desarrollan maneras particulares de hablar y de comportarse que no adoptarían si estuviesen separados. Es como si se crease una suerte de personalidad común. No se trata, por supuesto, de una persona real; es más bien algo parecido a una persona. Pero esa es justamente una de las diferencias entre Dios y nosotros. Lo que surge de la vida conjunta del Padre y el Hijo es una auténtica Persona; es, de hecho, la tercera de las tres personas que son Dios.[7]

Estos son grandes misterios. Pero a fin de conocer y amar a Dios, me parece útil tener al menos un concepto plausible en mente cuando afirmo que hay un solo Dios y que Él existe en tres personas. Es nuestro deber y deleite adorar a nuestro gran Dios. La mera adoración ignorante no es honra para Él, porque solo puede ser una farsa. La adoración de Dios como Trinidad debe basarse en una medida de conocimiento. De lo contrario, no es a Dios mismo a quien adoramos.

La Trinidad como fundamento de la exultación expositiva

¿Cómo se relaciona este concepto de la Trinidad con la predicación como *exultación expositiva*? Lo que hemos visto es que, antes de la creación, Dios se relacionaba consigo mismo de dos maneras: Dios se *conocía* a sí mismo y Dios se *amaba* a sí mismo, es decir, se estimaba y deleitaba en sí mismo. Al conocerse a sí mismo engendró al Hijo, la imagen perfecta, plena y completa de sí mismo. De ese mismo amor por sí mismo, el Espíritu Santo emana del Padre y del Hijo.

Por lo tanto, no es sorprendente que cuando Dios creó a los seres humanos a su imagen, nosotros tuviéramos la capacidad de conocer y de amar, y que la función más elevada de nuestro conocimiento y amor sería conocer y amar a Dios. No sería sorprendente que entre más clara y profundamente lo conocemos, y más auténtico e intenso es nuestro amor por Él, más lo glorificamos como la suma de toda verdad y belleza.

Lo que se desprende, pues, de la vida trinitaria de Dios es la profunda verdad de que nuestras capacidades de conocer a Dios y de amar a Dios se originan en esa misma naturaleza trinitaria. Puesto que se nos han dado

7. C. S. Lewis, *Beyond Personality* (Nueva York: Macmillan, 1948), pp. 21-22.

estas capacidades de conocer y amar a Dios con el fin de glorificarlo, nuestro objetivo debe ser usar ambas, conocer y amar, del modo más pleno posible para enaltecer su verdad, su belleza y su valor.

Dios se glorifica cuando es conocido y apreciado

Esta es la explicación de Edwards acerca de cómo conocer a Dios y amar a Dios son actos que glorifican a Dios:

> Dios también se glorifica en relación con las criaturas de dos maneras: 1. Manifestándose… a su entendimiento. 2. Revelándose a sus corazones y, conforme ellos se regocijan, se deleitan y disfrutan las manifestaciones que Él hace de sí mismo… *Dios se glorifica no solo mediante el despliegue de su gloria, sino por el gozo que ella suscita.* Cuando quienes la ven se deleitan en ella, Dios es glorificado más que si ellos simplemente la ven. El alma entera recibe así su gloria, tanto por medio del entendimiento como por el corazón.[8]

En otras palabras, Dios recibe gloria de sus criaturas en la adoración mediante nuestro verdadero conocimiento de Él y nuestro adecuado deleite en Él. Cuando se conoce a Dios de manera deficiente, su gloria es menguada por nuestro conocimiento defectuoso. Cuando el deleite en Dios es refrenado, estorbado o desalentado, nuestro disfrute limitado menoscaba su gloria. Para glorificar a Dios es esencial verlo claramente y saborearlo profundamente.

Lo que hacen los líderes de adoración, incluso el predicador

Las implicaciones de esto para la vida y la adoración son inconmensurables. Esta realidad nos toca en tantos niveles y de tantas maneras, que nadie jamás encontrará todas sus implicaciones. Sin embargo, para el fin que nos ocupa en este momento, una implicación es evidente. Cuando los cristianos se reúnen para adorar, el objetivo de aquellos que lideran debe ser exponer la *mente* de los adoradores a los conceptos de Dios más verdaderos y claros posibles, de tal modo que despierten en el *corazón* de los adoradores los afectos más puros y apropiados hacia Dios.

---

8. Jonathan Edwards, The "Miscellanies", ed. Thomas Schafer, vol. 13, *The Works of Jonathan Edwards* (New Haven, CT: Yale University Press, 1994), p. 495, Miscellany 448; énfasis añadido. Ver también Miscellany 87, pp. 251-252; Miscellany 332, p. 410; Miscellany 679 (no en el volumen de New Haven).

Cuando digo "afectos apropiados", me refiero a todas las emociones que somos capaces de experimentar y que son procedentes a cada verdad acerca de Dios a la que es expuesta la mente, como por ejemplo gozo (Fil. 4:4), contentamiento (He. 13:5), deleite (Sal. 37:4), amor fraternal (1 P. 1:22), esperanza (Sal. 42:5), temor (Lc. 12:5), paz (Col. 3:15), diligencia y fervor (Ro. 12:11), tristeza (2 Co. 7:10), aflicción (Stg. 4:9), deseo (1 P. 2:2), benignidad (Ef. 4:32), gratitud (Ef. 5:19-20) y humildad (Fil. 2:3).

Cuando se experimentan emociones intensas sin una medida de verdad que las justifique, a esto se le denomina "emocionalismo", y carece de valor. Y cada vez que la bella y valiosa verdad acerca de Dios es clara, y hay una respuesta pobre del corazón, Dios es deshonrado. O como dijo Edwards: "Cuando quienes la ven se deleitan en ella, Dios es glorificado más que si ellos simplemente la ven". Y cada vez que Dios es glorificado en menor medida porque el corazón está en desfase con la mente, se menoscaba la adoración.

El despertar de los afectos por medio de la verdad

Edwards explicó las implicaciones de la predicación con una vehemencia y cuidado que no he visto en nadie que conozca. Él dijo:

> No creo que se deba responsabilizar a los ministros por despertar en exceso los afectos de sus oyentes, si aquello que los conmueve es solamente aquello que es digno de su afecto, y si sus afectos no son provocados más allá de lo que merece su importancia o dignidad. Yo consideraría mi deber despertar los afectos de mis oyentes tanto como puedo, siempre y cuando lo que los conmueva sea nada más que la verdad y se trate de afectos que no son irreconciliables con la naturaleza de aquello que los anima.[9]

Es su "deber", dice él, despertar los afectos de sus oyentes de la manera más elevada posible. Por sí solo, esto podría parecerse a incitar las emociones de la multitud con luces, bruma, música y decenas de técnicas artísticas. Pero entonces Edwards añade: "...siempre y cuando lo que los conmueva sea nada más que la verdad y se trate de afectos que no son irreconciliables con la naturaleza de aquello que los anima". Él nos presenta dos requisitos para

9. Jonathan Edwards, *The Great Awakening*, ed. Harry S. Stout y C. C. Goen, rev. ed., vol. 4, *The Works of Jonathan Edwards* (New Haven, CT: Yale University Press, 2009), p. 387.

despertar los afectos. Una es que la verdad sea el agente. Y el otro es que los afectos deben ser acordes al contenido particular de la verdad.

Así pues, la verdad acerca del infierno, según el enfoque particular del mensaje, debería suscitar la emoción de temor o tristeza, compasión o enojo, pero no felicidad, y definitivamente no jovialidad. Y el llamado a la gloria eterna (1 P. 5:10) debería suscitar las emociones de esperanza, gozo, entusiasmo y amor, pero no aburrimiento, y definitivamente no indignación. La emoción que glorifica a Dios debe ser una respuesta a los conceptos verdaderos y claros de la realidad en lo concerniente a Dios, y la naturaleza de la emoción que glorifica a Dios debe corresponder a la naturaleza de la realidad que suscita la emoción.

Exultación expositiva y la naturaleza de Dios

Por lo tanto, concluyo que la predicación como exultación expositiva tiene sus raíces en el ser trinitario de Dios. Él se conoce a sí mismo y existe como Padre e Hijo. El Padre y el Hijo se deleitan el uno en el otro y existen como Padre, Hijo y Espíritu Santo. El conocimiento y el deleite son inherentes a Dios. Los seres humanos tenemos las mismas capacidades: conocer y deleitarnos. La finalidad suprema con la cual Dios nos las ha dado es que podamos reflejar y magnificar su belleza y su valor conociéndolo y deleitándonos en Él. Eso es la adoración: conocer verdaderamente, disfrutar debidamente, y demostrar así el valor y la belleza de Dios.

La reunión del pueblo de Dios para la adoración corporativa, por consiguiente, y por su naturaleza misma, requiere una forma especial de comunicación cuyo fin es esclarecer la verdad y resaltar el valor de Dios. El Nuevo Testamento denomina esta clase especial de comunicación "predicación" (ver 2 Ti. 4:2). Es más que enseñanza. Y es más que manipulación emocional, porque el ser trinitario de Dios no consiste en conocer *o* deleitarse separadamente, sino en *ambos*. Él conoce y se deleita desde la eternidad, o no es Dios. Nosotros experimentamos ambos, o no estamos adorando, ni somos lo que estamos llamados a ser. La predicación encarna las dos, o no es predicación. Cuando expresa las dos, yo la llamo "exultación expositiva". Encarna la verdad mediante la exposición. Encarna el gozo por la exultación. La predicación es idónea y es única en la adoración corporativa del pueblo de Dios porque despierta la adoración y es adoración.

Predicar un milagro

Una de las implicaciones de la Parte 2 ha sido que la adoración no es un simple acto litúrgico. Y predicar, como parte de la adoración, no es una simple actuación humana. Tanto la adoración como la predicación sobrepasan lo que es humanamente posible. Así que ahora pasamos a las Partes 3 y 4 con la pregunta: ¿Cómo se convierte la predicación en un medio para el milagro de la adoración? La Parte 3 se concentrará en cómo el predicador experimenta el poder sobrenatural del Espíritu Santo en la predicación. La Parte 4 se centra en cómo el predicador usa todos sus poderes naturales de pensamiento y de habla sin comprometer los resultados sobrenaturales de la predicación.

PARTE 3

¿Cómo se convierte la predicación, sobrenaturalmente, en un medio para el milagro de la adoración?

La exultación expositiva en el poder del Espíritu Santo

6

La exultación expositiva

Un acto humanamente imposible con un efecto humanamente imposible

El objetivo de este capítulo y del siguiente es aclarar por qué la adoración y la predicación son humanamente imposibles y lo que puede hacer el predicador para ser partícipe de ambos milagros.

La belleza de la adoración corporativa

Es bellamente apropiado que el pueblo cristiano se reúna cada semana para la adoración corporativa. Cuando lo hace, revela una expresión unida de su conocimiento fundado en la verdad acerca del Dios trino y de su afecto fundado en su aprecio por todo lo que Dios es en Jesús. Ha visto con los ojos de su corazón (Ef. 1:18) la belleza suprema de Dios y de sus caminos. Y ha logrado apreciar el valor supremo de este tesoro (Mt. 13:44; Fil. 3:8). Y cuando ha concluido su exaltación colectiva de las glorias de Dios, continúa adorando en las miles de tareas cotidianas donde el valor supremo de Cristo gobierna sus vidas. Esto es lo que significa ser cristiano.

Por qué necesitamos ayuda en la adoración

No es que los cristianos experimenten una plenitud constante que el Señor pone a su disposición a diario y que rebosa en alabanza gozosa cuando se reúnen para adorar. Dios se glorifica en la adoración no solo por aquellos que vienen llenos, sino también por aquellos que vienen con una necesidad urgente y han depositado todas sus esperanzas en un encuentro con Dios. El mismo corazón que adora y dice "gracias" y "te alabo" cuando está lleno, también dice "te necesito, te anhelo, tengo sed de ti" cuando está vacío. Es el mismo deleite, el mismo aprecio.

La adoración corporativa no es una reunión designada únicamente para rebosar. Los que están llenos pueden estar rebosantes. Eso es adoración. Los que languidecen vienen a beber de la fuente de la Palabra de Dios que da vida. Eso también es adoración. Es un acto que engrandece la necesidad y lo deseable que es Dios. El alma hambrienta viene a comer del banquete servido con las ricas reservas de la Escritura. Esto también es adoración.

Ay de los pastores que castigan a su congregación por "venir a recibir" y no a dar. Si lo que las personas hambrientas vienen a buscar es a Dios, su hambre engrandece el valor de la belleza de Dios que satisface el alma. Si ellos regresan semana tras semana en busca de entretenimiento, el pastor debería buscar la causa de esto en el espejo, no en las personas.

En consideración de esta necesidad normal de los cristianos reales, Dios ha determinado que dependamos de otros seres humanos para despertar, sustentar y fortalecer nuestra adoración; es decir, nuestro conocimiento y aprecio de Dios. Muchos estudios del Nuevo Testamento lo dejan claro.

El diseño de Dios: corazones sustentados por medio de seres humanos

Primero, Dios ha establecido que haya pastores y maestros en la iglesia (Ef. 4:11). Él ha requerido que ellos sean "aptos para enseñar" (1 Ti. 3:2). Esto significa que Dios ha dispuesto que nosotros recibamos la ayuda de otras personas que ministran la Palabra y que no nos limitemos únicamente a nuestra propia lectura y oración privadas.

Segundo, es claro a partir del ejemplo de Pablo en su confirmación de las iglesias que fundó, que necesitamos a otros ministros:

> Volvieron a Listra, a Iconio y a Antioquía, *confirmando los ánimos* de los discípulos, exhortándoles a que permaneciesen en la fe, y diciéndoles: Es necesario que a través de muchas tribulaciones entremos en el reino de Dios (Hch. 14:21-22).

Dios no ha dispuesto que los cristianos sean fuertes en la fe y fervorosos en la adoración sin la intervención de otros ministros cristianos que confirmen sus ánimos.

Tercero, es claro que nuestra perseverancia en la santidad y la adoración fieles y gozosas depende de la repetida exhortación de otros cristianos con la verdad de la Palabra de Dios:

> Mirad, hermanos, que no haya en ninguno de vosotros corazón malo de incredulidad para apartarse del Dios vivo; antes *exhortaos los unos a los otros cada día*, entre tanto que se dice: Hoy; para que ninguno de vosotros se endurezca por el engaño del pecado (He. 3:12-13).

Evitar un corazón malo y perseverar en la fe gozosa que resiste el pecado son logros que dependen de la exhortación de otros creyentes. No estamos diseñados para sobrevivir sin el ministerio de la palabra de otros.

Cuarto, es claro que dependemos de la ministración de otros, porque Dios diseñó el cuerpo de Cristo de esta manera, y Pablo dijo que nos necesitamos los unos a los otros:

> Mas ahora Dios ha colocado los miembros cada uno de ellos en el cuerpo, como él quiso. Porque si todos fueran un solo miembro, ¿dónde estaría el cuerpo? Pero ahora son muchos los miembros, pero el cuerpo es uno solo. Ni el ojo puede decir a la mano: *No te necesito*, ni tampoco la cabeza a los pies: *No tengo necesidad de vosotros* (1 Co. 12:18-21).

Es evidente, según Pablo usa la palabra *necesidad* en 1 Corintios 12:21, que él no considera la dependencia del cristiano de otros cristianos como un defecto en nuestra dependencia de Dios. Depender completamente de la gracia de Dios no significa que no dependamos de los canales de gracia de los cuales se sirve Dios. Si Dios dispone que nuestra dependencia de Él a veces sea directa y sin mediaciones, y en otras indirecta y mediada, entonces no somos menos dependientes de Dios en ninguno de los dos casos. Nuestra vida física depende de Dios *y* también del alimento que Él provee. Nuestros recursos emocionales para tener paciencia dependen del Espíritu *y* del sueño reparador que Él da. Nuestra fortaleza espiritual depende de la Palabra de Dios *y* de los ministros que pone en nuestro camino.

Quinto, la Escritura deja claro que necesitamos el ministerio de la palabra de otros cristianos, porque Pablo mandó a Timoteo: "que prediques la palabra" (2 Ti. 4:2). Ese no es un mandato innecesario. Predicar es un mandato porque es menester predicar[1].

La predicación ministra a los adoradores agotados

He argumentado que, entre las diversas maneras como el pueblo de Dios se ayuda mutuamente a perseverar en la fe y a llevar vidas de adoración

1. Véase el capítulo 3, pp. 63-65, donde presento detalladamente el contexto de 2 Timoteo 4:2.

gozosa, la predicación es única en su diseño por su papel esencial en la adoración corporativa. Cuando las personas se reúnen a expresar unidas su *conocimiento* de Dios y su *amor* por Dios, Él ha dispuesto especialmente la predicación para demostrar este amor por medio de su *exultación* y para traer tanto el conocimiento como el amor por medio de su *exposición.*

La necesidad que tenemos de esta asistencia de la predicación cuando nos reunimos para adoración, también queda evidenciada en nuestra experiencia personal y en lo que vemos en todos los cristianos que nos rodean. La vida cristiana cotidiana es agotadora. No estamos diseñados para vivir de las misericordias pasadas.

> Por la misericordia de Jehová no hemos sido consumidos, porque nunca decayeron sus misericordias. *Nuevas son cada mañana*; grande es tu fidelidad (Lm. 3:22-23).

Cada día trae su afán agotador (Mt. 6:34), y cada día tiene sus propias misericordias restauradoras (Lm. 3:23). Cuando David dice: "Confortará mi alma" (Sal. 23:3), sugiere que el alma necesita restaurarse con frecuencia. De ahí que clamemos: "Vuélveme el gozo de tu salvación" (Sal. 51:12). "Oh, Dios, restáuranos; haz resplandecer tu rostro, y seremos salvos" (Sal. 80:3). "Restáuranos, oh Dios de nuestra salvación" (Sal. 85:4).

Esta es una experiencia universal en los cristianos. En parte se debe a que somos *pecadores.* Nuestra vieja naturaleza batalla contra el alma y trata de hundirla (Gá. 5:17; Col. 3:5; 1 P. 2:11). Parte de esa batalla es agotamiento. Otro aspecto de nuestra necesidad de restauración de parte de otros seres humanos obedece a nuestra condición de *criaturas.* Siempre seremos criaturas y, por consiguiente, siempre necesitaremos la gracia de Dios. Incluso los santos que han sido perfeccionados y glorificados todavía pueden beneficiarse del ministerio de otros santos en el siglo venidero, donde no habrá pecado. De lo contrario, no existirían relaciones significativas. Así pues, sea que nos consideremos como pecadores o como criaturas, necesitamos ayuda para mantener un corazón que adora.

La predicación ha sido diseñada especialmente por Dios como una parte central de esta ayuda en la adoración corporativa. La *exultación expositiva* corresponde a la naturaleza de la adoración corporativa. Su contenido y su actuación son idóneos, por designio divino, para restaurar y ensanchar nuestro *conocimiento* de Dios (expositivo) y para restaurar y ensanchar nuestro *fervor* por Dios (exultación). Lo logra no por fuera de la experiencia de adoración como un entrenador que está al margen del campo de juego, ni como un director que está tras bambalinas durante la obra, sino como *partícipe* de la experiencia misma de la adoración. La predicación favorece la adoración en tanto que adoración.

Qué es y qué no es el tema que nos ocupa

El objetivo de este capítulo es mostrar de manera más específica como la exultación expositiva ayuda a los cristianos a adorar de forma genuina, tanto en el culto de adoración como en la vida diaria, los cuales Dios ha dispuesto por igual para que sean demostraciones de su valor y belleza (1 Co. 10:31; Ro. 12:1-2).

Este es un asunto apremiante, porque la adoración verdadera, tanto en la liturgia como en la vida, es un milagro. No es un efecto producido por simples causas naturales. No pierda de vista lo que dije en el capítulo 1 acerca de la esencia de la verdadera adoración. Los "cultos de adoración" que no son más que un espectáculo pueden ser el efecto de simples causas naturales. Pero no si la esencia de la adoración está presente en los adoradores. Estar satisfechos con todo lo que Dios es para nosotros en Jesús, que es la forma como he definido la esencia de la adoración, no es el resultado de simples causas naturales.

Así pues, la pregunta que nos planteamos no es: ¿Qué acciones naturales puede realizar un predicador para incrementar su conocimiento y su sentir naturales? No me interesa en absoluto esa pregunta. Predicar no es una subcategoría de la retórica natural. No es un modo de usar el lenguaje para persuadir la mente natural para que actúe de otra manera. La retórica puede inclinar la mente natural de maneras asombrosas. Existen movimientos sociales completos que pueden surgir de esa habilidad retórica. Pero este efecto en la mente puede que no guste la belleza y el valor de Dios. A la predicación no le interesa esa clase de persuasión. La predicación busca abrir la vista espiritual a las glorias de Dios en Cristo. Su meta es despertar y sustentar el "gusto" espiritual para percibir que Dios es sumamente bello y que satisface por completo. Los éxitos retóricos que están por debajo de esta medida son fatales, especialmente en la iglesia.

La predicación y su finalidad no son posibles por medio de personas "naturales"

En el capítulo 4 vimos que "el hombre natural no percibe las cosas que son del Espíritu de Dios, porque para él son locura, y no las puede entender, porque se han de discernir espiritualmente" (1 Co. 2:14). "Las cosas que son del Espíritu" hace referencia al contenido de la verdadera predicación. Son las glorias de Cristo crucificado y resucitado que reina, y todo lo que es Dios para nosotros en Él. Pablo acababa de referirse a lo que él impartía por medio de la predicación:

> Porque la palabra de la cruz es locura a los que se pierden; pero a los que se salvan, esto es, a nosotros, es poder de Dios (1 Co. 1:18).
>
> Pues ya que en la sabiduría de Dios, el mundo no conoció a Dios mediante la sabiduría, agradó a Dios salvar a los creyentes por la locura de la predicación (1 Co. 1:21).
>
> Pues me propuse no saber entre vosotros cosa alguna sino a Jesucristo, y a éste crucificado (1 Co. 2:2).
>
> Lo cual también hablamos, no con palabras enseñadas por sabiduría humana, sino con las que enseña el Espíritu, acomodando lo espiritual a lo espiritual (1 Co. 2:13).

Esto es lo que "el hombre natural" no puede percibir. Esto es lo que se ha de "discernir espiritualmente". Esto es lo que los gobernantes de este siglo no conocieron cuando mataron al Hijo de Dios: "la que ninguno de los príncipes de este siglo conoció; porque si la hubieran conocido, nunca habrían crucificado al Señor de gloria (1 Co. 2:8).

De modo que el objetivo primordial y final de la predicación, que es llevar a las personas a ver, a gustar y a manifestar la gloria de Cristo, y todo lo que Dios es para nosotros en Él, es un objetivo que no puede lograrse por medio de un predicador que es un "hombre natural". No puede ocurrir en personas que son "hombres naturales". La retórica puede lograr cosas asombrosas por medio de la emoción y la persuasión. Pero ese no es el objetivo de la predicación. Lo que hace de la predicación algo único es que es un milagro cuyo objetivo consiste en ser un agente de milagros. Y el milagro principal que busca experimentar y producir es la vista espiritual y el gusto espiritual de la gloria de Dios revelada en la Escritura.

El objetivo es "lo espiritual", no "lo místico"

En 1 Corintios 2:14, la palabra *espiritual* ("discernir espiritualmente", *pneumatikós anakrinetai*) no significa "religioso", "místico" o "sobrenatural".

Quiere decir que lo produce el Espíritu Santo y que posee la cualidad del Espíritu Santo. Podemos ver esto en Romanos 8:7-9, donde se describe al "hombre natural" de 1 Corintios 2:14 como alguien que tiene "una mente carnal" cuyos frutos son, naturalmente, la dureza contra la supremacía gloriosa de Dios y la incapacidad de recibir y de agradar a Dios:

> Por cuanto los designios de la carne son enemistad contra Dios; porque no se sujetan a la ley de Dios, ni tampoco pueden; y los que viven según la carne no pueden agradar a Dios. Mas vosotros no vivís según la carne, sino según el Espíritu, si es que el Espíritu de Dios mora en vosotros. Y si alguno no tiene el Espíritu de Cristo, no es de él.

No obstante, observe que lo contrario a "la mente carnal" no es una espiritualidad vaga, sino la presencia de la persona del Espíritu Santo: "Mas vosotros no vivís según la carne, sino según el Espíritu, si es que *el Espíritu de Dios mora en vosotros*". Lo opuesto al hombre natural no es una persona religiosa y mística, sino una persona en quien mora el Espíritu Santo, el cual produce el milagro del discernimiento espiritual.

La predicación y sus objetivos solo son posibles por medio del Espíritu

Por consiguiente, los objetivos primordiales y finales de la predicación son imposibles aparte de la obra prodigiosa del Espíritu Santo. Sin su obra sobrenatural, ni el predicador ni la congregación pueden ver ni gustar la belleza y el valor de Dios. En cambio, cuando el Espíritu obra este prodigio, Él resucita al que está muerto espiritualmente (Ef. 2:5). Él va más allá de lo que ni "carne ni sangre" pueden revelar de la verdad de Cristo (2 Co.4:4). Él brilla "en nuestros corazones, para iluminación del conocimiento de la gloria de Dios en la faz de Jesucristo" (2 Co. 4:6). Él alumbra los ojos del corazón (Ef. 1:18). Él nos deja ver a cara descubierta y revela la belleza y el valor de Jesús, y transforma al que contempla, "como por el Espíritu del Señor" (2 Co. 3:18).

En otras palabras, sin la obra soberana del Espíritu de Dios que imparte vida, quita la ceguera, ilumina el corazón y revela la gloria, la predicación como exultación expositiva no puede alcanzar sus objetivos. De hecho, no puede existir. La predicación es adoración que busca adoración. Y ninguno de estos actos de adoración es menos que la contemplación y el deleite milagrosos de la belleza de Cristo que para el hombre natural es locura. Él no puede ver a Cristo tal como es, sumamente bello y valioso.

¿Cómo puede el predicador convertirse en un instrumento para el milagro?

Por tanto, la pregunta que nos formulamos es: ¿Cómo puede un predicador convertirse en instrumento del Espíritu Santo para obrar el milagro de la adoración en los corazones de las personas? ¿Cómo puede convertirse en el medio a través del cual el Espíritu Santo concede la vista, el deleite y la manifestación de la belleza y el valor de Cristo? Para responder, empezaré por lo fundamental. Cuando digo "lo fundamental", me refiero a algo tan esencial que cualquier cosa que se haga sin esto es como edificar sobre la arena. Sin esta realidad fundamental como base, todo lo demás es contraproducente. No da lugar al Espíritu y no produce adoración. Esta realidad fundamental debe estar presente antes de que venga lo demás. De lo contrario, no son espirituales y no producirán fruto espiritual alguno. Sin esto no hay suministro del Espíritu.

El fundamento es el oír con fe

La base que permite a un predicador convertirse en el medio a través del cual el Espíritu Santo produce el milagro de la adoración en los corazones de las personas es la *fe*, fe en las promesas de Dios que fueron compradas por sangre, y que ayudan al predicador conforme a cada necesidad. Tomo como soporte principal Gálatas 3:5: "Aquel, pues, que os *suministra el Espíritu*, y hace maravillas entre vosotros, ¿lo hace por las obras de la ley, o *por el oír con fe*?". La pregunta que Pablo responde aquí es cómo tener un "suministro del Espíritu Santo". La respuesta que Pablo espera a su pregunta retórica es: "Dios suministra el Espíritu mediante el *oír con fe*". Por consiguiente, si esperamos recibir un suministro del Espíritu que obre milagros por medio de nuestra predicación, el consejo de Pablo es: "oír con fe".

Cuando dice "oír", doy por hecho que se refiere a "oír la Palabra de Dios" y, en particular, a las promesas de Dios de darnos lo que necesitamos en cada momento del ministerio. En el contexto inmediato, el oír fue primero y ante todo el evangelio de Cristo. Sin embargo, los beneficios del evangelio de Cristo que compró con sangre mediante su sacrificio incluyen *todas* las promesas de Dios. "Todas las promesas de Dios son en Él sí" (2 Co.1:20). "En Él" quiere decir allí donde cada cristiano se encuentra por la fe. Y es allí donde todas las promesas de Dios son sí.

Otra forma extraordinaria de expresar esto se encuentra en Romanos 8:32: "El que no escatimó ni a su propio Hijo, sino que lo entregó por todos nosotros, ¿cómo no nos dará también con él *todas las cosas*?". O como dijo Pablo en Filipenses 4:19: "Mi Dios, pues, suplirá *todo* lo que os falta conforme a sus riquezas en gloria en Cristo Jesús". "Todas las cosas" y "todo lo que [nos] falta" y que necesitamos para hacer la voluntad de Dios y glorificar su nombre fueron comprados y asegurados para nosotros por medio de la sangre de Jesús.

Ahora volvamos a Gálatas 3:5. El Dios que nos suministra el Espíritu y obra milagros en nosotros y por medio de nosotros (y por medio de nuestra predicación) lo hace mediante "el oír con fe". Es decir, el suministro del Espíritu fluye por medio de la fe en las promesas de Dios que fueron compradas por sangre. ¿Queremos predicar en el poder el Espíritu Santo? Entonces debemos identificar algunas promesas de Dios relevantes, confiar en ellas en cada hora de nuestra preparación, y cuando subimos al púlpito.

Podríamos dejar el tema aquí. Podría decir que hemos dejado claro por qué la adoración y la predicación son humanamente imposibles. Y podría decir que hemos respondido la pregunta de lo que el predicador puede hacer para participar del milagro que son las dos, a saber, recibir el suministro del Espíritu confiando en las promesas de Dios. El Espíritu que obra milagros es suministrado mediante "el oír con fe". Sin embargo, durante años experimenté la gran frustración que significa oír una fórmula parecida, como predicar con fe, y aun así no saber cómo llevarla a la práctica. Así que no voy a dejarlo aquí con la misma frustración. En el siguiente capítulo lo llevaré a conocer la experiencia de treinta años de aplicar esta fórmula, en lo cual intentaré ser tan práctico como me sea posible.

7

La exultación expositiva por la fe

Cómo busqué el milagro en mi predicación

En la Parte 3, intentamos esclarecer por qué la adoración y la predicación son humanamente imposibles y lo que puede hacer el predicador para participar en el milagro que estas son. En el capítulo 6, vimos que la adoración no es un espectáculo humano que puede hacerse a voluntad. Es el fruto de una vida nueva sobrenatural en Cristo, cuya esencia es un estado de satisfacción con todo lo que Dios es para nosotros en Jesús. Esta clase de deleite en las glorias de Dios no es algo natural en los seres humanos caídos. Es un don. Un milagro de vida nueva y de nuevos deleites espirituales.

Asimismo, vimos que la predicación no es una clase de retórica que influye sobre la congregación para que piense nuevas ideas y se lance a grandes hazañas. Los oradores han hecho esto durante siglos sin ninguna ayuda del Espíritu Santo. Eso no es exultación expositiva. La finalidad de la exultación expositiva es convertirse en un instrumento en las manos de Dios para que al ver, saborear y manifestar las glorias de la Escritura, la iglesia pueda despertar sobrenaturalmente para ver, saborear y manifestar lo mismo; es decir, para que pueda adorar.

Vimos que según Gálatas 3:5, la clave para experimentar el suministro del Espíritu que obra milagros es el "oír con fe". Por este medio podemos ser guiados por el Espíritu, andar en el Espíritu y llevar fruto en el Espíritu. Es decir, mediante ese "oír con fe" podemos experimentar el milagro de comportarnos de tal modo que ya no somos nosotros solos obrando sino la gracia de Dios por medio de nosotros (1 Co. 15:10). Así podemos experimentar el milagro de la predicación.

¿Cuál fue mi aproximación al suceso de la predicación como tal?

En este capítulo, quiero tratar de desarrollar el tema del milagro de la predicación desde mi propia experiencia de treinta y tres años de predicación pastoral en una iglesia. Voy a enfocarme en el acto de predicar como tal, no en la preparación del mensaje. Gran parte de lo que tengo para decir acerca de la preparación, es decir, de la batalla concreta con el texto bíblico para discernir su significado, lo he expuesto en *La lectura sobrenatural de la Biblia*.[1]

Sin embargo, existe una yuxtaposición importante en la manera como busco tanto la preparación como la transmisión por el Espíritu. Para ambas sigo los pasos R.O.C.A.D. Se trata de un acróstico que me guía en mi búsqueda de predicar por el Espíritu o para hacer cualquier otra cosa por medio del Espíritu: "[vivir] por el Espíritu" (Gá. 5:25), "[andar] en el Espíritu" (Gá. 5:16), "[ser guiado] por el Espíritu" (Gá. 5:18; ver también Ro. 8:14), "[hacer] morir las obras de la carne" por el Espíritu" (Ro. 8:13), o "[adorar] en el Espíritu de Dios" (Fil. 3:3, LBLA).

R.O.C.A.D. significa *Reconocer, Orar, Confiar, Actuar, Dar gracias*. Estos son los pasos que yo considero necesarios en nuestra búsqueda del "suministro del Espíritu" para el acto de predicar. El cómo esto sucede es un gran misterio. *Un ser humano* le dice a otro que haga algo. *Debemos* predicar *por el Espíritu. Debemos* hacerlo. Aun así, *otro* debe hacerlo por medio de nosotros. Esto es profundamente sobrenatural y maravilloso. Es el gran objetivo de la vida: vivir, pero vivir de tal manera que otro viva en nosotros y por medio de nosotros para que el otro reciba la gloria.

Yo prediqué, pero no fui yo

Este "yo, pero no yo" está profundamente entretejido en la forma como Pablo concibe la vida cristiana y el ministerio:

> Con Cristo estoy juntamente crucificado, *y ya no vivo yo, mas vive Cristo en mí*; y lo que ahora vivo en la carne, lo vivo en la fe del Hijo de Dios, el cual me amó y se entregó a sí mismo por mí (Gá. 2:20).
>
> Pero por la gracia de Dios soy lo que soy; y su gracia no ha sido en vano para conmigo, antes he trabajado más que todos ellos; *pero no yo, sino la gracia de Dios conmigo* (1 Co. 15:10).

---

1. John Piper, *La lectura sobrenatural de la Biblia: Ver y saborear la gloria de Dios en las Escrituras* (Grand Rapids, MI: Portavoz, 2018), pp. 175-390.

> Yo planté, Apolos regó; pero el crecimiento lo ha dado Dios. Así que ni el que planta es algo, ni el que riega, *sino Dios, que da el crecimiento* (1 Co. 3:6-7).
>
> Ocupaos en vuestra salvación con temor y temblor, porque *Dios es el que en vosotros produce así el querer como el hacer, por su buena voluntad* (Fil. 2:12-13).

Este es el precioso misterio de la vida cristiana y el misterio del ministerio, y por ende el misterio de la predicación. "Ya no soy yo quien predica, sino Cristo que predica en mí". "No fui yo quien predicó, sino la gracia de Dios conmigo". "Yo prediqué, pero el que predicó no es algo, sino Dios que da el crecimiento". "Predica, porque Dios es el que está dispuesto y lleva a cabo la predicación en ti".

Así pues, la gran pregunta para mí respecto a cómo predicar ha sido: ¿Cómo es posible que yo lo realice plenamente y aún así no sea yo? ¿Cómo puedo expresar un mensaje con la plenitud de mis poderes y aún así vivirlo en el Espíritu Santo de tal modo que no sea yo sino la gracia de Dios en mí? *¿Cómo puedo llegar a ser un instrumento por medio del cual el Espíritu Santo obra el milagro de la adoración en los corazones de las personas?*

Mi experiencia con R.O.C.A.D. en la adoración

Mi respuesta es R.O.C.A.D. Imagine que estoy sentado en la primera fila de nuestro templo. En cuestión de uno o dos minutos voy a predicar. Uno de los ancianos o aprendices está leyendo el texto. No es la primera vez que aplico R.O.C.A.D. en mi preparación para predicar este sermón. Pero es la más urgente. Repaso R.O.C.A.D. en mi mente, buscando la ayuda de Dios para ser tan sincero y tan serio como me sea posible.

R—Reconocer. Digo en voz baja: "*Reconozco*, Padre, que dependo por completo de ti ahora que voy a subir al púlpito. Sin tu providencia no tendría vida ni aliento ni nada (Hch. 17:25). Sin tu ayuda sobrenatural mientras predico, nadie en este recinto se convertirá a Cristo. Nadie se levantará de la muerte espiritual. Nadie recibirá un corazón de carne a cambio del corazón de piedra. Nadie discernirá el verdadero significado de este texto. Nadie verá belleza espiritual. Nadie percibirá tu valor infinito. Nadie será transformado en tu semejanza". Lo *reconozco* plena y gustosamente.

O—Orar. Luego *oro* pidiendo la ayuda que necesito. Podría decir nada más: "¡Ayúdame!" pero, por lo general, siento alguna carga, desafío, debilidad o necesidad particular. De modo que pido ayuda específica. "Padre, concédeme humildad y la capacidad de olvidarme de mí mismo. Dame la claridad mental y en mi forma de expresarme. Concédeme libertad de mi manuscrito y no permitas que me pierda o me confunda. Concédeme protección del maligno y de todas sus artimañas para robar la palabra. Concédeme gozo en la verdad que comunico y dame los afectos que corresponden a la gravedad o al gozo que comunica el texto. Permíteme sentir amor por tu pueblo y compasión por el perdido y el débil. Ayúdame a ser genuino".

C—-Confiar. Este paso es decisivo. *Confiar.* Este es el vínculo con Gálatas 3:5 que examinamos en el capítulo 6. "Aquel, pues, que os suministra el Espíritu, y hace maravillas entre vosotros, ¿lo hace por las obras de la ley, o por el oír con fe?". Dios suministra el Espíritu y obra maravillas gracias a nuestra predicación por medio de nuestro "oír con fe". Invitamos al Espíritu cuando oímos una de las promesas de ayuda que Dios ha comprado por su sangre, y la creemos.

En este punto creo que muchos nos perdemos la plenitud de la bendición de Dios al aceptar por defecto generalidades imprecisas. En vez de concentrarnos en promesas bíblicas muy específicas y concretas, no nos enfocamos en ninguna. Pensamos de manera general en la bondad o el poder de Dios. Esto nada tiene de malo, pero yo creo que Dios nos ofrece algo mejor. Por lo menos eso es lo que yo he comprobado. Existen tres prácticas que se han convertido en hábitos maravillosos a lo largo de los años.

Cómo practicar la "C"—Confiar: el primer hábito

La primera práctica consiste en recordar en el aposento de oración 1 Pedro 4:11 en compañía de otras personas que oran, y una media hora antes del inicio del culto. Estoy seguro de que este pasaje fue el más citado en la reunión de oración previa a nuestros cultos de adoración.

> Si alguno habla, [que] hable conforme a las palabras de Dios; si alguno ministra, *ministre conforme al poder que Dios da*, para que en todo sea Dios glorificado por Jesucristo, a quien pertenecen la gloria y el imperio por los siglos de los siglos. Amén.

Me fascina esta exhortación y promesa. Sienta las bases para lo que va a suceder de manera más urgente y definitiva en los minutos previos a mi predicación. Pone de manifiesto que soy *yo* quien debe hablar y ministrar.

También deja claro que mis palabras y mi servicio deben hacerse "conforme al poder que *Dios* da". Y deja claro por qué eso es importante: "para que en todo sea Dios glorificado por Jesucristo". El que da la fortaleza es quien recibe la gloria por el mensaje. Ese versículo ha sido el punto de partida de cientos de mensajes a lo largo de los años.

Cómo practicar la "C"—Confiar: el segundo hábito

La segunda práctica consiste en almacenar en mi memoria una reserva preciosa de promesas que estén a mi disposición para confiar en ellas en este punto de R.O.C.A.D. que es la C de *confiar*. Dichas promesas son de tal envergadura que siempre son relevantes sin importar cuál sea el contexto o el tema de la predicación. Tres de ellas son:

> No temas, porque yo estoy contigo; no desmayes, porque *yo soy tu Dios que te esfuerzo; siempre te ayudaré, siempre te sustentaré* con la diestra de mi justicia (Is. 41:10).
>
> Ni nunca oyeron, ni oídos percibieron, ni ojo ha visto a Dios fuera de ti, *que hiciese por el que en él espera* (Is. 64:4).
>
> *Mi Dios, pues, suplirá todo lo que os falta* conforme a sus riquezas en gloria en Cristo Jesús (Fil. 4:19).

Estas promesas están siempre presentes en mi memoria para cualquier desafío que se presente en la predicación; siempre están disponibles para que yo deposite en ellas mi confianza. Y en esa confianza están siempre disponibles para convertirse en un canal para el suministro del Espíritu. Sin embargo, antes de hablar acerca de cómo yo abrazo estas promesas para predicar, veamos la tercera práctica.

Cómo practicar la "C"—Confiar: el tercer hábito

La tercera práctica consiste en escudriñar a fondo la Escritura para encontrar una promesa especial de Dios. Lo hago temprano en la mañana del domingo durante mi tiempo de oración y meditación a solas. En otras palabras, durante mi lectura de la Biblia para ese día o cuando amplío mi lectura, busco constantemente una promesa específica y a la medida que Dios quiera aplicar de manera personal y particular a mi vida y que corresponda a esa mañana.

Por ejemplo, supongamos que mi esposa y yo hemos tenido un conflicto serio en los últimos días. Yo me siento culpable y desanimado. He dado pasos para restaurar la situación, pero me siento derrotado en mi actitud pecaminosa. Esto se convierte en un gran obstáculo para predicar con libertad y gozo. ¿Cómo voy a poder predicar? ¿Cómo recibiré la ayuda del Señor cuando me siento tan fracasado?

Cuando clamo a Dios para pedir su ayuda, Él me guía al Salmo 25, donde leo:

> Bueno y recto es Jehová; por tanto, él enseñará a los pecadores el camino. *Encaminará a los humildes por el juicio*, y enseñará a los mansos su carrera (vv. 8-9).

El Señor toma estas palabras (¡lo ha hecho tantas veces!) y me las predica a mí. Él me recuerda que me guiará conforme yo predico, aunque soy pecador, porque "Él encamina a los humildes por el juicio". Ahí está. Precisamente en la Escritura. Esta es una promesa concreta y específica, a la medida de mi situación. Esta especificidad de la Palabra de Dios ha demostrado para mí ser más poderosa que las generalidades acerca de la gracia que tengo en mi cabeza (¡por gloriosas que sean!). Tal vez se trate de una debilidad mía. Tal vez no debería ser así. Pero me parece que la razón por la cual Dios ha dado tantas promesas concretas y específicas en la Biblia acerca de tantas situaciones es precisamente para que nos aferremos a ellas y tengamos una palabra específica en la cual confiar.

En efecto, hay muchas promesas a la medida del predicador. Si estoy ansioso respecto a la incapacidad de predicar con claridad o poder, Dios puede darme esta promesa:

> No os preocupéis por cómo o qué hablaréis; porque *en aquella hora os será dado lo que habéis de hablar* (Mt. 10:19).

Si estoy desanimado porque tengo la impresión de que mi predicación tiene muy poco resultado, puede que Dios me diga:

> Porque como desciende de los cielos la lluvia y la nieve, y no vuelve allá, sino que riega la tierra, y la hace germinar y producir, y da semilla al que siembra, y pan al que come, así será mi palabra que sale de mi boca; *no volverá a mí vacía*, sino que hará lo que yo quiero, y será prosperada en aquello para que la envié (Is. 55:10-11).

Si me asedian pensamientos que insinúan que lo que tengo para decir es irrelevante y que tal vez las personas lo pasen por alto, Dios puede darme esta promesa:

> Los mandamientos de Jehová son rectos, que alegran el corazón;
> El precepto de Jehová es puro, que alumbra los ojos…
> *Deseables son más que el oro, y más que mucho oro afinado;*
> *Y dulces más que miel, y que la que destila del panal* (Sal. 19:8, 10).

Si me encuentro en un ambiente hostil y temo por mi vida cuando predico acerca de Dios, puede que Él me diga:

> No temas, sino habla, y no calles; porque yo estoy contigo, y ninguno pondrá sobre ti la mano para hacerte mal, porque yo tengo mucho pueblo en esta ciudad (Hch. 18:9-10).

Si estoy enfermo, mi nariz gotea y tengo la garganta irritada que casi me dan ganas de toser, puede que Él me prometa:

> Bástate mi gracia; porque mi poder se perfecciona en la debilidad (2 Co. 12:9).

Si cometo el error de leer mi correo electrónico justo antes de ir a la iglesia y leí una crítica mordaz por haber expresado una convicción que tenía, el Señor puede darme lo siguiente:

> Bienaventurados seréis cuando los hombres os aborrezcan, y cuando os aparten de sí, y os vituperen, y desechen vuestro nombre como malo, por causa del Hijo del Hombre. Gozaos en aquel día, y alegraos, porque he aquí vuestro galardón es grande en los cielos; porque así hacían sus padres con los profetas (Lc. 6:22-23).

El instante previo a la predicación

Así que estoy sentado en la primera fila, después de reconocer (*R*) que seré completamente ineficaz sin la ayuda del Espíritu, de haber orado (O) por la clase de ayuda que necesito especialmente, y de haberme aferrado a una promesa para confiar (C). Ahora viene la prueba de fuego. En este momento de predicación como tal, ¿confiaré en las promesas de Dios? Pablo no prometió el suministro del Espíritu refiriéndose a *R-Reconocer la necesidad* o a *O-Orar para pedir ayuda*. Él lo prometió refiriéndose a *C-Confiar* en la promesa comprada por la sangre. (La razón por la cual insisto en "comprada por la sangre", a partir de Romanos 8:32, es que reconoce la obra de *Cristo*, no la mía, como el fundamento de mi confianza).

Tomo la promesa que he escogido y allí mismo, en primera fila, segundos antes de predicar, repito la promesa para mi propia alma. Le digo al Señor: "Confío en ti". A veces digo: "Creo, ¡ayuda mi incredulidad!" (Mr. 9:24). Me abstengo de pensar en mí mismo; la introspección en ese momento es una práctica inútil, ya que siempre es posible dudar de la idoneidad de lo que uno ve en su propia alma. Me enfoco en la promesa y me la repito de nuevo varias veces conforme me dirijo al púlpito.

Digo la promesa para mí mismo como si Dios me la estuviera diciendo. Intento escuchar su voz como si la estuviera pronunciando para mí. Siento un afecto especial por la Palabra de Dios que Él mismo me dirige de manera personal en esos momentos. Coincido con Spurgeon en exultar ante la expresión personal de lo que Dios nos promete. En su sermón de Génesis 9:16, "El arcoíris", Spurgeon dijo:

> Queridos amigos, el corazón se regocija al pensar en las poderosas declaraciones mediante las cuales Dios *promete* y *se compromete* a hacer lo que ha dicho, aquellos pilares inamovibles que ni la muerte ni el infierno pueden estremecer, las expresiones divinas en las que Él *promete* y *se compromete*.[2]

Después hago mi proclamación con las palabras que Dios ha pronunciado en la Escritura: "Te ayudaré", "te fortaleceré", "te sostendré", "te daré lo que necesitas decir", "te protegeré del Malo", "haré eficaces tus palabras", "te amo", "yo te he llamado", "eres mío", "te he ayudado cientos de veces, ¿no es así?", "¡Ahora, ve! Sé fuerte. Esfuérzate. Yo estoy contigo. Yo obro a través de tu boca". Para ser exactos, yo me repito a mí mismo estas palabras, o unas parecidas, cuando me aproximo al púlpito. No conozco otra manera de experimentar el regocijo de decir junto con el apóstol Pablo: "El Señor estuvo a mi lado, y me dio fuerzas, para que por mí fuese cumplida la predicación" (2 Ti. 4:17).

---

2. C. H. Spurgeon, "The Rainbow", en *The Metropolitan Tabernacle Pulpit Sermons*, vol. 9 (Londres: Passmore & Alabaster, 1863), p. 364.

Llega el momento de la predicación como acción

A—-Actuar. Esta es la gran paradoja: *actuar*. Pablo dice: "ocupaos en vuestra salvación... porque Dios es el que en vosotros produce así el querer como el hacer" (Fil. 2:12-13). Usted hace porque Dios produce la obra. Él *opera* el milagro del discurso sustentado por el Espíritu. Usted *actúa* el milagro.[3] Jonathan Edwards capta la paradoja de la siguiente manera:

> En esto no nos limitamos a ser pasivos y Dios tampoco hace una parte y nosotros hacemos el resto, sino que Dios hace todo y nosotros hacemos todo. Dios *produce* todo y nosotros *actuamos* todo. Porque eso es lo que Él produce, nuestros propios actos. Dios es el único *autor* propiamente dicho, y la fuente; nosotros somos nada más los *actores*. Somos en diferentes sentidos completamente pasivos y completamente activos.[4]

Si bien yo confío en la promesa de que Dios va a ser el poder decisivo en esta predicación, yo uso mi mente para discernir el momento, uso mi voluntad para decidir dirigirme al púlpito, uso mis músculos y mis piernas para llegar allí y uso mi mente, mi voluntad y mi garganta para decir: "Oremos". Estoy ejecutando una acción. Y por la fe en las promesas de Dios, creo que estoy sirviendo "conforme al poder que Dios da" (1 P. 4:11).

En raras ocasiones, mientras predico, mi mente rememora la promesa que escogí para subir al púlpito. Me concentro tanto en el texto y en la exposición del mismo cuando predico, que rara vez experimento la libertad de desviarme a considerar otro pasaje. Pero sí ocurre a veces, en un momento de confusión cuando he perdido mis soportes y estoy tratando de ubicarme. La promesa vuelve a aparecer en mi mente, por una fracción de segundo y me infunde aliento. Sin embargo, acostumbro por lo general enfocar mi atención en la tarea que tengo por delante, descansando en la *realidad* de la promesa, si no en la *consciencia* de ella. Eso también es un misterio, descansar en una realidad que no está en mi consciencia inmediata.

---

3. Hemos dedicado una conferencia entera y un pequeño libro a esta paradoja: John Piper y David Mathis, eds., *Acting the Miracle: God's Work and Ours in the Mystery of Sanctification* (Wheaton, IL: Crossway, 2013).

4. Jonathan Edwards, *Writings on the Trinity, Grace, and Faith,* ed. Sang Hyun Lee y Harry S. Stout, vol. 21, *The Works of Jonathan Edwards* (New Haven, CT: Yale University Press, 2003), p. 251; cursivas añadidas.

Aunque rara vez vuelvo de manera consciente a la promesa inicial mientras predico, es bastante común que mi mente experimente la libertad de susurrar oraciones a Dios durante mi predicación. Estas suelen ser muy breves, peticiones de ayuda de uno o dos segundos, en términos generales o cuando olvido algo específico, o porque veo a una persona en la congregación que pareciera necesitar un toque de Dios. Creo que esas oraciones simplemente brotan de la fe que me sostiene en ese momento.

Por la fe sabemos que Dios está obrando

Gálatas 3:5 me asegura que por medio de mi fe obra el Espíritu Santo. Esto es tan importante que vale la pena volver a citarlo: "Aquel, pues, que os *suministra el Espíritu*, y hace maravillas entre vosotros, ¿lo hace por las obras de la ley, o por el *oír con fe*?". Este es el milagro de la predicación. Allí es donde ocurre la realidad sobrenatural. Puede que usted sienta algo inusual en la "unción sagrada", o puede que no. No se le ha prometido que sentirá escalofríos, sino solo que el Espíritu será suministrado y hará sus maravillas. A veces puede ver evidencias inmediatas de su obra en las personas. Por regla general, es mejor no dar por sentado que lo visible es algo espiritual. Hay muchas respuestas no espirituales a la predicación ungida que parecen importantes, pero no lo son. Y hay milagros que son imposibles de ver. Es mejor confiar en que Dios hace la obra y luego estar disponible al final en caso de que alguien quiera acercarse para hablar u orar.

Cuando el mensaje termina

D—Dar gracias. Por último, el mensaje termina y yo desciendo del púlpito. Cantamos. Yo doy la bendición. Y me quedo de pie a disposición de las personas que deseen hablar u orar. Durante la canción de cierre, mi corazón dice "*gracias*". Esa es la última D. Y mientras hablo con las personas, a veces susurro "gracias". Y cuando camino a casa, con frecuencia digo en voz alta en el puente de la avenida 11, "gracias, gracias".

Desconozco todo lo bueno que Dios hizo o hará por medio del mensaje. Lo que sí sé es que estoy vivo. No arruiné por completo el mensaje. Sentí el favor de Dios y su libertad, a veces más, a veces menos. Descubrí cosas nuevas en el texto, incluso mientras predicaba. Sentí con mayor intensidad la dulzura de la verdad del pasaje cuando lo expuse que cuando lo estudié. Escuché varias expresiones sinceras de personas que recibieron ayuda.

Siento, aun mientras escribo esto, el privilegio inconmensurable de ser un embajador del Rey del universo. Así que vuelvo a decir "gracias".

Predicar por el Espíritu con el fin de adorar en el Espíritu

Así pues, tengo que buscar predicar por medio del Espíritu a fin de alentar a mi congregación a adorar, ahora y para siempre, en el Espíritu. No me interesa entretener a mi congregación ni limitarme a convencerla sobre verdades doctrinales. El diablo es más experimentado que yo en entretenimiento y doctrina. Y a él de nada le aprovecha. Tampoco hace con ello nada provechoso en las personas. Yo no quiero consagrar mi vida a hacer lo que el diablo hace, lo cual además logra hacer mucho mejor que yo.

Lo que el diablo no puede hacer es ver la gloria de Cristo como sumamente hermosa y supremamente valiosa. Él no puede deleitarse en esta belleza que está por encima de todas las cosas y no puede vivir para darla a conocer. Sin embargo, esa es la razón de ser del universo, de la iglesia, de la adoración corporativa y de la predicación. Este propósito de adorar y predicar sería imposible sin la obra sobrenatural del Espíritu. Por lo tanto, Dios ha determinado que, en la adoración corporativa, la actividad humana de la predicación se haga en el poder del Espíritu Santo. Como tal, la predicación se convierte en adoración y despierta la adoración. Por medio del Espíritu, la predicación ve y comunica la gloriosa verdad de la Escritura. Y por el Espíritu, la predicación se deleita y celebra la glorias de esas verdades. Aquellos que oyen y son asistidos mediante estas experiencias de ver y saborear, hacen lo mismo. De este modo, la predicación como exultación expositiva fomenta la adoración adorando en el Espíritu.

Vive el milagro

Nuestro enfoque en la Parte 2 ha sido la dimensión sobrenatural de la predicación y lo que sucede en la congregación. La predicación del pastor y la adoración del pueblo de Dios son un milagro. He tratado de hacer un recorrido por la enseñanza bíblica acerca de cómo la predicación se lleva a cabo "en el Espíritu". Y he usado mi propia experiencia de R.O.C.A.D. para ilustrar la manera como creo que se pone en práctica esta enseñanza bíblica.

Ahora pasamos de un enfoque en lo sobrenatural a uno sobre lo natural. El predicador usa el lenguaje humano. Usa la lógica. Esclarece la historia, la teología y los caminos de obediencia. Sus objetivos siempre son sobrenaturales. Su propósito es ayudar a las personas a *ver* con los ojos del corazón, a *deleitarse* con sus sentidos espirituales, y a *demostrar* mediante la acción inspirada por el Espíritu el valor y la belleza de Dios. Todo esto es imposible aparte de la obra sobrenatural del Espíritu. Entonces, ¿debe el predicador poner a funcionar todos sus poderes naturales para el logro de este milagro? De eso se trata la Parte 4.

PARTE 4

¿Cómo se convierte la predicación, naturalmente, en un medio para el milagro de la adoración?

La exultación expositiva y el uso de todos nuestros poderes naturales

8

Exultación expositiva

Amar a las personas con una mente clara y una lógica válida

La auténtica adoración y la predicación que Dios usa para sustentarla son experiencias sobrenaturales. Adorar es ver, saborear y manifestar la belleza suprema y el valor del Dios trino. Predicar es un acto de esa adoración. Sin embargo, los seres humanos no pueden ver, saborear ni manifestar a este Dios como su tesoro supremo sin la obra sobrenatural del Espíritu Santo. Él es el único que revela su gloria (2 Co. 4:6), el que alumbra los ojos del corazón (Ef. 1:18, LBLA), el que abre el entendimiento entenebrecido (Lc. 24:45) y concede vislumbrar la gloria de Cristo que el "hombre natural" no puede percibir (Mt. 16:17).

Esto es lo que vimos en la Parte 2. En respuesta a la pregunta acerca de cómo el acto humano de la predicación puede despertar la adoración, siendo que la adoración es una obra de Dios, respondimos que el predicador *reconoce* su incapacidad, *ora* para pedir el poder divino, *confía* en las promesas divinas para la intervención sobrenatural, *lleva a cabo* el acto humano de predicar y luego *da gracias* a Dios. Esto, como dijimos, es una gran paradoja: que si bien los objetivos de la predicación y la experiencia de la adoración son sobrenaturales, la predicación es el acto de un simple mortal. La predicación no solo es la obra del Espíritu Santo sino también el esfuerzo real de la voluntad y la razón humanas.

El uso óptimo de nuestros poderes naturales

El enfoque de la Parte 4, que abarca este capítulo y el siguiente, no es el poder sobrenatural de Dios sino el uso de todos nuestros poderes naturales.

¿Cómo se intersectan lo sobrenatural y lo natural en el acto de la predicación? Haré énfasis en el hecho de que *Dios desea que los predicadores usen al máximo sus poderes naturales en la predicación,* si bien el objetivo es despertar y sustentar la adoración que únicamente es posible en el poder sobrenatural del Espíritu Santo.

Cuando hablo de *poderes naturales,* me refiero a todo aquello de lo que el predicador y las personas son capaces, sencillamente en virtud de ser humanos, de haber recibido una educación básica y de haber tenido experiencias de vida normales.[1] Por ejemplo, el predicador y la congregación tienen la habilidad natural de oír y de hablar. Pueden identificar la existencia de palabras, frases y oraciones (aun si desconocen los términos *frase* u *oración*). Pueden deducir la intención de un orador o escritor a partir de lo que ha dicho o escrito. De lo contrario, las personas comunes no se comunicarían. Pueden captar relaciones entre las diferentes partes de lo que escuchan. Pueden observar conexiones entre lo que aprenden y otras cosas que ya saben. Pueden recordar cosas que han descubierto. Pueden dormir, alimentarse y hacer el ejercicio necesario (o tomar café) con el fin de mantener alerta sus capacidades mentales y el vigor físico. Y pueden buscar la ayuda de otras personas (en libros o en persona), entre muchas otras. A esto me refiero con poderes naturales.

La gracia sobrenatural no sustituye los medios de la gracia

Dios revela de forma sobrenatural su gloria a los corazones de su pueblo no obviando sus poderes naturales sino usándolos como vías para el descubrimiento sobrenatural. Cuando Jesús dijo: "nadie conoce al Hijo, sino el Padre, ni al Padre conoce alguno, y aquel a quien el Hijo lo quiera revelar" (Mt. 11:27), no se refirió a que las personas no pudieran usar su capacidad natural para mirarlo y oírlo. El milagro de ver a Jesús como el Hijo de Dios que suple todas las necesidades fue un milagro que ocurrió por intermedio del acto natural de oír y de ver a Jesús. La visión sobrenatural ocurrió mediante el uso de los poderes naturales. La gracia sobrenatural no sustituye los medios de la gracia.

---

1. Soy consciente de que millones de personas en el mundo no tienen acceso a la educación. Muchas no han sido alfabetizadas. Sería necesario hacer ajustes cuando se hace la exultación expositiva en esos contextos. Pero aun en ese medio es posible hacer la exposición de las Escrituras. Sin embargo, en este capítulo estoy dando por hecho que existe un nivel básico de facultades mentales y de alfabetismo. Un pastor debe procurar ser consciente de las personas con incapacidad mental en su congregación y qué clase de ajustes podría hacer para ayudarles. Creo que no debemos apresurarnos en suponer que los niños pequeños y las personas con discapacidad intelectual no pueden beneficiarse de la exultación expositiva.

Lo mismo sucede con la predicación. En Lucas 24:45, cuando Jesús "les abrió el entendimiento para entender las Escrituras", no se refería a que este milagro sucediera aparte de su conocimiento natural de las Escrituras. El entendimiento sobrenatural ocurrió *por medio del* uso de los poderes naturales de leer y de oír. Como dijo Pablo en Efesios 3:4: "*leyendo lo cual* podéis entender cuál sea mi conocimiento en el misterio de Cristo" (Ef. 3:4). Esa fue una percepción sobrenatural. Sucedió gracias a la iluminación divina de los ojos del corazón (Ef. 1:18, LBLA). Pero vino por medio de la lectura natural.

El esfuerzo humano de la mente, de la voluntad y del cuerpo que interviene en la predicación no es contrario a los propósitos de Dios para producir efectos sobrenaturales. Por consiguiente, mi llamado en este capítulo es a que los predicadores inviertan todo su esfuerzo en pensar,[2] explicar, argumentar e ilustrar con todos sus poderes naturales para expresar la intención de los escritores bíblicos de manera clara y convincente. Esto lograremos siendo conscientes de que solo la gracia sobrenatural de Dios producirá los efectos deseados que son ver, saborear y manifestar la gloria de Dios.

El pensamiento humano y la iluminación divina no son alternativas excluyentes

La buena predicación y la buena escucha involucran un buen razonamiento. El apóstol Pablo deja claro que el *esfuerzo* del pensamiento humano y el *don* de la iluminación divina no son alternativas que se excluyen. Son complementarias y deben ir juntas. Él explica a Timoteo: "Considera lo que digo, y el Señor te dé entendimiento en todo" (2 Ti. 2:7). *Nosotros* hacemos el esfuerzo de pensar. *Dios* nos da entendimiento. Ambos simultáneamente. No es lo uno o lo otro.[3]

Algunos predicadores se desvían del camino a un lado o al otro de este versículo. Algunos hacen hincapié en la primera parte: "Considera lo que digo". Resaltan el papel indispensable de la razón y del pensamiento y entonces minimizan la obra sobrenatural de Dios que da la capacidad a la mente de ver y de abrazar la gloria de la verdad. Otros subrayan la segunda mitad del versículo: "el Señor te dé entendimiento en todo". Resaltan la

---

2. He intentado demostrar la naturaleza y las bases bíblicas, así como la finalidad del pensamiento humano al servicio de Cristo en John Piper, *Piense: La vida intelectual y el amor de Dios* (Carol Stream, IL: Tyndale Español, 2011).

3. El análisis del esfuerzo humano y el don divino se expone en mayor detalle en John Piper, *La lectura sobrenatural de la Biblia: Ver y saborear la gloria de Dios en las Escrituras* (Grand Rapids, MI: Editorial Portavoz, 2018). He usado algunas ideas que se encuentran allí (véase pp. 240ss.).

inutilidad de la razón. Entonces su predicación tiende a caer en la manipulación emocional o el misticismo.

El don divino fundamenta el esfuerzo humano

Sin embargo, Pablo no plantea ninguna dicotomía entre la meditación diligente y la iluminación sobrenatural. Para Pablo no se trata de lo uno o lo otro, sino de ambas simultáneamente. "Considera lo que digo, *pues* el Señor te dará entendimiento en todo (LBLA)". Observe allí la palabra "pues". Significa que el designio de Dios para el predicador, conforme se prepara y predica, es que el *don* del entendimiento sea el fundamento de nuestro *esfuerzo* que se logra pensando. Su don sobrenatural no sustituye nuestro pensamiento natural, sino que lo alienta y lo sustenta. "Piensa en esto que digo, *porque* el Señor te lo hará comprender todo (DHH)". Esto es cierto para el predicador cuando predica y para la congregación que busca entender lo que él dice.

Pablo no dice: "Dios te da entendimiento, así que no desperdicies tu tiempo pensando en las Escrituras". Él no nos anima a sustituir la oración y la fe por el pensamiento, sino más bien a saturar nuestro pensamiento de oración y de fe. Benjamin Warfield, el gran teólogo de principios del siglo veinte dijo: "A veces oímos decir que diez minutos de rodillas nos darán un conocimiento de Dios más profundo, verdadero y eficaz que diez horas entre los libros. '¡Vaya! es la reacción que merece, '¿... más que diez horas entre los libros, de rodillas?'".[4]

Por otro lado, Pablo tampoco dice: "Piensa bien en lo que digo porque todo depende de tus facultades racionales y Dios no ilumina la mente". No. Él establece de manera categórica el don de Dios de la iluminación como el *fundamento* de nuestra meditación. Él señala el don de Dios de la luz como la razón por la cual debemos esforzarnos por librarnos de las tinieblas de la falta de entendimiento. "Piensa en esto que digo, *porque* el Señor te lo hará comprender todo (DHH)".

Pensar para ser un pueblo maduro y pensante

Así pues, los predicadores deben cultivar en ellos mismos y en su congregación el hábito de pensar con rigor acerca de la Escritura. La predicación de un pastor debe caracterizarse por la lucidez de pensamiento, y con el tiempo

---

4. Benjamin Warfield, "The Religious Life of Theological Students", en *The Princeton Theology*, ed. Mark Noll (Grand Rapids, MI: Baker, 1983), p. 263.

debe llevar a su congregación a cultivar el hábito de sopesar el significado de la Escritura. Cuando Pablo, como pastor, instó a Timoteo a pensar acerca de la enseñanza apostólica (2 Ti. 2:7), no quiso decir que las personas no tuvieran que hacerlo, como si el trabajo del pastor consistiera en pensar por todos los demás. Pablo dijo a toda la iglesia: "no seáis niños en el modo de pensar, sino sed niños en la malicia, pero maduros en el modo de pensar" (1 Co. 14:20).

Un pueblo con facultades de pensamiento maduro acerca de la verdad bíblica constituye una de las metas del ministerio pastoral. Pablo dijo en Efesios 4:12-14 que los pastores deberían proponerse

> ...capacitar a los santos para la obra del ministerio, para la edificación del cuerpo de Cristo; hasta que todos lleguemos a la unidad de la fe y *del conocimiento pleno del Hijo de Dios, a la condición de un hombre maduro*, a la medida de la estatura de la plenitud de Cristo; para que ya no seamos niños, *sacudidos por las olas y llevados de aquí para allá por todo viento de doctrina*, por la astucia de los hombres, por las artimañas engañosas del error (LBLA).

En otras palabras, una de las señales del pensamiento inmaduro es la inestabilidad. Son las personas que son llevadas "de aquí para allá" por vientos de doctrina. ¿Por qué? Porque no han sido formadas para madurar en su modo de pensar. De modo que el predicador en su preparación y en su predicación, y la congregación en su meditación y escucha, deben pensar cuidadosamente. Sus mentes deben permanecer activas y vigilantes para detectar errores en el razonamiento y para exultar frente a la presentación clara, coherente, irrefutable y lógica de la verdad.

El pensamiento correcto realmente importa

Al hacer un llamamiento al pensamiento claro, riguroso y convincente en la predicación, soy consciente de que voy contra la corriente cultural que minimiza el pensamiento y el razonamiento en favor de espectáculos visuales y auditivos, un ambiente musical y persuasión emotiva que logran impresionar. Por todo el mundo, la "lógica en llamas", que es la definición de Martyn Lloyd-Jones de la predicación, ha sido reemplazada con llamas o chispas carentes de lógica. Muchos predicadores consagran muy poco esfuerzo a la difícil tarea de examinar a fondo el lenguaje de un pasaje de las Escrituras para descubrir cómo opera realmente en aquello que comunica.

Asimismo, existe un descuido similar del esfuerzo mental para crear un mensaje que muestre a las personas, con una lógica convincente y una vehemencia genuina, lo que el texto quiere decir y cómo se aplica a sus vidas. Este menosprecio por el esfuerzo racional hace parte del aire cultural que respiramos. Lo hemos respirado durante muchas décadas. Y no nos ha hecho ningún bien.

Luz de una novela contemporánea

Daniel Taylor, antiguo profesor de inglés en Bethel Universtiy, escribió una novela que saca a la luz la tragedia de esta atmósfera enrarecida que hemos estado respirando y que elude la verdad. *Death comes for the Deconstructionist* es un encuentro entre Richard Pratt, profesor avant-garde de inglés posmoderno, Daniel Abrahamson, intelectual judío de vieja guardia y Verity Jackson, una académica afrodescendiente amante de las historias.[5]

Para Pratt, el razonamiento y la verdad son anticuados, son jugadas de poder de la clase dirigente que oprimen el alma. Las palabras son juguetes, títeres en los juegos de lenguaje de la universidad liberada. Para Abrahamson (con una viva memoria de las distorsiones nazis de la verdad) y Jackson (quien sabe que la verdad es a veces el único aliado del pobre), las palabras y la forma como se emplean son un asunto de vida o muerte.

John Mote, el fallido estudiante de posgrado convertido en detective y "héroe" de la historia, tenía sus propias razones para deplorar la influencia de Richard Pratt. Pratt lo había "liberado" del "valor santo y de la razón santa". Y junto con ellos había desaparecido "el mundo estable y conocible". Y a falta de estabilidad, la mente de Mote estaba en caída hacia la destrucción. "He llegado a los límites de la mente donde el pensamiento desciende al azar, el azar al vacío y el vacío al olvido".[6] En otras palabras, cuando el apóstol Pablo dice: "considera lo que digo", hay más en juego de lo que parece en un principio.

Amar a las personas significa usar una lógica clara y convincente

Un razonamiento correcto, una lógica clara, el uso válido de la razón y un manejo respetuoso y sincero de las palabras son absolutamente fundamentales para amar a las personas. Son una ventana indispensable a la verdad,

---

5. Daniel Taylor, *Death Comes for the Deconstructionist* (Eugene, OR: Wipf & Stock, 2015). Mi reseña completa del libro puede encontrarse en http://www.desiringgod.org/articles/who-killed-postmodernism.

6. Ibíd.

una defensa contra los abusos totalitarios del poder, un amigo del pobre y una roca estable en las arenas movedizas del azar, el vacío y el olvido. La predicación que no se esfuerza mentalmente por examinar el pensamiento de los escritores bíblicos y por comunicarlo a través de un mensaje claro que es lógicamente coherente y de urgencia existencial, constituye una deshonra para esos autores, devalúa la inspiración de la Escritura y no logra facultar a los santos para que disciernan los engaños de la falsa doctrina. Es realmente importante llevar a las personas a pensar correctamente.

La Biblia, que es la base para toda predicación, es un libro. Y los libros deben ser leídos para ser entendidos. Y leer bien significa pensar bien.[7] No hay atajos. Leer con el objetivo de entender al máximo constituye un gran esfuerzo mental. Por lo tanto, la tarea del predicador supone un arduo trabajo de pensamiento semana tras semana, año tras año. Podemos hacerlo bien o mal. Yo ruego a los predicadores que abracen esta tarea y que la hagan bien.

La vehemencia de Pablo por las declaraciones claras y abiertas de la verdad

Pablo estaba comprometido seriamente con un tipo de comunicación transparente, claro, comprensible y libre de artificios, engaños y confusión. Escuche la clase de comunicador que era Pablo:

> Porque nuestra exhortación *no procedió de error ni de impureza, ni fue por engaño*, sino que según fuimos aprobados por Dios para que se nos confiase el evangelio, así hablamos; *no como para agradar a los hombres, sino a Dios*, que prueba nuestros corazones. Porque *nunca usamos de palabras lisonjeras*, como sabéis, *ni encubrimos avaricia*; Dios es testigo; *ni buscamos gloria de los hombres*; ni de vosotros, ni de otros, aunque podíamos seros carga como apóstoles de Cristo (1 Ts. 2:3-6).
>
> Pues *no somos como muchos, que medran falsificando la palabra de Dios*, sino que con sinceridad, como de parte de Dios, *y delante de Dios, hablamos en Cristo* (2 Co. 2:17).
>
> Antes bien *renunciamos a lo oculto y vergonzoso, no andando con astucia, ni adulterando la palabra de Dios*, sino por *la manifestación de la verdad* recomendándonos a toda conciencia humana *delante de Dios* (2 Co. 4:2).

---

7. Escribí un capítulo acerca de esto titulado "La lectura como pensamiento", en Piper, *Piense*, pp. 21-40.

Es un compromiso vehemente con la verdad, la claridad y la transparencia, y por comunicarse de manera comprensible. Él se compromete absolutamente a ser libre de pretextos, lisonjas y avaricia, de agradar a los hombres, de astucia y adulteración. Y todo esto bajo juramento, delante de Dios, y delante de todos los hombres. El discurso cristiano no es un lenguaje en código secreto. Es abierto, público, comprensible, comunicable. El predicador cristiano no tiene nada qué ocultar. El diablo se ocupa de la función de ocultar. El predicador revela. El diablo oscurece. El predicador esclarece. El diablo embota la mente y el corazón. El predicador resplandece y arde. De nada se avergüenza en su mensaje. Y esto tiene todo que ver con lógica y un razonamiento correcto.

La lógica es universal, no parroquial

El predicador somete su pensamiento abiertamente al examen de la lógica. Predica con la convicción de que sus frases deben ser coherentes. No pueden ser contradictorias. Él se humilla bajo las exigencias de la coherencia lógica porque cree que la lógica no es parroquial sino universal. Tiene su origen en el modo de ser de Dios y en la forma como Él hizo el mundo. No es invención de la filosofía occidental. No es una particularidad cultural de las sociedades que piensan de forma linear. La Biblia misma, y Jesús especialmente, demuestran que la llamada lógica aristotélica no es exclusiva del pensamiento griego ni occidental.

El uso selectivo de la lógica por parte de los fariseos

Considere por ejemplo Mateo 16:1-4. Este pasaje es una de las razones por las cuales no me impresionaban aquellas distinciones.

> Vinieron los fariseos y los saduceos para tentarle, y le pidieron que les mostrase señal del cielo. Mas él respondiendo, les dijo: Cuando anochece, decís: Buen tiempo; porque el cielo tiene arreboles. Y por la mañana: Hoy habrá tempestad; porque tiene arreboles el cielo nublado. ¡Hipócritas! que sabéis distinguir el aspecto del cielo, ¡mas las señales de los tiempos no podéis! La generación mala y adúltera demanda señal; pero señal no le será dada, sino la señal del profeta Jonás. Y dejándolos, se fue.

¿Qué dice Jesús a estos fariseos y saduceos? En el versículo 2, Él dijo: "Cuando anochece, decís: Buen tiempo; porque el cielo tiene arreboles".

¿Qué quiere decir? Quiere decir que estos fariseos y saduceos hebreos (no occidentales) están pensando en silogismos denominados aristotélicos.

> Premisa 1: El cielo con arreboles en la noche predice buen tiempo.
> Premisa 2: Esta noche el cielo tiene arreboles.
> Conclusión: Por lo tanto, habrá buen tiempo.

Esta es lógica sustancial, denominada aristotélica. Jesús respondió a este uso de una observación exacta y de un buen razonamiento diciendo: "sabéis distinguir el aspecto del cielo" (v. 3b). En otras palabras, que ellos saben cómo usar sus ojos y sus mentes para sacar conclusiones correctas cuando se trata del mundo natural. Él *aprueba* el uso que hacen de la observación empírica y de la reflexión racional. De hecho, es precisamente esta aprobación lo que hace válida y poderosa la desaprobación subsiguiente.

Él dice en el versículo 3c: "¡mas las señales de los tiempos no podéis!". Y cuando Él dice: "no podéis", no quiere decir que carezcan de la capacidad sensorial y racional para hacer lo que corresponde. Él simplemente les demostró que, en efecto, las *tienen*, y que pueden percibir como corresponde. Son muy hábiles para hacer observaciones exactas y reflexiones lógicas cuando se trata de entenderse con este mundo. Saben salvar su propio pellejo.

De ese modo, Jesús usó un punto común de lógica coherente para sacar a la luz la hipocresía de los fariseos y los saduceos. No obstante, Él condena el uso selectivo de esta lógica que se sirve bien de ella con fines de seguridad marítima, en tanto que la ignora por completo para discernir la verdad espiritual.

El buen uso de "por lo tanto"

Por lo anterior, yo no acepto la idea que declara la lógica válida como algo parroquial, occidental o culturalmente relativo. Jesús la dio por hecho y la elogió. Y lo hace a lo largo de los Evangelios. La lógica válida, aquella que Jesús elogió y esperaba, sirve perfectamente para comprender el significado de la Escritura, para esclarecerla y hacerla convincente en la predicación.

Cuando hablo de "lógica válida", o podría usarse la frase "razonamiento lógico", me refiero por ejemplo a la forma de pensar que nos capacita para ver cómo funciona la expresión *por lo tanto* en el argumento bíblico, o en cualquier otro. El razonamiento lógico nos guarda de usarla de manera equivocada. Por ejemplo, cuando la lógica o el razonamiento lógico funciona bien, usted no hace comentarios como: "Todos los perros tienen cuatro patas. Este caballo tiene cuatro patas. Por lo tanto, este caballo es un perro". Si usted oyera esto, diría: "No, esa conclusión no es verdadera". Y la razón por la cual no es cierta es porque la conclusión no sigue de manera lógica las premisas que la preceden. "Todos los perros tienen cuatro patas" no significa que *solamente* los perros tienen cuatro patas. Por lo tanto, un caballo puede tener cuatro patas y no ser un perro. Las premisas no llevan a concluir que un caballo es un perro. En la Biblia, las cosas eternas pueden depender de entender bien un *por lo tanto*.

¡Qué maravillosa revolución se produciría en gran parte de la predicación si los predicadores estuvieran tan comprometidos como Jesús y como Pablo para jamás usar silogismos inválidos ni premisas falsas! Sería maravilloso que los predicadores estuvieran tan comprometidos a prepararse con seriedad, a usar premisas verdaderas y una lógica válida, que nunca dijeran, por ejemplo, cosas como: "La Biblia dice que somos justificados por la fe sin las obras. *Por lo tanto*, sabemos que la obediencia a los mandamientos de Cristo no son necesarios para la salvación final". ¿Cuál es el problema con esa afirmación? Al margen de que la conclusión (que viene después del "por lo tanto") sea verdadera, definitivamente *no* es válida. El *por lo tanto* es inválido. Está mal utilizado. La conclusión *no* parte de la premisa de manera lógica.

La razón es que en la premisa, el término "justificados" no es idéntico a la expresión "salvación final" que aparece en la conclusión. De modo que no se puede inferir de manera válida a partir de una justificación "sin las obras" que la salvación final no requiere "obediencia a los mandamientos de Cristo". Eso es un pensamiento descuidado y un razonamiento defectuoso. Y es perjudicial para el pueblo de Dios. Revela falta de amor. La predicación debería evitar semejante uso descuidado del don glorioso de la mente humana.

La gente común quiere ser tratada como capaz de razonar

Tal vez piense que estoy exagerando la reivindicación de la coherencia lógica en los sermones, porque la mayoría de las personas comunes nada saben de todo este discurso acerca de la lógica y tampoco les interesa saber. Eso es cierto. No les interesa. Pero eso carece de relevancia por dos razones. Una es que el predicador debe rendirle cuentas ante todo a Jesús, no a las personas. "Como de parte de Dios, y delante de Dios, *hablamos en Cristo*" (2 Co. 2:17). Y hemos visto que Jesús no aprueba que se use correctamente la lógica cuando se trata únicamente de las condiciones climáticas, mientras que se pasa por alto cuando se trata de asuntos de importancia infinita.

La otra razón por la cual es irrelevante que la mayoría de las personas desconozca el lenguaje de la lógica (y no quieran conocerlo, y yo agregaría que no necesitan conocerlo), es porque sin importar que lo conozcan o no, están programadas por Dios en su humanidad para pensar de manera lógica bajo condiciones óptimas. Y con el tiempo, llegan a apreciar (aun sin saber por qué) la fuerza, la solidez, la confiabilidad y el poder de los sermones que son lógicamente coherentes y convincentes.

Asimismo, sienten incomodidad cuando algo está mal en algún patrón de predicación en el cual los puntos no parten lógicamente de premisas verdaderas. Las personas no necesitan conocer el lenguaje de las premisas, la lógica, la validez, la coherencia y la no contradicción. Saben de manera intuitiva que algo no puede *ser* y *no ser* al mismo tiempo en el mismo sentido. Y saben que un caballo no es un perro. Pueden detectar silogismos inválidos aun cuando no pueden catalogarlos como tales.

El amor intuitivo de la lógica

No hace falta tomar un curso de lógica ni saber que la lógica existe para apreciar los beneficios de la lógica y vivir conforme a ella diariamente. Supongamos que la policía dice (premisa #1): "Un joven de cabello castaño, vestido con una chaqueta roja, robó ayer a una mujer en la avenida Franklin a las siete". Y suponga que su vecino dice a la policía (premisa #2) que su hijo, cuyo cabello es castaño, vestía una chaqueta roja ayer cuando lo vio en la avenida Franklin. Y suponga que el oficial de policía dice (conclusión): "Por lo tanto, su hijo debe ser el ladrón".

No hace falta tener un diploma en lógica formal para complacerse en el evidente error (lógico) del policía. No, esa conclusión *no* se desprende de las premisas. Es estrictamente inválida. Y por supuesto, no hace falta que conozca ninguno de estos términos técnicos para alegrarse por esa conciencia. Su mente está programada, bajo condiciones óptimas, para detectar la falacia. Hay otras personas que tienen chaquetas rojas. Mi hijo siempre camina por la avenida Franklin. Pero sobre todo, ¡mi hijo estaba conmigo anoche a las siete!

La predicación involucra necesariamente el pensamiento. Ideas y observaciones son incorporadas a un mensaje. Son coherentes o incoherentes. Congruentes o incongruentes. Lógicas o ilógicas. El pensamiento está bien formulado o es deficiente. Ningún predicador puede afirmar que está exento de pensar. Y mi llamado es a que prediquemos con coherencia lógica, clara y convincente, que ninguna de nuestras premisas sea falsa y que ninguna de nuestras inferencias sean inválidas.

Lo que exige la humildad y la autoridad de las Escrituras

La humildad frente a la verdad de la Escritura y la autoridad de Cristo exige esta clase de sumisión a la coherencia lógica. Si usted abusa de la lógica, ¿sobre qué espera que su congregación base su acuerdo? Usted no puede responder "la Escritura", a menos que esté comprometido a dar explicaciones lógicamente coherentes y a que sus conclusiones en efecto se fundamenten en la Escritura. La Escritura solo tendrá autoridad en su predicación si usted hace un uso válido de ella.

Si usted saca inferencias inválidas de la Escritura, no va a importar cuánto insista en proclamar que cree en la infalibilidad bíblica. No va a ayudar a su congregación a basar sus vidas en la Escritura. Por el contrario, espera que ellos basen su vida en sus inferencias erróneas de la Escritura.

En cambio, si nos humillamos y nos sometemos a las exigencias de la coherencia lógica, vamos a estar en compañía de los mejores. Si nuestras exposiciones están libres de incongruencias,[8] y si presentamos premisas claras y argumentos válidos para todas nuestras afirmaciones, seguiremos el ejemplo de Jesús, quien se mostró incisivo frente a las estrategias de tergiversación de la verdad que usaban los fariseos. Y seguiremos el ejemplo de Pablo, quien no solo argumentó y persuadió afirmando que Jesús es el

8. Una incongruencia (o en latín *non sequitur*, "no se deriva") se refiere a una conclusión que no se deriva de las premisas o la evidencia presentadas. El tipo de incongruencias más claras son estrictamente lógicas, como: "Todos los caballos tienen cuatro patas. Fido tiene cuatro patas. Por lo tanto, Fido es un caballo". Sin embargo, existen otras, y son innumerables, las cuales constituyen una amenaza para el liderazgo y la predicación humilde, y las hay desde lógicas hasta teológicas: "Este año la Navidad es un domingo. *Por lo tanto*, no tiene sentido tener un culto matinal". O: "Dios controla todo el comportamiento humano, *de modo que* los seres humanos no son responsables". O: "Los seres humanos *son* responsables; *por lo tanto*, Dios no puede ejercer control alguno sobre el comportamiento humano". O: "Dios es bondadoso en todo lo que hace; *por lo tanto*, no es un Dios de ira". O: "La salvación es por gracia, de modo que no puede haber juicio conforme a las obras". O: "Las Escrituras permitieron la poligamia; *por lo tanto*, debe permitirse en la iglesia actual". O: "Dios promete suplir todas nuestras necesidades; *por lo tanto*, un creyente nunca sufrirá hambre". O: "A los cristianos se les ordena regocijarse siempre; *por lo tanto*, es pecado sentir tristeza por las almas perdidas". O: "Dios es misericordioso; *por lo tanto*, Él no pudo haberme quitado a mi hijo". O: "Jesús mandó volver la otra mejilla; *por tanto*, está mal dar palmadas a los niños". O: "Piper hace mucho énfasis en la coherencia lógica; *por lo tanto*, debemos pensar en la predicación como un asunto de la mente únicamente". Etcétera. Ninguna de estas inferencias siguen la lógica. Todas son incongruencias, o *non sequiturs*. ¡Qué bendición es para una congregación cuando un predicador adopta en humildad la consigna liberadora de "no a las incongruencias"!

Cristo (Hch. 17:2; 18:4, 19; 20:8-9, 26; 24:25; 26:28), sino que escribió sus propias cartas dando por hecho que nosotros emplearíamos un pensamiento claro y lógico para interpretar sus argumentos.[9]

Cómo lo natural favorece lo sobrenatural

Después de todo este énfasis en la predicación como pensamiento y en la importancia de predicar con una lógica coherente, puede que se pregunte qué tiene que ver todo esto con el efecto sobrenatural de la predicación por el cual oramos. ¿De qué manera el acto de pensar produce la experiencia sobrenatural de la adoración auténtica que consiste en ver, saborear y demostrar la belleza y el valor de Dios? Dejaré que el apóstol Pablo revele la respuesta.

En Romanos 5:3-5, Pablo ha abogado porque los cristianos se regocijen en el sufrimiento. Su argumento (¡y observe que se trata de un argumento lógico!) es el siguiente: "nos gloriamos en las tribulaciones, sabiendo que la tribulación produce paciencia; y la paciencia, prueba; y la prueba, esperanza; y la esperanza no avergüenza".

Luego vienen dos argumentos por los cuales la esperanza no avergüenza. La relación entre estos dos argumentos acarrea implicaciones extraordinarias para la predicación y la forma como tanto los *medios naturales* como el pensamiento racional y la observación histórica, se convierten en vías para las experiencias *sobrenaturales* de la belleza y el valor de Dios.

Cuando hablo de medios naturales, incluyo no solamente la argumentación lógica, sino también la observación histórica. El principio que subyace a la manera como Dios se sirve de los medios naturales para favorecer la experiencia natural es el mismo tanto en el caso de la lógica como de la historia. En el argumento de Pablo acerca de por qué la esperanza no nos avergüenza, la intersección entre lo natural y lo sobrenatural se encuentra entre la observación histórica y la obra del Espíritu Santo que nos da un sentido sobrenatural del amor de Dios.

> La esperanza no avergüenza; porque el amor de Dios ha sido derramado en nuestros corazones por el Espíritu Santo que nos fue dado. Porque Cristo, cuando aún éramos débiles, a su tiempo murió por los impíos (Ro. 5:5-6).

9. Mis ideas acerca de cómo indagar el argumento de un texto bíblico se desarrollan en los capítulos 25-27 de *La lectura sobrenatural de la Biblia*, pp. 351-90.

La experiencia sobrenatural del amor de Dios

El primer argumento de Pablo acerca de por qué la esperanza no avergüenza es porque el Espíritu Santo está presente en nosotros ("que *nos fue dado*"), y su obra en nosotros consiste en ayudarnos a experimentar cuán real es el amor de Dios. No se trata de un simple dato que aprendemos de la Biblia. Es una experiencia real que tenemos en el presente. "El amor de Dios ha sido derramado en nuestros corazones por el Espíritu Santo". Es algo que sucede realmente en nuestros corazones. Es saborear con los sentidos y con toda certeza el amor de Dios por nosotros, porque Dios Espíritu Santo está en nosotros dándonos esa prueba del amor de Dios.

De modo que la primera forma como Pablo nos muestra por qué nuestra esperanza no avergüenza consiste en afirmar que Dios nos concede una experiencia sobrenatural real para confirmar nuestra esperanza. Es sobrenatural porque es dada mediante el Espíritu Santo, quien es sobrenatural. Esto es lo que buscamos con nuestra predicación: experiencias reales y sobrenaturales, radicalmente transformadoras e inspiradoras de la belleza y el valor de Dios, las cuales incluyen su amor por nosotros. Nuestra predicación no se propone únicamente transmitir información, o limitarse a persuadir acerca de doctrinas espirituales, o simplemente despertar emociones acerca de Dios. Nuestro objetivo es lograr una experiencia genuina de Dios mismo, movida por el Espíritu. En este caso, Pablo lo denomina el derramamiento del amor de Dios en nuestros corazones por medio del Espíritu Santo (Ro. 5:5).

El fundamento natural para la experiencia sobrenatural

Sin embargo, en Romanos 5:6, Pablo pasa a señalar algo que tiene enormes implicaciones para la predicación. Él presenta un *fundamento*, o base, para la experiencia sobrenatural. Y es un fundamento *natural.* Un fundamento histórico. Podemos ver el fundamento en el vocablo *porque* (griego *gar*) que empieza en el versículo 6. "Porque el amor de Dios ha sido derramado en nuestros corazones por el Espíritu Santo que nos fue dado. *Porque...*". Lo que impresiona del fundamento es que es una declaración de un hecho histórico, junto con una interpretación teológica del hecho. "El amor de Dios ha sido derramado en nuestros corazones por el Espíritu Santo que nos fue dado. Porque *Cristo*, cuando aún éramos débiles, a su tiempo *murió por los impíos*" (Ro. 5:5-6). "Cristo... murió" es un hecho histórico. "Por los impíos" es una interpretación teológica del hecho.

¿Cómo se relacionan aquí lo natural y lo sobrenatural? Por un lado, hay una experiencia sobrenatural del amor de Dios dada por el Espíritu Santo en el corazón y, por el otro, la declaración del fundamento, o la base, de esta experiencia del amor de Dios en la historia ("Cristo murió") y en la teología ("por los impíos"). La experiencia es *sobrenatural* (dada por el Espíritu Santo). El fundamento es *natural* (un hecho histórico y una declaración teológica con la cual incluso el diablo estaría de acuerdo).

Así es como se relacionan: lo que significa ser amado por Dios es revelado por la observación histórica y teológica "Cristo murió por los impíos". El Espíritu Santo no revela esta información al corazón. La Biblia y el predicador la brindan a la mente. No es la función del Espíritu Santo describirle a usted el amor de Dios. Ese es el trabajo que Dios ha asignado a la historia, a la Escritura y a la predicación.

Nuestra congregación aprende la naturaleza y el contenido del amor de Dios a partir de la manera como el amor se manifestó en la historia en Jesucristo. Entonces el Espíritu Santo toma la verdad natural, la cual proclama el predicador con la exultación expositiva, y obra a través de ella un milagro sobrenatural. Él hace que sus corazones vean el amor de Dios como sobrenaturalmente hermoso, y que lo perciban como sumamente precioso. Él produce en nosotros la *experiencia* real y sentida que describe el versículo 5: "el amor de Dios ha sido derramado en nuestros corazones por el Espíritu Santo".

La unión de lo natural y lo sobrenatural en la predicación

Tanto el hecho *natural* de la historia con su interpretación y la obra *sobrenatural* del Espíritu Santo son esenciales. Si decimos que tenemos *experiencias* del amor de Dios sin fundamentos sólidos en la historia y en su significado revelado por Dios, nos volvemos fanáticos, sectarios y demasiado emocionales. Si decimos que *entendemos* los hechos de la historia y su significado teológico, pero no *experimentamos* el amor de Dios que derrama el Espíritu Santo en nuestros corazones, nos volvemos improductivos, incapaces y demasiado intelectuales.

El papel que desempeña la predicación en este proceso es el de portavoz de la verdad histórica y teológica de que "Cristo murió por los impíos". En nuestra *exposición* decimos todas las cosas maravillosas acerca de la muerte de Cristo que el pasaje y la realidad subyacente nos comunican. Y *exultamos* por ella con tanto gozo como el Espíritu nos permita gustar. Esa es nuestra predicación: *exultación expositiva*.

Sin embargo, nuestro objetivo es aquello que solo el Espíritu Santo puede lograr: la experiencia sobrenatural del amor de Dios en los corazones de nuestros oyentes. Buscamos que ellos vean, saboreen y manifiesten la belleza y el valor de este amor. La gloria de la predicación radica en que, a pesar de que somos incapaces de hacer que esto suceda en nuestras fuerzas, dado que es la obra del Espíritu Santo, no escatimamos en esclarecer de todas las formas la belleza y el valor de los hechos históricos y las interpretaciones teológicas. Pregonar esa belleza y ese valor es nuestra labor. Es una labor indispensable y gloriosa.

Encienda el fósforo

El enfoque de este capítulo ha sido el uso pleno de nuestras facultades humanas en la predicación. El objetivo de dicha predicación no es menos sobrenatural de lo que se planteó en los capítulos 6 y 7, donde el enfoque fue el poder del Espíritu Santo. Aquí la premisa ha sido: la gracia sobrenatural no sustituye *los medios* de la gracia.

Más específicamente, el énfasis ha sido la importancia de pensar bien en nuestra predicación. Mi llamado ha sido a que prediquemos con una coherencia clara, lógica y convincente, que ninguna de nuestras premisas sea falsa y que ninguna de nuestras inferencias sea inválida. Traté de mostrar que este es un acto de amor, humildad y sumisión a la verdad y a la autoridad de la Escritura. Es destructivo para las personas cuando el lenguaje es manipulado. No someternos a la lógica de los textos bíblicos nos lleva a exaltarnos a nosotros mismos y a destronar a Dios.

Traté de mostrar con Romanos 5:5-6 cómo Dios hace que el uso natural de nuestros poderes facilite sus propósitos sobrenaturales. La experiencia *sobrenatural* de gustar del amor de Dios en nuestros corazones es posible gracias al uso que hace Pablo del hecho histórico *natural* de la muerte de Cristo, y a la declaración teológica de que Cristo lo hizo por los impíos. La predicación hace uso óptimo de sus poderes naturales para esclarecer la historia y su significado teológico. Con esta leña dispuesta, Dios enciende el fósforo y por medio de su Espíritu inflama los corazones de su pueblo.

En el capítulo siguiente pasamos del enfoque en el pensamiento correcto y la clarificación histórica, a la composición del sermón como tal y el esfuerzo por elegir palabras que esperamos sean eficaces para el logro de los propósitos sobrenaturales. ¿Es esto legítimo? ¿Existe tal cosa como la elocuencia espiritual cristiana en la predicación?

9

"Para que no se haga vana la cruz"

Los peligros de la elocuencia cristiana

En la Parte 4 voy a enfocarme en el uso que hace el predicador de sus poderes naturales en su esfuerzo por responder a la pregunta: ¿Cómo se convierte la predicación en un medio para el milagro de la adoración? En el capítulo anterior sostuve que el pensamiento correcto, la lógica clara y el uso válido de la razón en la predicación son esenciales para amar como es debido a las personas y para honrar humildemente la autoridad de la Escritura. En este capítulo, paso de los poderes naturales de pensar a los poderes naturales de escribir y hablar. ¿Debemos usar nuestros poderes naturales de elegir las palabras con el propósito de hacerlas lo más convincentes posible? ¿Deberíamos tratar de ser elocuentes?

"No con sabiduría de palabras"

¿Debería hablarse siquiera de *elocuencia* en la predicación cristiana? La pregunta es urgente en primer lugar porque el apóstol Pablo, bajo la inspiración del Espíritu Santo, dijo en 1 Corintios 1:17: "Pues Cristo no me envió a bautizar, sino a predicar el evangelio, *no con palabras elocuentes*, para que no se haga vana la cruz de Cristo" (LBLA). Cristo envió a Pablo a predicar, no con elocuencia, para que la cruz de Cristo no se haga vana. De ahí que se trate de un asunto urgente.

Aunque citemos otras traducciones como la Nueva Versión Internacional ("sin discursos de sabiduría humana"), la Nueva Traducción Viviente ("no con palabras ingeniosas") o la Reina-Valera 1960 ("no con sabiduría de palabras"), el problema persiste. Hay una forma de predicar, una forma de elocuencia, de inteligencia o de sabiduría humana, que anula la cruz. Deberíamos temer anular la cruz. Es indispensable que sepamos qué es esta elocuencia, inteligencia o sabiduría de palabras, y evitarla.

Veamos una declaración similar de Pablo en 1 Corintios 2:1: "Cuando fui a vosotros para anunciaros el testimonio de Dios, no fui con *excelencia de palabras o de sabiduría*". Dice la Nueva Versión Internacional: "no lo hice con *gran elocuencia y sabiduría*". Y la Biblia de las Américas: "no fui con *superioridad de palabra o de sabiduría*".

Estos pasajes son inquietantes para los predicadores. La mayoría procuramos escoger palabras y decirlas de tal modo que se logre el máximo efecto en los oyentes. ¿Deberíamos hacerlo? ¿Deberíamos escoger palabras o expresiones, o formas de comunicarlas con miras a maximizar su efecto para impartir vida, aplacar el orgullo, exaltar a Dios, magnificar a Cristo, intensificar el gozo, despertar el amor, movilizar las misiones y avanzar la justicia? Cuando lo hago, ¿usurpo el papel de la cruz y del Espíritu? ¿Se refiere Pablo a que buscar ese efecto en otros por medio de la selección cuidadosa, la organización y la transmisión de las palabras estorban el poder de Cristo y le restan importancia a la gloria de la cruz?

¿Es la Biblia elocuente?

Algo que complica esta pregunta es el hecho de que la mayoría de los eruditos bíblicos a lo largo de la historia coinciden en afirmar que la Biblia tiene muchos pasajes elocuentes. Por ejemplo, Juan Calvino dijo: "Prestemos atención al estilo de Isaías, que no solo es puro y elegante, sino que también está adornado con arte elevado del cual podemos aprender que la elocuencia puede ser útil cuando se pone al servicio de la fe".[1]

De manera similar, el poeta John Donne dijo: "El Espíritu Santo se deleita Él mismo escribiendo las Escrituras, no solo con propiedad, sino con finura, armonía y melodía del lenguaje, con eminencia de metáfora y otras figuras, las cuales pueden producir un mayor efecto en los lectores".[2] En otras palabras, la Biblia contiene lenguaje elocuente, y parte del efecto que produce en los lectores se debe, en cierta forma, a esa elocuencia.

---

1. Benjamin B. Warfield, "Calvin and the Bible", from *Selected Shorter Writings of Benjamin B. Warfield*, vol. 1, ed. John E. Meeter (Phillipsburg, NJ: Presbyterian & Reformed, 1970). Original de *The Presbyterian*, 30 de junio de 1909, pp 7-8.

2. John Donne, *The Sermons of John Donne*, ed. George R. Potter y Evelyn M. Simpson (Berkeley, CA: University of California Press, 1953-1962), 6:55.

¿Una elocuencia guiada por el Espíritu?

Considere lo que dice Martín Lutero acerca de Gálatas 4:6: "El Espíritu intercede por nosotros no con multitud de palabras o largas oraciones, sino solo con un gemido... un gimoteo y un gemido sutil, como '¡ah, Padre!'... Por esto esta pequeña palabra 'Padre'... transmite toda la elocuencia de Demóstenes, de Cicerón y de los más elocuentes oradores que el mundo haya conocido jamás".[3] Martín Lutero afirma, pues, que el Espíritu Santo mismo nos guía en ocasiones a una cierta elocuencia, incluso en la oración.

Si estas observaciones de Calvino, Lutero y Donne son correctas, ¿qué quiso decir Pablo cuando declaró que había renunciado a la elocuencia por causa de la cruz? ¿Hay algo que pasaron por alto Calvino, Lutero y Donne?

La elocuencia de George Whitefield

Otra manera de abordar el problema es comparar lo que se ha dicho acerca de dos gigantes del primer gran avivamiento, George Whitefield y Jonathan Edwards. Estos dos predicadores coincidían profundamente en lo teológico y divergían radicalmente en su manera de predicar.

En la primavera de 1740, George Whitefield se encontraba en Filadelfia predicando al aire libre a miles de personas. Benjamín Franklin asistió a la mayoría de aquellos sermones. Franklin, que no creía en lo que Whitefield predicaba, comentó lo siguiente acerca de estos pulidos sermones:

> Su forma de hablar... estaba tan adornada por la frecuente repetición que cada acento, cada énfasis, cada modulación de la voz, era tan perfectamente expresada y pertinente, que *sin estar interesado en el tema resultaba inevitable no ser atraído por el discurso*: un placer comparable al que se experimenta con una excelente obra musical.[4]

He aquí una predicación tan elocuente que resulta agradable a pesar de que el oyente no crea nada de lo que dice. Eso debería hacer temblar a un predicador. La elocuencia de Whitefield fue grata para Benjamin Franklin, a quien no le interesaba en absoluto lo que Whitefield trató de expresar. A Franklin le agradó la elocuencia de Whitefield, pero rechazó a su Salvador. ¿Hizo Whitefield vana la cruz?

---

3. Martin Luther, *A Commentary on St. Paul's Epistle to the Galatians* (Westwood, NJ: Revell, 1953), pp. 369-70.

4. Harry Stout, *The Divine Dramatist* (Grand Rapids, MI: Eerdmans, 1991), p. 104; cursivas añadidas.

La elocuencia en nuestros días

A pesar de lo anterior, hay que tener cuidado. Algunos predicadores jóvenes pueden leer esto y pensar que este asunto no los aqueja porque no les interesa la clase de elocuencia de Whitefield. Han abandonado la oratoria del mismo modo que han abandonado el traje y la corbata. Tenga cuidado. No es tan sencillo. Hay un tipo de "elocuencia" que no consiste en la fluidez tradicional de palabras sino en la de vestimenta, de jerga, de inteligencia, de informalidad y de apariencia de naturalidad que puede despertar en nuestros días la misma fascinación que produjo en su tiempo la elocuencia de Whitefield. A la gente le encanta esta "elocuencia" despreocupada contemporánea, aunque no tengan interés alguno en las verdades que el predicador trata de comunicar. En otras palabras, ninguno de nosotros se libra de la urgencia de esta pregunta. Todos necesitamos una respuesta.

La elocuencia de Jonathan Edwards

Jonathan Edwards, contemporáneo y amigo de Whitefield, era muy diferente. Edwards no fue elogiado por su gran elocuencia. Sin embargo, tenía otra clase de elocuencia. Un testigo presencial respondió la pregunta acerca de si Edwards era un predicador elocuente:

> Si se refiere a la elocuencia conforme suele entenderse en el contexto de nuestras ciudades, él no parecía tenerla. No usaba variaciones afectadas de la voz. Ni acentos. Difícilmente gesticulaba o se movía. No intentaba gratificar con la elegancia de su estilo ni con la belleza de sus imágenes, ni fascinar la imaginación. Pero si se refiere a la elocuencia como la capacidad de presentar una verdad importante delante de una audiencia con argumentos de peso y tal intensidad vehemente que el alma entera del orador está inmersa en su concepción y transmisión, al punto de cautivar de principio a fin la solemne atención de todos los oyentes y dejar en ellos una huella imborrable, el señor Edwards fue el hombre más elocuente que he escuchado jamás.[5]

En cualquier caso, Whitefield, el orador vehemente, o Edwards, el orador inmóvil y lógico, la pregunta persiste: ¿Hicieron vana estas formas de elocuencia la cruz de Cristo? ¿Siguieron ellos el ejemplo de Pablo cuando dijo

---

5. Jonathan Edwards, *The Works of Jonathan Edwards*, 2 vols. (Edinburgh: Banner of Truth Trust, 1974), 1:cxc.

que él predicaba el evangelio "no con sabiduría de palabras, para que no se haga vana la cruz de Cristo"?

La inquietante declaración de Denney

James Denney (1856-1917), teólogo y predicador escocés, hizo una declaración que me inquieta como predicador. Ya sea que hablemos acerca de la más intelectual elocuencia de la oratoria o de la poco intelectual, despreocupada y ligera elocuencia de la anti-oratoria, la declaración de Denney va al grano. Él dijo: "Ningún hombre puede dar la impresión de ser inteligente y que Cristo es poderoso para salvar".[6] Esta ha sido una de las frases más influyentes que he leído acerca de cómo predicar. ¿Significa esto que todo oficio o arte en la escritura o en el discurso exalta al yo y empaña la verdad de que Cristo es poderoso para salvar?

¿Es la elocuencia un fin en sí misma?

En 2008, Dennis Donoghue, profesor de inglés y letras de la Universidad de Nueva York, publicó *On Eloquence.* Su aserción es probablemente una expresión moderna de la clase de cuestiones que Pablo estaba tratando en Corinto. Él asevera que la elocuencia es un estilo que sorprende y conmueve, que es un fin en sí mismo. Él dice, por ejemplo:

> Un discurso o un ensayo pueden ser elocuentes, pero si lo son, la elocuencia es secundaria frente a su propósito. La elocuencia, a diferencia de la retórica, no tiene objetivo: es un juego de palabras o de otros medios expresivos... El atributo principal de la elocuencia es su gratuidad.[7]
>
> La elocuencia no cumple un propósito ni una finalidad en la acción... En la retórica, se intenta persuadir a alguien a hacer algo. En la elocuencia, se descubren con deleite los recursos expresivos de los medios de los que se dispone.[8]

Él coincide con E.M. Cioran en que esta noción de elocuencia sin propósito empezó hace dos mil años con los sofistas, contemporáneos de Pablo:

---

6. Citado en John Stott, *Between Two Worlds: The Art of Preaching in the Twentieth Century* (Grand Rapids, MI: Eerdmans, 1982), 325.
7. Denis Donoghue, *On Eloquence* (New Haven, CT: Yale University Press, 2008), p. 3.
8. Ibíd., p. 148.

> Los sofistas fueron los primeros en ocuparse en la meditación sobre las palabras, su valor, su idoneidad y su función en el razonamiento: [los sofistas] dieron el paso decisivo hacia *el descubrimiento del estilo, concebido como un objetivo en sí mismo, como un fin intrínseco.*[9]

Según Donoghue, la elocuencia es un estilo de discurso o de escritura que es intrínsecamente agradable sin hacer referencia alguna a otros objetivos. No tiene propósito. Es injustificado. Eso es lo que la hace elocuente. Si tuviera un objetivo, sería retórica y estaría al servicio de alguna causa o ideología.

Donoghue dice que la Biblia, y Jesús en particular, ponen considerables obstáculos al modo de ver la elocuencia como un lenguaje carente de propósito, gratuito y ameno.[10] Por el contrario, un crítico cristiano señaló con entusiasmo cómo el parecer de Donoghue arroja luz sobre la manera como Dios prodiga el mundo con una elocuencia redundante y gratuita:

> ¿Es realmente difícil defender la elocuencia en términos cristianos? ¿Qué podría ser más elocuente, más felizmente innecesario, que la creación misma? Todos esos escarabajos, esas criaturas del océano que están fuera de nuestra vista, esas galaxias sin fin, todas innecesarias. Shakespeare era innecesario. Mi nuevo nieto Gus es innecesario.[11]

No estoy de acuerdo. Esto desdice demasiado del carácter deliberado de Dios. ¿Creó Dios a ese niño Gus, a Shakespeare, las galaxias y las miles de especies de plantas y animales que todavía tenemos por descubrir de manera caprichosa o deliberada? Si lo hizo deliberadamente, no son fortuitos. Y no son superfluos. Todo lo que no es Dios cumple un propósito más elevado que sí mismo.

Sin la profundidad necesaria

El problema con Donoghue y su crítico es que no han profundizado lo suficiente en las implicaciones de la elocuencia a la luz de la existencia de un Dios que gobierna todas las cosas y que hace todas las cosas *con un propósito*, precisamente el propósito de magnificar la gloria de su Hijo. "Todo ha

---

9. Ibíd., p. 136; cursivas añadidas.

10. "El rechazo más contundente a la elocuencia del cual tengo conocimiento es el de Cristo: 'Aléjate de mí, Satanás'". Ibíd., p. 143.

11. John Wilson, "Stranger in a Strange Land: On Eloquence", consultado el 29 de septiembre de 2008; www.christianitytoday.com/bc/2008/001/9.9.html.

sido creado por medio de él y para él" (Col. 1:16). Las galaxias y los nietos no son fortuitos ni innecesarios. Fueron creados para la gloria de Jesucristo. Incluso las galaxias que aún no hemos visto servirán para magnificar la grandeza de Cristo. Desde la perspectiva de Dios nada es innecesario.

¿Cómo debemos sopesar todos estos testimonios dispares de las virtudes de la elocuencia a la luz de la declaración de Pablo en 1 Corintios 1:17? Allí dice: "Pues Cristo no me envió a bautizar, sino a predicar el evangelio, *no con palabras elocuentes*, para que no se haga vana la cruz de Cristo" (LBLA). ¿Y qué de 1 Corintios 2:1: "Cuando fui a vosotros para anunciaros el testimonio de Dios, no fui *con excelencia de palabras* o *de sabiduría*"?

La elocuencia y los sofistas

Existe un nexo interesante entre la referencia de Donoghue a los sofistas y el contexto de las palabras de Pablo a los corintios. Donoghue enmarca su idea de elocuencia en el contexto de los sofistas. Ellos fueron los primeros en tratar el estilo "como una meta en sí misma, como una finalidad intrínseca". Uno de los libros más convincentes que expone las palabras de Pablo acerca de la elocuencia en 1 Corintios es *Philo and Paul among the Sophists* [Filón y Pablo entre los sofistas], de Bruce Winter. El argumento de Winter es que son precisamente los sofistas y su idea de elocuencia el telón de fondo de la afirmación de Pablo acerca de su propio discurso y de cómo ministró él en Corinto.[12]

Veamos si las palabras de Pablo en 1 Corintios nos dan suficientes pistas para mostrar qué clase de elocuencia rechaza él y cuál no solamente no rechaza sino que utiliza.[13]

Observe primero en 1 Corintios 1:10-12 que los creyentes corintios formaban divisiones tomando partido por sus maestros predilectos, y hay suficiente evidencia para suponer que las divisiones tenían que ver con la clase de elocuencia que empleaban los maestros. Dice en el versículo 12:

---

12. "El sabio, el de cuna ilustre y el poderoso encarnaban la clase de la cual provenían los sofistas y que más tarde éstos ayudaron a perpetuar mediante un sistema educativo elitista que enfatizaba el arte de la retórica. Dado que el gran pecado del movimiento sofista era su vanagloria... Pablo levantó la prohibición de Jeremías contra el hecho de vanagloriarse por la sabiduría, la posición social y el logro de un texto de primer orden en esta crítica del movimiento sofista corintio". Bruce Winter, *Philo and Paul among the Sophists: Alexandrian and Corinthian Responses to a Julio-Claudian Movement*, 2a ed. (Grand Rapids, MI: Eerdmans, 2002), pp. 253-54.

13. Por ejemplo, 1 Corintios 1:25 es elocuente por el valor de impresión intencional al referirse afirmativamente a "la necedad de Dios" y a "la debilidad de Dios".

"Quiero decir, que cada uno de vosotros dice: Yo soy de Pablo; y yo de Apolos; y yo de Cefas; y yo de Cristo".

Sabemos a partir de 2 Corintios 10:10 que los adversarios de Pablo se burlaban de él por su falta de elocuencia. Ellos decían: "Porque a la verdad, dicen, las cartas son duras y fuertes; mas la presencia corporal débil, *y la palabra menospreciable* [*ho logos exouthenemenos*]". Y sabemos que Apolos, uno de los favoritos en Corinto, *era* elocuente, porque Hechos 10:24 dice: "Llegó entonces a Éfeso un judío llamado Apolos, natural de Alejandría, varón *elocuente*, poderoso en las Escrituras". El hecho de que él fuera oriundo de Alejandría es significativo. Filón trabajó en Alejandría, y nos dice cuán notables eran allí los sofistas por entrenar a las personas en la elocuencia.[14]

Oposición contra los sofistas

De acuerdo con al menos seis fuentes, sabemos que los sofistas estaban presentes también en Corinto.[15] Ellos valoraban sobremanera el estilo y la forma como evidencia de educación, poder y sabiduría. Muy posiblemente habían influido sobre algunas personas en la iglesia para que admiraran su tipo de elocuencia y lo buscaran en los maestros cristianos. Apolos probablemente se convirtió en una celebridad para ellos porque era muy hábil con las palabras. Bruce Winter dice: "Pablo adopta deliberadamente una postura anti-sofista y con ello defiende su actividad de plantar iglesias en Corinto en contra de las convenciones, las percepciones y las categorías sofistas".[16]

La manera como Pablo se opone a la elocuencia de los sofistas busca demostrar que esta hace vana la cruz. ¿Por qué? ¿Por qué esta concepción de elocuencia hace vana la cruz?

Primera de Corintios 1:18 lo explica en parte: "Porque la palabra de la cruz es locura a los que se pierden; pero a los que se salvan, esto es, a nosotros, es poder de Dios". La razón por la cual la cruz no encaja con la elocuencia de los sofistas es que para ellos es *locura*; es decir, la cruz es tan destructiva para el orgullo humano que aquellos que buscan la alabanza

---

14. "Hay… cuarenta y dos referencias a 'sofista' (*sofistas*) en Filón, además de cincuenta y dos referencias a cognados y numerosos comentarios sobre el movimiento sofista". Winter, *Philo and Paul*, 7. "No puede haber duda… de que los sofistas y sus estudiantes eran notables en Corinto y que desempeñaban un papel importante en la vida de la ciudad". Ibíd., p. 140.

15. Winter presenta seis fuentes de lo que sabemos del movimiento sofista en Corinto. Winter, *Philo and Paul*, pp. 7-9.

16. Ibíd., p. 141.

humana por medio de "una elocuencia retóricamente elaborada"[17] y de "un sistema educativo elitista"[18] solo podrían verla como locura. La cruz es el lugar donde nuestro pecado es exhibido en toda su fealdad y donde la gratuita gracia de Dios brilla en su máximo esplendor. Estas dos realidades dejan claro que no merecemos nada. Por consiguiente, la cruz socava el orgullo y exalta a Cristo, no a nosotros, y esto la convertía en locura para los sofistas.

Esto queda confirmado en el versículo 20: "¿Dónde está el sabio? ¿Dónde está el escriba? ¿Dónde está el disputador de este siglo?". El disputador es el hombre que es tan hábil con su lengua que puede tomar cualquier bando y ganar la discusión. Es locuaz y sagaz, verbalmente ágil. La verdad y la sustancia carecen de importancia; lo único que importa es la maniobra retórica. Al final del versículo 20, Pablo dice: "¿No ha enloquecido Dios la sabiduría del mundo?". La sabiduría en cuestión no es una cosmovisión profunda que se opone al cristianismo, sino *el sofisma de emplear el lenguaje para ganar debates* y para mostrarse uno mismo como inteligente, elocuente y poderoso.

La elocuencia que Pablo rechaza no es tanto una convención de lenguaje en particular, sino la explotación del lenguaje para exaltarse a sí mismo y menospreciar o desconocer al Señor crucificado. Observe de nuevo el contraste en 1 Corintios 2:1-2: "Así que, hermanos, cuando fui a vosotros para anunciaros el testimonio de Dios, no fui con excelencia de palabras o de sabiduría. Pues me propuse no saber entre vosotros cosa alguna sino a Jesucristo, y a éste crucificado". El punto que Pablo quiere señalar es este: "Cada vez que me encuentro con escribas y disputadores que reafirman su ego con enfrentamientos de lenguaje y dejan a un lado la cruz, yo voy a destacarla y a exhibirla completamente. Rehusaré enredarme en sus juegos de lenguaje".

Un criterio doble

Observe un detalle más en este contexto, el cual revela el criterio doble para distinguir entre la buena y la mala elocuencia. En 1 Corintios 1:26-29, Pablo desarma el idilio de los sofistas con la vanagloria.[19]

> Pues mirad, hermanos, vuestra vocación, que no sois muchos sabios según la carne, ni muchos poderosos, ni muchos nobles; sino que lo necio del mundo escogió Dios, para avergonzar a los sabios; y lo débil del mundo

---

17. Ibíd., p. 144n16.
18. Ibíd., p. 253.
19. "El gran pecado del movimiento sofista fue su vanagloria". Ibíd.

> escogió Dios, para avergonzar a lo fuerte; y lo vil del mundo y lo menospreciado escogió Dios, y lo que no es, para deshacer lo que es, a fin de que nadie se jacte en su presencia.

Primera cara: la humillación voluntaria del yo. Lo que Dios ha dispuesto tanto en la cruz como en la elección es que "nadie se jacte en su presencia". Esta es la primera cara de nuestro criterio para distinguir entre la buena y la mala elocuencia: *¿Incentiva la vanagloria? ¿Procede del ego y busca la exaltación por medio de un discurso ingenioso?* Si es así, Pablo la rechaza. Luego prosigue en los versículos 30-31:

> Mas por él estáis vosotros en Cristo Jesús, el cual nos ha sido hecho por Dios sabiduría, justificación, santificación y redención; para que, como está escrito: El que se gloría, gloríese en el Señor.

Segunda cara: la exaltación de Cristo. En segundo lugar, Dios ha dispuesto no solo en la cruz y en la elección, sino también en la gracia soberana de la regeneración (v. 30, "*por Él* estáis vosotros en Cristo"), que toda gloria consista en gloriarse en el Señor Jesús, quien fue crucificado y resucitado. "El que se gloría, gloríese en el Señor" (v. 31).

Por lo tanto, la segunda cara de nuestro doble criterio para distinguir entre la elocuencia buena y la mala es: *¿Exalta a Cristo, especialmente al Cristo crucificado?*

Esta es mi interpretación de las dos denuncias de Pablo contra la elocuencia. En 1 Corintios 1:17, él dice: "*…no con palabras elocuentes*, para que no se haga vana la cruz de Cristo" (LBLA)". Y en 1 Corintios 2:1-2 dice: "*no …con excelencia de palabras o de sabiduría.* Pues me propuse no saber entre vosotros cosa alguna sino a Jesucristo, y a éste crucificado". El punto de ambos pasajes es este: el uso de las palabras que se fundamenta en el orgullo y exalta al yo para mostrar la sabiduría humana es incompatible con buscar la vida y la gloria en la cruz de Cristo. Permita entonces que su uso de las palabras se rija por este doble criterio: la humillación voluntaria del yo y la exaltación de Cristo.

Si aplicamos estos dos criterios a nuestros esfuerzos por conmover con nuestra terminología, nuestras expresiones y nuestra transmisión de palabras, es decir, si les damos prelación frente a nuestra tentativa de *elocuencia*, seremos guardados del uso incorrecto de la elocuencia que tanto rechazó Pablo. Ahora veo más claramente lo que se esconde tras el pronunciamiento de James Denney, que son precisamente estos dos criterios: "Ningún hombre puede dar la impresión de ser inteligente y que Cristo es poderoso para salvar".[20] La exaltación de sí mismo y la exaltación de Cristo son incompatibles.

La Biblia es elocuente

Cuando repasamos a Calvino, a Lutero y a John Donne, que afirman que la Biblia abunda en elocuencia, concluyo que tenían razón. *La Biblia abunda en toda clase de recursos literarios para acentuar el efecto del lenguaje:* acrósticos, aliteraciones, analogías, antropomorfismos, asonancias, cadencias, quiasmos, consonancias, diálogos, hipérbolas, ironías, metáforas, métrica, onomatopeyas, paradojas, paralelismos, repetición, ritmo, sátiras, símiles. Todos estos están allí presentes, y más.

Y a mi parecer, Dios nos invita a participar de esta creatividad en la elocuencia. Él nos atrae con palabras como:

> El hombre se alegra con la respuesta de su boca;
> Y la palabra a su tiempo, ¡cuán buena es! (Pr. 15:23).
>
> Manzana de oro con figuras de plata
> Es la palabra dicha como conviene (Pr. 25:11).
>
> Las piernas del cojo penden inútiles;
> Así es el proverbio en la boca del necio (Pr. 26:7).
>
> Y todo lo que hacéis, sea de palabra o de hecho, hacedlo todo en el nombre del Señor Jesús, dando gracias a Dios Padre por medio de él (Col. 3:17).
>
> Sea vuestra palabra siempre con gracia, sazonada con sal, para que sepáis cómo debéis responder a cada uno (Col. 4:6).

En otras palabras, piensen bien sus palabras: que sean idóneas, oportunas, acertadas, justas y apropiadas. Y úsenlas para honrar el nombre del Señor Jesús.

¿Qué importancia tiene esto?

Quiero abordar una última pregunta. Si nos es permitido procurar la elocuencia (un poderoso efecto verbal) y en efecto se nos invita a hacerlo; si

---

20. Citado en Stott, *Between Two Worlds*, p. 325.

la Biblia es un libro que abunda en elocuencia y si somos guiados en nuestra búsqueda de este efecto mediante el doble criterio de la humillación voluntaria del yo y la exaltación de Cristo, ¿qué esperaríamos de nuestra predicación en caso de que lo lográramos? Dado que solo el Espíritu Santo puede llevar a cabo el milagro del nuevo nacimiento y resucitar a los que están muertos espiritualmente, y dado que puede hacerlo ya sea con testigos comunes y corrientes o con testigos elocuentes del evangelio, ¿qué importancia tiene que nos esforcemos por alcanzar alguna medida de elocuencia o un efecto mayor por medio del lenguaje?

Cinco expectativas en la elocuencia cristiana

He aquí una lista preliminar de cinco expectativas que podemos aplicar, conscientes de que, en cualquier momento, Dios puede intervenir y usar nuestra predicación como instrumento de salvación, con o sin elocuencia. Cualquier domingo, Dios puede tomar el mensaje que peor nos pareció y convertirlo en instrumento para un milagro. Si es así, ¿para qué preocuparse por optimizar el efecto de nuestro lenguaje?

1. Mantener el interés

Escoger un lenguaje estéticamente agradable, artístico, sorprendente o provocativo (es decir, elocuente) puede ayudar a mantener a las personas despiertas y concentradas porque les parece interesante, original o grato por motivos que ellas no pueden expresar. Cuando los discípulos se quedaron dormidos en Getsemaní, Jesús dijo: "el espíritu a la verdad está dispuesto, pero la carne es débil" (Mt. 26:41). Tenemos que ayudar a las personas en su debilidad.

Aunque no es conversión, convicción ni santificación, sí es un medio importante para lograr esos fines. Las personas adormecidas o distraídas no oyen la Palabra, y la fe viene por el oír, y por el oír la Palabra. Por lo tanto, la elocuencia es como una noche de sueño restaurador. No salvará su alma, pero podría mantenerlo despierto para oír la Palabra, la cual sí puede salvar su alma. De modo que el estilo de un predicador puede mantenerlo interesado y despierto con ese mismo fin.

2. Despertar simpatía

Un lenguaje estéticamente agradable, artístico, sorprendente o provocativo puede acercar una mente antagonista para alentar una mayor simpatía con el orador. Si el lenguaje es lo bastante interesante y original, pueden vencerse obstáculos como el aburrimiento, el enojo, el resentimiento y la sospecha, los cuales pueden ser reemplazados por respeto, disposición, interés y concentración. No es lo mismo que conversión, convicción o santificación, pero tampoco alejan a la persona como sucede con el aburrimiento. De hecho, pueden acercar a una persona a la luz, tal como dijo Jesús: "No estás lejos del reino de Dios" (Mr. 12:34).

Por ejemplo, retomemos lo que sucedió con George Whitefield y Benjamin Franklin. La elocuencia de Whitefield asombró a Franklin. Él no pensó que Whitefield fuera un farsante. Lo admiraba. Llegó a ser uno de los amigos más cercanos de Whitefield. Harry Stout, biógrafo de Whitefield, escribe: "Franklin se dio licencia para indagar el tema de la religiosidad personal con Whitefield como no lo hacía con nadie más, considerando a Whitefield un oyente en el que podía confiar si estaba en desacuerdo".[21] Por consiguiente, Whitefield pudo hablar con Franklin acerca de Cristo como nadie más podía hacerlo. Él defendió su correspondencia con Franklin, que estaba impregnada de Cristo, con una sonrisa: "Debo tener algo de Cristo en todas mis cartas".[22] Quién sabe cuán cerca estuvo Whitefield de ganar a Franklin para la fe, todo lo cual fue posible gracias a que la elocuencia y la autenticidad de Whitefield vencieron, al menos en parte, la indiferencia de Franklin hacia el avivamiento.

En una ocasión, C.S. Lewis escribió una carta a un niño que le había pedido consejo acerca de cómo escribir bien.[23] La respuesta de Lewis es tan relevante respecto a cómo la predicación se granjea la simpatía en la escucha, que voy a incluir aquí sus cinco sugerencias:

1. Trata siempre de usar el lenguaje de tal manera que quede totalmente claro lo que quieres decir, y asegúrate de que tu frase no pueda significar ninguna otra cosa.
2. Prefiere siempre la palabra simple y directa a la larga y vaga. No *hagas* promesas, sino *cúmplelas*.
3. Nunca uses sustantivos abstractos cuando bastaría con los concretos. Si quieres decir "murió más gente", no digas "aumentó la mortalidad".

---

21. Stout, *The Divine Dramatist*, p. 228.

22. Ibíd.

23. C. S. Lewis, *Letters to Children*, carta fechada el 26 de junio de 1956, párrafos 3-7, p. 64, citado en Wayne Martindale y Jerry Root, *The Quotable Lewis* (Wheaton, IL: Tyndale, 1989), p. 623.

4. Cuando escribas, no uses adjetivos que se limiten a decirnos qué quieres tú que sintamos respecto a lo que describes. Es decir, en vez de contarnos que algo fue "aterrador", descríbelo de tal modo que nos aterre. No digas que fue "encantador"; haznos decir "¡qué encantador!" cuando hayamos leído tu descripción. Mira, usar todas esas palabras (horroroso, maravilloso, abominable, exquisito) es como decir a tus lectores "por favor, háganme mi trabajo".
5. No uses palabras desmesuradas para el tema. No digas "infinitamente" cuando quieres decir "muy"; de lo contrario, no te quedarán palabras cuando quieras relatar algo *realmente* infinito.[24]

Creo que estos consejos para escribir son perfectamente aplicables a la predicación.

3. Estimular la sensibilidad

Un lenguaje original, sorprendente y estéticamente agradable puede tener un efecto estimulante en la mente y en el corazón de una persona que si bien dista de ser una experiencia de regeneración, sigue siendo importante como el despertar de la sensibilidad emocional e intelectual a cosas más serias y hermosas. Si un giro poético de una frase puede llevar a las personas a notar la magnificencia del sol, puede que un segundo paso los lleve a ver que los cielos cuentan la gloria de Dios (Sal. 19:1), y más adelante que confiesen a Cristo como el gran Sol de justicia (Mal. 4:2).

¿No es por esto que David, el gran poeta de Israel, dijo primero "los cielos cuentan la gloria de Dios" (Sal. 19:1) y luego, de manera más poética, "en ellos puso tabernáculo para el sol; y éste, como esposo que sale de su tálamo, se alegra cual gigante para correr el camino" (vv. 4-5)? ¿Para qué comparar el sol de la mañana con un novio y un atleta? Para despertar la mente adormecida a la belleza alegre de la aurora, con la esperanza de que ese despertar abra los ojos espirituales para comprender que todo en la naturaleza revela la gloria de Dios.

4. Comunicar un mensaje memorable

Hay ciertos tipos de elocuencia como la cadencia, el paralelismo, la métrica, la rima, la asonancia y la consonancia, que no solo pueden cautivar y despertar el corazón, sino aumentar dicho efecto haciendo el discurso memorable,

24. Ibíd., pp. 623-24.

es decir, que sea fácil de recordar o memorizar. En 2008 presenté una versión de este capítulo en la conferencia nacional de Desiring God.[25] El título de la conferencia fue "The Power Of Words And The Wonder Of God" [El poder de las palabras y la maravilla de Dios]. Soy muy selectivo en lo concerniente al uso de la cadencia, la consonancia y la asonancia en los títulos. Trabajé en este título de la misma manera que trabajo en un poema. Quería que fuera grato y memorable. Observe algunos aspectos que tuve en consideración:

- Primero, hay una *cadencia* o métrica intencional que me parece agradable. Se denomina yámbica (The POWer of WORDS and the WONder of GOD).
- Segundo, hay *consonancia* o aliteración entre las palabras que empiezan por "W": *Words* y *Wonder*. Compárese con *The Power of Language and the Wonder of God* o *The Power of Words and the Majesty of God* [El poder del lenguaje y la maravilla de Dios o El poder de las palabras y la majestad de Dios]. Mis oídos me indican que ninguna de estas funciona. Tanto la cadencia como la aliteración se pierden.
- Tercero, hay *asonancia*. En seis de las nueve palabras el sonido dominante es el de la letra "O": *power, of, words, wonder, of, God*. Compare el contraste con: *The Strength of Language and the Marvel of Deity* [La fuerza del lenguaje y la maravilla de la Deidad]. Son excelentes ideas, pero carecen de fuerza en el lenguaje.
- Por último, creo que la yuxtaposición de las palabras "Words", "Wonder" y "God" es original, atractiva y provocativa.

Todo esto ayuda a que las personas recuerden el título. No que sea memorable por lo *des*agradable, como se recuerda por ejemplo la tragedia del 11 de septiembre de 2001, sino porque es estéticamente agradable. El año siguiente, el título de la conferencia fue "Con Calvino en el teatro de Dios", un endecasílabo yámbico, de modo que no se le puede añadir "Juan" al nombre de Calvino, porque eso arruinaría la métrica. Si le parece que esto

25. Esa conferencia fue publicada en español primero como "¿Existe la elocuencia cristiana? Palabras claras y la maravilla de la cruz", en *El poder de las palabras y la maravilla de Dios*, eds. John Piper y Justin Taylor (Buenos Aires: Peniel, 2009), 91-110. Este capítulo es una versión adaptada de esa alocución.

es quisquilloso, le sugiero que reconsidere. No es el aspecto más importante en la asignación de un título ni en la predicación, pero si usted puede escoger entre algo que cautiva el oído y algo soso, ¿por qué no cautivar?

Supongo que el propósito mnemotécnico de poner títulos con la idea de expresar las cosas de una manera gratamente memorable es la razón por la cual algunas partes de la Biblia están escritas en acrósticos. Por ejemplo, el Salmo 119 está compuesto por veintidós estrofas de ocho versículos cada una; cada estrofa comienza con una letra diferente del alfabeto hebreo y todos los ocho versículos de cada estrofa comienzan con esa letra. Eso no es fortuito sino intencional, artístico, elocuente.

5. Incrementar el poder

El esfuerzo por elaborar un lenguaje hermoso y llamativo hace posible que la belleza de la elocuencia funcione conjuntamente con la belleza de la verdad e incremente el poder de sus palabras. Cuando tenemos cuidado de crear un modo estético de hablar o de escribir acerca de algo hermoso, la elocuencia, que es la belleza de la forma, refleja y enaltece la belleza del tema, y con ello ensalza la verdad.

El *método* y el *tema* se vuelven uno, y la suma de ambos se convierte en un testimonio de la verdad y de la belleza del mensaje. Si la gloria de Cristo es nuestro tema permanente y supremo, y si Él creó todas las cosas y sustenta todas las cosas, armonizar la belleza de la forma con la belleza de la verdad es la manera más completa de honrarlo en la elaboración de nuestra predicación.

Otra manera de pensar acerca de esta unidad de la verdad y de la forma es la siguiente: si una persona ve y se deleita en la belleza del lenguaje que usted emplea, pero aún no ve la belleza del Señor Jesús, usted le ha dado a la persona no solo un testimonio de la belleza de Cristo sino una invitación. Usted ha dicho: "es parecido esto, solo que mejor. La belleza de mis palabras es la sombra. Cristo, quien creó y sustenta y quien en su misericordia acepta la belleza imperfecta, Él es la sustancia. Vuélvase a Él. Acuda a Él". Por supuesto, estoy dando por sentado que su objetivo sincero y en oración es que su lenguaje no lo exalte a usted sino a Cristo. Ese motivo importa para Dios. Y las personas van a discernir lo que está detrás de su uso del lenguaje.

La elocuencia por amor de su nombre

Sí, la predicación cristiana puede ser elocuente. No es el factor *decisivo* en la salvación ni en la santificación. Dios lo es. Pero la fe viene por el oír, y el oír la Palabra. La palabra en la Biblia es totalmente elocuente, las palabras están dispuestas de tal manera que producen un efecto poderoso. Y Dios nos invita a crear nuestras propias frases elocuentes por amor de *su* nombre, no por nosotros. Y en el misterio de su gracia soberana, Él se glorificará en los corazones de otros a pesar de, y a veces gracias a, las palabras que hemos escogido. De ese modo, Él nos guardará humildes y recibirá toda la gloria.

Elija palabras convincentes

El enfoque de la Parte 4 ha sido el uso de *los poderes naturales* del predicador en aras de la meta sobrenatural de la predicación: la adoración auténtica y sincera en la totalidad de la vida, para siempre. En el capítulo 8, argumenté que el pensamiento claro, la lógica, el uso correcto de la razón y el manejo respetuoso y honesto de las palabras son cruciales para predicar fielmente y amar a las personas. En este capítulo, sostuve que la renuncia de Pablo a las "palabras elocuentes" en 1 Corintios 1:17 no excluye el uso que hace el predicador de sus poderes naturales para escoger palabras según considere que ayudarán a cautivar la atención, esclarecer la verdad y reflejar la belleza (o la horrible pecaminosidad) de la realidad en el pasaje.

Al combinar las Partes 3 y 4, la imagen que obtenemos es que los propósitos de la predicación son sobrenaturales. Nuestro esfuerzo y nuestra oración buscan el milagro en los corazones de las personas a fin de que abandonen los "deleites temporales" del pecado y sean llenas de satisfacción en todo lo que Dios es para ellas en Jesús. Con ese fin, buscamos predicar en el poder del Espíritu Santo (Parte 3). Debemos experimentar el milagro que esperamos ver en nuestra congregación. La predicación *busca* la adoración y *es* adoración. Paradójicamente, buscamos la misma meta sobrenatural de la adoración empleando nuestros poderes naturales de pensamiento y de lenguaje, siempre dependiendo del Espíritu Santo (Parte 4).

La cuestión a la que nos dirigimos ahora en la Parte 5 es: ¿Cómo se manifiesta en realidad nuestra confianza en el Espíritu Santo y nuestro uso del pensamiento y del lenguaje en el acto de la predicación? La respuesta es que se manifiesta en la atención rigurosa al texto del pasaje bíblico en aras de una penetración radical en la realidad. De esto nos ocuparemos ahora.

PARTE 5

Atención rigurosa al texto en aras de una penetración radical en la realidad

Manifestar la conexión entre el texto y la realidad

10

Texto, realidad y sermón

Cómo establecer su clara conexión

El objetivo de la Parte 5 es argumentar que la predicación debe prestar una atención rigurosa a las palabras textuales del pasaje bíblico en aras de penetrarlas hasta llegar a la realidad que el pasaje intenta comunicar. Esa atención rigurosa debe darse no solo en la preparación para predicar sino también en la predicación misma. El objetivo es que las personas puedan ver las conexiones entre el texto y la realidad. Si no ven esto, la autoridad para creer la realidad se desviará del texto. Sin embargo, según Dios, solo el texto tiene autoridad divina. Las consecuencias de este desvío son trágicas para la vida de la iglesia y para su misión en el mundo.

El objetivo de la predicación se cumple mediante las palabras de la Escritura

En este capítulo intentaré esclarecer esta conexión entre el texto y la realidad y mostrar por qué es crucial que los predicadores ayuden a su congregación a verla. A fin de orientar este capítulo y el siguiente dentro del marco más amplio de este libro, recordemos que la meta final de la predicación es la misma meta de la Escritura: *que el valor y la belleza infinitos de Dios sean exaltados en la eterna y ferviente adoración de la esposa de Cristo, comprada por su sangre, de cada pueblo, lengua, tribu y nación.*[1] Con *adoración* no solo me refiero a lo que hacemos en los cultos de adoración, sino también a cada acto de la vida en esta era y en la venidera, que expresa el valor

1. Esto fue desarrollado y respaldado en John Piper, *La lectura sobrenatural de la Biblia: Ver y saborear la gloria de Dios en las Escrituras* (Grand Rapids, MI: Portavoz, 2018), Parte 1.

y la belleza de Dios como nuestro mayor tesoro. O podemos decir que el objetivo supremo de la predicación es que los oyentes vean y saboreen la belleza y el valor de Dios *por medio de la Escritura*, y que lo demuestren en toda su vida para siempre.

En esa última afirmación resalté "por medio de la Escritura" en la frase "que los oyentes vean y saboreen la belleza y el valor de Dios *por medio de la Escritura*". Esta es una frase trascendental. Ya he intentado argumentar que cuando Pablo dijo a Timoteo "que prediques *la palabra*" (2 Ti. 4:2), el vocablo "palabra" se refería nada menos que a toda la Escritura, que incluye el Antiguo y el Nuevo Testamentos.[2] El apóstol acaba de decir en 2 Ti 3:16: "*Toda la Escritura* es inspirada por Dios, y útil...". A esto se refiere, en general, cuando dice en la siguiente frase (4:2), "que prediques *la palabra*".

Al buscar la adoración de sus oyentes, que transforma la vida, la predicación aspira ser fiel a la Escritura. La predicación y la Escritura tienen la misma meta. Lo que las Escrituras tienen como objetivo lograr, la predicación también. Lo que las Escrituras aspiran revelar, la predicación aspira revelar. El supuesto es que la Escritura es inspirada por Dios y que por ende tiene como finalidad comunicar lo que necesitan los seres humanos, a fin de cumplir los propósitos de Dios por medio de la Escritura. La predicación que extrae de la Escritura su verdadero contenido se asocia con Dios para el cumplimiento de sus propósitos primordiales.

De ahí que la predicación sea expositiva. En el capítulo 3 cité la definición extendida de John Stott de exposición: "Exponer las Escrituras significa extraer del texto *lo que está allí y hacerlo visible*". En otras palabras, el contenido de la predicación es "lo que está allí". Pero, ¿qué está allí realmente? ¿Y dónde? ¿Son estructuras gramaticales? ¿Son ideas en la mente del autor? ¿Son sucesos históricos? ¿Es Dios? ¿Es gloria? ¿Son afectos humanos? Y ¿está *en* el texto, *detrás* del texto o *a través* del texto?

Puesto que "extraer del texto lo que está allí y hacerlo visible" es ambiguo, aclaré además a qué me refiero con exposición. Argumenté que, en su esencia, el contenido de la predicación no es el texto bíblico (aunque sigue siendo indispensable en todos sus detalles) sino *la realidad que el texto comunica*. Esto debe subrayarse para muchos predicadores que toman con seriedad el texto de la Escritura. De lo contrario, el predicador puede pensar que ha hecho una exposición cuando solamente ha explicado las estructuras gramaticales y contextuales, y los patrones. El predicador puede embelesarse

2. Véase cap. 3.

tanto con las estructuras lógicas y gramaticales en el contexto inmediato y puede sentirse tan cautivado por las macroestructuras canónicas de la "teología bíblica",[3] que piensa que ha hecho su exposición cuando apenas ha señalado estos aspectos. Y puede confundir su propia emoción estética, intelectual y teológica, al señalar estas cosas, con la *exultación* espiritual por la realidad divina que todo aquello intenta comunicar.

Por lo anterior, subrayo *el factor de realidad* en la tarea expositiva. Cuando Stott dice que el contenido del sermón es "la verdad bíblica", quiero asegurarme de que la palabra "verdad" hace referencia no solamente a proposiciones gramaticales e históricas, o a estructuras temáticas o lingüísticas, sino a *la realidad* que refiere. Así pues, si el texto dice "Dios es amor", el sermón "extrae y hace visible" la *realidad* de "Dios", la *realidad* de "amor" y la *realidad* de la relación entre Dios y amor expresada por la palabra *es*.

La esencia de la predicación: revelar la realidad

Supongamos que el predicador observa en su texto, por ejemplo 2 Corintios 6:16, donde Pablo denomina la iglesia "el templo del Dios viviente", y Dios promete: "Habitaré y andaré entre ellos, y seré su Dios, y ellos serán mi pueblo". Supongamos que él señala a la congregación que esto hace parte de una corriente antigua de revelación que comenzó en el huerto de Edén y que termina con una promesa similar de la presencia de Dios en los nuevos cielos y en la nueva tierra. Supongamos que consagra diez o quince minutos de su mensaje para mencionar cuatro o cinco ejemplos de esta corriente en otros apartes de la Biblia. Mi punto es el siguiente: tenga cuidado con pensar que todas estas observaciones acerca de las estructuras generales y patrones, acompañadas de una gran dosis de entusiasmo por su descubrimiento, constituye la esencia de la predicación. No lo es.

La esencia es el factor de realidad. ¿Qué realidad comunican estos textos, estas estructuras y estos patrones de comunicación? ¿Cuál es la naturaleza de la realidad? ¿Qué implicaciones tiene la realidad en las vidas de esta congregación? Deje que el entusiasmo se profundice. Que el entusiasmo penetre

---

3. Los amantes de la teología bíblica pueden sentirse señalados aquí. No es la idea. Su disciplina no es más ni menos susceptible a sufrir este problema que cualquier otro método micro o macro de búsqueda y descripción de significado en la Escritura, lo cual incluye los métodos que yo pudiera usar. Lo que quiero subrayar es que cualquier *palabra* o *idea* como por ejemplo *amor, reino, pacto, templo, gloria* o *Dios* puede producir emoción intelectual ya sea a través de los micro descubrimientos de cómo encajan en las oraciones o de los macro descubrimientos de cómo encajan en los patrones de teología bíblica. Aun así, esta emoción puede no ser una percepción espiritual de la realidad del amor, del reino, del pacto, del templo de la gloria ni de Dios.

más allá de las estructuras y la emoción del descubrimiento para alcanzar la realidad misma. O Él mismo.

No hace falta tener una vida espiritual para emocionarse con el descubrimiento de relaciones gramaticales, estructuras lingüísticas y patrones canónicos. Este placer es real y bueno. Pero no necesariamente viene del Espíritu, ni exalta a Cristo ni se centra en Dios. Tenemos en común esta clase de placer con el mundo caído. En cambio, solamente los ojos del entendimiento que da el Espíritu (Ef. 1:18) pueden ver y emocionarse ante la realidad comunicada por medio de los textos, la cual está centrada en Dios y exalta a Cristo. El objetivo de los predicadores no es llevar a las personas a emocionarse juntamente con la forma de las ventanas literarias, sino con la realidad vista *a través de* las ventanas. Buscamos llevar las mentes y los corazones de las personas al mundo glorioso a través de la ventana de las Escrituras. El objetivo de la predicación es que las personas experimenten la realidad impregnada de Dios que se percibe a través de la ventana de las palabras bíblicas. Cuídese de convertir las estructuras textuales (ya sean micro gramaticales o macro gramaticales) en el clímax de la predicación. Tenga presente siempre el llamamiento del *factor de realidad.*

Atención rigurosa a las palabras, penetración radical en la realidad

Lo que voy a tratar de aclarar y por lo que voy a abogar en este capítulo es que la exposición incluye una *atención rigurosa* a las palabras mismas del texto bíblico y también *una penetración* en la realidad que el texto intenta comunicar. El texto provee el camino para descubrir la realidad, de modo que no somos libres para inventar nuestra propia realidad y luego apropiarnos del texto para revestirla de autoridad. Si no podemos mostrar la realidad a través de las palabras del texto, no tenemos autoridad bíblica para la realidad.

Esto significa que cuando Pablo dice "que prediques la palabra" (2 Ti. 4:2), quiere decir: "Predica la palabra *en aras de la realidad que quiere comunicar*". Yo uso intencionalmente la palabra *comunicar* en lugar de *entender*. Para la mayoría de las personas, la palabra *entender* limitaría el propósito de la predicación a la comprensión de las *ideas* del autor. Pero cuando llamo a una *penetración radical en la realidad* que el texto intenta comunicar, aludo a algo mucho más amplio que entender ideas. Me refiero a percibir la realidad que dio origen a esas ideas. Y me refiero a las emociones que despierta la realidad que el autor quiere que no solo entendamos sino que experimentemos.

Cuando el apóstol Pablo dice "gozaos en el Señor" (Fil. 3:1), su intención es que a la vez *entendamos* sus palabras y *experimentemos* gozo. Por lo tanto, predicar este texto *en aras de la realidad que quiere comunicar* significa que la predicación busca materializar y despertar el gozo mediante la exposición de estas palabras. El factor de realidad impulsa al predicador a perseguir su objetivo final: que Dios se glorifique en que sus oyentes vivan aquello que los autores bíblicos se propusieron lograr, que en este caso es el gozo del Señor.

La atención rigurosa al texto en aras de la realidad

Mi presupuesto en este capítulo (que defendí y expliqué en *La lectura sobrenatural de la Biblia,* capítulo 20) es que la realidad que los autores bíblicos buscan comunicar no está escondida en lugares ocultos aparte de las palabras y frases del texto bíblico. Se percibe en y a través del manejo adecuado de esas palabras y frases. Cuando oramos para que Dios nos muestre su gloria en las Escrituras ("Abre mis ojos, y miraré las maravillas de tu ley", Sal. 119:18), no le pedimos que pase por alto las palabras mismas del texto. El salmista ora: "Permíteme contemplar las maravillas '*que salen de tu ley*' [*mitoratekha*]".

De igual manera, cuando 1 Samuel 3:21 nos dice: "Jehová se manifestó a Samuel en Silo *por la palabra de Jehová*", tomamos con seriedad la frase "por la palabra de Jehová". La realidad revelada es el Señor mismo. La predicación tendrá como finalidad que las personas perciban y reverencien esa realidad: el Señor mismo. Sin embargo, el Señor se revela "por la palabra de Jehová". Por lo tanto, el predicador presta atención a la Palabra, a las palabras mismas de la Escritura.

El predicador no es un vidente, médium o adivino. No es alguien que hace aparecer como por arte de magia una realidad divina que otros puedan ver al margen de las palabras de la Escritura. Su trabajo es "usar bien la palabra de verdad" (2 Ti. 2:15). El vínculo entre la realidad divina y los corazones de sus oyentes son los términos de la Escritura y el manejo de los mismos en el poder del Espíritu Santo.

Por consiguiente, en nuestra misión de penetrar radicalmente en la realidad que los autores bíblicos intentan comunicar, no oramos simplemente por el milagro de la luz sobrenatural, sino también por la ayuda de Dios para interpretar las palabras del texto. La realidad que debemos percibir y experimentar no se posa sobre el texto como una nube que ha de adivinarse de algún modo aparte de lo que escribieron los autores. El camino que conduce a ello es el manejo correcto de las palabras mismas del texto. Esto es cierto con respecto a lo que descubre en privado el predicador en su estudio y lo es también a su explicación pública en la predicación. El predicador descubre la realidad para su congregación señalando las palabras mismas de la Escritura y ayudándoles a ver cómo esas palabras encajan para revelar dicha realidad.

Una de mis mayores cargas en la predicación

Esta es una de mis mayores cargas tocantes a la predicación actual: que la predicación dirija a sus oyentes las palabras mismas de Dios en la Escritura. Hay muchos predicadores que se empeñan en hablar acerca de realidades bíblicas sin hacer evidente a su congregación las palabras exactas por medio de las cuales vemos las realidades ni cómo las palabras trabajan conjuntamente para aclarar esta realidad. Observe que no estoy lamentando que no se tome de los textos el contenido de la predicación. Ese es un problema aún más grave. Estoy hablando más bien de los predicadores que se esfuerzan por encontrar el contenido de su predicación en y por medio del texto de la Escritura, pero después, cuando predican, no ayudan a que las personas vean la conexión entre la realidad que anuncian y las palabras mismas del texto.

Yo me considero parte de una larga tradición de predicadores que hace hincapié no solo en que la realidad que predicamos debe proceder del texto bíblico sino que debe ser evidente para los oyentes que así es. Debemos mostrar a los oyentes cómo vimos lo que vimos a través del texto. Douglas Sweeney afirma que el teólogo holandés Peter Van Mastricht (1630-1706) era el "teólogo favorito" de Jonathan Edwards. Van Mastricht escribió un ensayo sobre la predicación a manera de apéndice de un libro que "Edwards valoraba más que cualquier otro, aparte de la Biblia". Se trata de la obra maestra de Van Mastricht, *Theoretico-practica Theologia*.

En el ensayo, Van Mastricht escribe que deben observarse dos cosas a la hora de tratar cualquier punto basado en la Escritura.

> 1. Que debe estar, con toda certeza, en el texto, o ser extraído del texto por deducción incuestionable, de modo que el predicador no diga cualquier palabra de Dios, sino la palabra específica que está en su texto con precisión. 2. *Que esto también debe ser evidente para el oyente, y la lógica de la deducción o consecuencia debe ser comunicada con una*

> *claridad tal que los oyentes no vacilen acerca de cuál doctrina está en el texto.*[4]

Yo solía pensar que fracasar en esto obedecía principalmente a un deseo por no sonar simplista o pedante. Tal vez algunos predicadores piensan que invitar a las personas a mirar junto con ellos las mismas palabras y frases del texto al tiempo que señalan sus puntos es algo académico o doctrinario.

> NOTA: Una breve nota explicativa que es demasiado importante para incluirse en las notas al pie de página: Soy consciente de que millones de cristianos alrededor del mundo no tienen Biblias impresas o en sus teléfonos móviles para usar en sus cultos de adoración. Algunos no las tienen porque son muy pobres, otros porque no pueden leer, otros porque no hay traducción de la Biblia disponible en su idioma, algunos porque se les ha enseñado a solo escuchar y no a leer sus propias Biblias. No estoy dando por hecho que podemos hacer una seria exposición, como sugiero, únicamente donde las personas tienen Biblias en la mano. Estoy dejando claro un principio: Muestre a las personas, *conforme le sea posible*, que su declaración de proclamar la realidad de la Palabra de Dios está, en efecto, respaldada por lo que la Biblia dice realmente. Esto se lleva a cabo de manera distinta en diferentes contextos, dependiendo de la disponibilidad de la Biblia. Pero es indispensable hacerlo porque la autoridad de nuestro mensaje reside en la Palabra de Dios, no en nosotros mismos.

Ahora, de vuelta al punto: al parecer, algunos predicadores piensan que invitar a las personas a buscar juntos las palabras y las frases del texto tiene matices de escuela y academia con una connotación aburrida, por lo que no despierta el entusiasmo ni fomenta la atención, mucho menos propicia la adoración.

Por otro lado, todos hemos oído la expresión *corrección de pruebas* usada en sentido peyorativo. La corrección de pruebas está proyectada para sugerir que el predicador es ingenuo en su uso de la Escritura y que no presta suficiente atención al contexto más amplio. Junto con el análisis, existe a

---

4. Citado de Douglas Sweeney, *Edwards the Exegete: Biblical Interpretation and Anglo-Protestant Culture on the Edge of the Enlightenment* (Nueva York: Oxford University Press, 2016), pp. 193-94; cursivas añadidas.

veces el presupuesto de que la Biblia no puede usarse tan exactamente como da a entender el pasaje bíblico en cuestión, sino solo como una colección de indicadores temáticos de ideas generales. Detrás de esa renuencia a ser explícito y específico en relación con el fundamento de nuestras ideas en la terminología misma de la Escritura, se esconde una pérdida de confianza en la Biblia misma. O una pérdida de confianza en que la Biblia realmente puede entenderse con autoridad y exactitud.

Dos problemas involuntarios

Digo que yo *solía* pensar que el problema era principalmente un deseo de no sonar pedante o simplista. Sin embargo, he llegado a comprender que este no es el único, o quizá no el principal problema entre los predicadores que creen en la Biblia. Esa explicación sobreentiende un esfuerzo demasiado tímido por *evitar* referirse al texto. No obstante, he visto que, por lo general, los predicadores que tengo en mente no hacen un esfuerzo consciente por evitar referirse a las palabras del texto a lo largo de su sermón. Antes bien, hacerlo sencillamente no es la tendencia natural, y tampoco los impulsa a hacerlo una firme convicción de que realmente importa. Se contentan con señalar sus puntos y esperan que sus oyentes deduzcan que los puntos surgen del texto, sin ellos brindarles la ayuda necesaria.

Este es un problema doble. Uno tiene que ver con *el don para enseñar.* El otro tiene que ver con *la convicción* acerca de la importancia de que las personas vean por sí mismas de dónde y cómo el predicador extrajo sus ideas de la realidad bíblica.

Cuando digo "el don para enseñar", me refiero a la capacidad intuitiva para discernir cómo las personas en la congregación siguen el razonamiento que usted presenta, y cómo ven en la Escritura lo que usted ve. Esto es al menos en parte lo que Pablo recomendaba cuando dijo que los ministros de la Palabra de Dios en medio de la congregación deben ser aptos para enseñar (*didaktikon*, 1 Ti. 3:2; 2 Ti. 2:24), y que la Palabra debe ser delegada a quienes sean "fieles", "idóneos" o "aptos" (*hikanoi esontai kai heterous didaxai*, 2 Ti. 2:2). Este "don para enseñar" que constituye una parte considerable de lo que es la predicación, incluye la capacidad para discernir cómo las personas captan lo que usted dice, si están sintonizados con lo que usted dice y qué puede hacer usted para ayudarles a ver lo que usted ve.

No todos los predicadores son igualmente aptos en este aspecto. Mi llamamiento aquí es a que todos oremos para recibir una mayor capacidad para ayudar a las personas a ver lo que nosotros vemos a través de los textos bíblicos. Muchos predicadores dan por hecho que las personas están sintonizadas con ellos, cuando en realidad están bastante confundidas con lo que oyen. El predicador declara una idea que ha encontrado en el texto, y él supone que las personas la escuchan y ven de dónde salió según el texto. Tal vez cree esto porque el texto fue leído al principio del mensaje, unos diez, quince o treinta minutos antes. Pero puedo garantizar a esos predicadores que las personas no recuerdan lo bastante bien el pasaje para saber cómo sacó usted esas conclusiones a partir de él.

A veces, el predicador mencionará incluso de cuál versículo bíblico proviene su idea, pero la referencia es tan vaga o breve, y el ritmo de la predicación es tal, que simplemente no es suficiente para que el oyente mire el versículo y, a la vez, entienda lo que el predicador está diciendo. Los oyentes se pierden tratando de ubicar las palabras del texto que sustentan el punto, mientras el predicador avanza en su presentación de las implicaciones del mismo.

Lo que deben pedir en oración los predicadores es el don de enseñar para percibir lo que está sucediendo. O mejor aún, para entender por qué sucede y, entonces, antes de que suceda, ayudar a los oyentes refiriendo de manera más específica y exacta las palabras mismas que esclarecen la idea y la hacen convincente. Y si usted piensa que esto supone un abordaje tipo conferencia de la predicación, le aseguro que no tiene que ser así. El tono de la predicación con el cual se le muestra a la congregación la expresión *por lo tanto* al principio de un versículo puede ser tan animado y vehemente como cualquier emoción que acompaña las generalizaciones imprecisas que nunca citan el texto.

El uso de ejemplos

Ya sea debido a la falta de aptitud pedagógica o a la convicción de su irrelevancia, existe una desconexión generalizada entre los puntos que presentan los predicadores y la comprensión de su congregación de esos puntos vistos en las palabras mismas de las Escrituras. Con la esperanza de ayudar a subsanar dicha desconexión, intentaré ilustrar en el capítulo siguiente la clase de predicación que tengo en mente. Daré tres ejemplos de cómo enfocarse en las palabras de la Escritura en aras de la realidad y de ayudar a las personas a ver la conexión.

11

Mostrar cómo brilla la realidad a través de las palabras del pasaje

Tres ejemplos

En el capítulo anterior sostuve que el predicador debe prestar atención rigurosa a las palabras literales de la Escritura, no por ellas mismas, sino en aras de penetrar a través de ellas hasta encontrar la realidad que esas palabras intentan comunicar. Las palabras son un medio indispensable para ver espiritualmente la gloria de la realidad. Pero la realidad es la meta. Sostuve que el objetivo de la predicación es mostrar esta conexión entre el texto y la realidad. La palabra clave fue *mostrar.* Las personas deben ver cómo el texto comunica la realidad. En caso contrario, la opinión del predicador reemplaza la autoridad del texto. La autoridad de la predicación reside en la correspondencia manifiesta entre el sermón y la Escritura. Aquí también la palabra clave es *manifestar.*

En este capítulo quiero ilustrar la clase de predicación que tengo en mente. Mi objetivo es ayudar a superar la desconexión entre el punto que señala un predicador y los términos del texto tal como lo ve la congregación. Lo que presento a continuación son tres ejemplos de cómo enfocarse en las palabras de la Escritura para encontrar la realidad y ayudar a las personas a ver la conexión.

Ejemplo 1: Mateo 7:7-12

> Pedid, y se os dará; buscad, y hallaréis; llamad, y se os abrirá. Porque todo aquel que pide, recibe; y el que busca, halla; y al que llama, se le abrirá. ¿Qué hombre hay de vosotros, que si su hijo le pide pan, le dará

> una piedra? ¿O si le pide un pescado, le dará una serpiente? Pues si vosotros, siendo malos, sabéis dar buenas dádivas a vuestros hijos, ¿cuánto más vuestro Padre que está en los cielos dará buenas cosas a los que le pidan? Así que, todas las cosas que queráis que los hombres hagan con vosotros, así también haced vosotros con ellos; porque esto es la ley y los profetas.

Suponga que está predicando acerca del sermón del Monte y que está muy emocionado por algo que vio durante la preparación de Mateo 7:7-12. Y suponga que su corazón rebosa de gozo por la promesa de Dios de responder a nuestras oraciones como un buen Padre, según los versículos 7-11 y el descubrimiento de que esta confianza gozosa es precisamente lo que nos da la libertad y el poder para obedecer el increíblemente difícil mandamiento del versículo 12 ("Así que todas las cosas que queráis que los hombres hagan con vosotros, así también haced vosotros con ellos"). Y suponga que usted medita en esta verdad durante cinco o diez minutos, dando ejemplos bíblicos y aplicaciones personales de cómo la promesa del cuidado paternal de Dios en responder la oración nos ayuda a tratar a otros del mismo modo que deseamos ser tratados.

A esto yo diría: ¡Maravilloso! Adelante. Sin embargo, toda la tesis queda en el aire; es decir, la tesis que expone que Jesús *realmente dijo* que la promesa de Dios de responder la oración es el fundamento y el poder para obedecer la regla de oro. Usted no tiene que mostrar a las personas *la palabra exacta* que deja esto completamente claro e imparte autoridad y poder a sus vidas. Usted ya ha declarado la verdad. La vio durante su preparación. Está realmente en el texto. Sin embargo, no ha ayudado a su congregación a ver lo que usted vio *en el texto*. Este es un problema grave, porque las personas quedan a tientas buscando alguna razón para creer lo que usted dice aparte del hecho de que usted lo ha dicho. ¿Quiere que ellas crean en virtud de *su* autoridad? ¿O porque ellas lo ven en *la Escritura*?

Muéstreles lo que realmente está ahí

Estoy proponiendo que el predicador ayude a las personas a ver la belleza de esta verdad a partir de las palabras mismas de Mateo 7:12, la verdad de que la promesa de Dios de cuidarnos por medio de la oración respondida constituye *el fundamento* de nuestra capacidad para cumplir la regla de oro. El versículo 12 empieza con un *así que* o *pues*. "¿Cuánto más vuestro Padre que está en los cielos dará buenas cosas a los que le pidan? *Así que* [=por lo tanto], todas las cosas que queráis que los hombres hagan con vosotros, así también haced vosotros con ellos".

¡Esto es lo que las personas deben ver! Es imperativo que lo vean. Toda la autoridad para su meditación, toda la garantía para su entusiasmo, dependen de ello. Usted no se lo está inventando. ¡Jesús realmente lo dijo! Esto es asombroso. ¡Es glorioso! Jesús dijo: "*Por cuanto* su Padre les da lo que necesitan en respuesta a la oración, *por lo tanto*… amen a los demás como quieren ser amados. Amen a los demás, sin importar lo que cueste, *porque* su Padre celestial está mucho más comprometido con darles lo que necesitan que lo que cualquier padre terrenal está comprometido con su hijo". ¡Esta realidad gloriosa y asombrosa está condensada en la expresión *así que* al comienzo del versículo 12! ¡Muéstrelo a la congregación! Asegúrese de que lo vean por sí mismos.

Cuando digo que las personas necesitan verlo, me refiero a que necesitan que usted se los muestre. Necesitan más que una lectura del texto al comienzo del sermón. Necesitan más que su afirmación de haber visto esta verdad en la expresión *así que*. Aun eso no basta, porque mientras usted sigue hablando acerca de las implicaciones del mensaje, las personas están en ese momento (eso espero) intentando verlo por sí mismas. Sin embargo, se pierden y confunden al intentar verlo mientras usted prosigue con su mensaje. Lo que ellos necesitan es que usted les *muestre* la palabra exacta que respalda su idea y le da sentido a su gozo.

Llévelos al texto y muéstreselo

Llévelos al versículo y señale la expresión *así que*. Pregúnteles si la ven. Pregúnteles si saben el significado de *así que*. Ilustre la manera como *así que* funciona en el lenguaje corriente. ("Mi padre me compró una caña de pescar y me enseñó a pescar cuando tenía siete años, *así que* desde entonces he sido muy aficionado a la pesca"). Ore por el don de enseñar para intuir si lo que a usted le resulta sencillo no lo es para los miembros de su congregación. Ellos necesitan la guía sabia y paciente para poder ver y para experimentar el mismo asombro suyo. Y *es* asombroso. Muéstreselo. *Muéstrelo.* De eso se trata la *exposición*. Y puede hacerlo con *exultación* frente a la realidad gloriosa del cuidado de Dios y de nuestro amor. ¡No será aburrido! Al pueblo de Dios le encanta ver estas cosas.

Así que (=por lo tanto) lo invito a no limitarse a decir lo que está en el texto y a no limitarse a decir *que* está en el texto, sino más bien a *mostrar* lo que está en el texto y *cómo* está en el texto. Le sugiero además que ore por una mayor habilidad intuitiva en la enseñanza que le permita entender cómo sus oyentes escuchan y piensan.

Ejemplo 2: Romanos 5:20—6:1

Nuestro segundo ejemplo que ilustra cuán importante es mostrar a los oyentes su punto partiendo de las palabras y estructuras mismas del texto es más complejo. Es un gran desafío para el predicador que algunas de las realidades más gloriosas son reveladas en los textos más complejos. Esto sin duda se aplica a algunos pasajes del libro de Romanos. Consideremos, por ejemplo, Romanos 5:20-6:1:

> Pero la ley se introdujo para que el pecado abundase; mas cuando el pecado abundó, sobreabundó la gracia; para que así como el pecado reinó para muerte, así también la gracia reine por la justicia para vida eterna mediante Jesucristo, Señor nuestro. ¿Qué, pues, diremos? ¿Perseveraremos en el pecado para que la gracia abunde?

Supongamos que en su mensaje usted ha llegado al punto del pasaje donde desea aclarar lo que Pablo quiere decir con "la gracia reine *por la justicia* para vida eterna". Usted ya ha señalado el poder *majestuoso* de la gracia (implícito en la palabra *reine*) que excede al reino de la muerte. Usted ha mostrado que este reino de gracia nos traerá con toda certeza vida eterna.

Ahora usted lanza la pregunta a su congregación: ¿Qué quiso decir Pablo con sus palabras "por la justicia"? Usted los anima a pensar en ello dado que el apóstol, por inspiración, nos dio esta frase porque quiere que sepamos *cómo* la gracia reina para darnos vida eterna. No basta con saber *que* la gracia nos llevará triunfantes a la vida eterna. Pablo quiere que sepamos *cómo*. Por eso dice que esto sucede "por la justicia". Saber esto es provechoso para nosotros. Es bueno para nuestros matrimonios. Es bueno para nuestra soltería. Es bueno para nuestra actitud en el trabajo. Es bueno para enfrentar la enfermedad. Es bueno para nuestros hijos. Es bueno para nuestra perseverancia en la fe hacia el final de la vida. Dios no desperdicia palabras. Él quiere que veamos *cómo* la gracia reina para llevarnos a vida eterna.

¿Qué significa "justicia"?

Al llegar aquí, usted le sugiere a su congregación dos posibles significados de "justicia". Una es la justicia que Cristo logró mediante su obediencia y muerte, el "don de la justicia" que menciona Romanos 5:17, la justicia de Cristo que nos es imputada por medio de la fe. Y usted aclara cuán diferente es de la justicia que llevamos a cabo por nuestras buenas obras.

Luego, usted explica que algunos intérpretes consideran que la justicia del versículo 21 es precisamente la justicia que *nosotros* llevamos a cabo. No se trata de legalismo, ni de justicia propia, sino del fruto del Espíritu Santo. Usted explica que no es un pretexto. Pablo insta en otro pasaje a los cristianos a ser "llenos de frutos de justicia que son por medio de Jesucristo, para gloria y alabanza de Dios" (Fil. 1:1). Usted pone en claro que quienes lo ven de esa manera están de acuerdo con que es un "*don* de justicia", no la justicia que Cristo *consideró* como nuestra, sino la justicia que Cristo *obra en nosotros* por el Espíritu. No obstante, en cualquier caso se trata de un don gratuito.

Luego retrocede y aclara, de la manera más definida y positiva posible, las dos opciones:

1. La gracia reina para conducirnos a la vida eterna. ¿Cómo? "Por la justicia". Esto significa: *la gracia considera la justicia de Cristo como nuestra* y, de ese modo, nos guarda en el favor de Dios por causa de Cristo, hasta que somos perfectos en la vida eterna.
2. La gracia reina para conducirnos a la vida eterna. ¿Cómo? "Por la justicia". Esto significa: *la gracia produce en nosotros las actitudes correctas y las conductas correctas* y, de ese modo, garantiza para nosotros y en nosotros "la santidad, sin la cual nadie verá al Señor" (He. 12:14), y así nos conduce de manera segura a la vida eterna.

¿Qué hace usted a partir de ese momento? Muchos predicadores recurren a normas doctrinales como una confesión eclesial, una tradición protestante, algún teólogo notable u otros pasajes bíblicos para resolver la cuestión. Puede que intenten plantearlo como un conflicto entre doctrina correcta o incorrecta o entre ortodoxia y herejía. Pero eso no va a funcionar, porque *ambas* interpretaciones de cómo sucede la salvación son ciertas. La gracia en efecto considera la justicia de Cristo como nuestra. Y la gracia efectivamente produce en nosotros la conducta justa. Y ambas son necesarias para la vida eterna, aun cuando no lo sean de la misma forma. No obstante, solo una de estas interpretaciones es lo que Pablo tiene en mente en *este* pasaje. Esa es la cuestión.

No tome ventaja de su autoridad. Haga el trabajo difícil: muéstreselo. No se atreva a tomar ventaja de su autoridad. No se atreva a decirle a su congregación: "Esta es mi idea" para proseguir su mensaje como si fuera cierto solo porque usted lo dice. No. Usted debe *mostrar* aquello que es cierto, cuál de estas interpretaciones es la que Pablo tenía en mente. Así que usted dice: "Leamos el siguiente versículo para ver si arroja luz sobre este asunto".

Usted señala la objeción que alguien expresó tocante al versículo 21. Alguien dice: "Pues bien, si la gracia nos conduce a la vida eterna por medio de la justicia, ¡pequemos todos para que la gracia abunde!". Pablo trata esta objeción en Romanos 6:1: "¿Qué, pues, diremos? ¿Perseveraremos en el pecado para que la gracia abunde?". (Haga una pausa. Verifique. ¿Vieron ellos el versículo 1? ¿Ven la objeción que presenta?).

Entonces usted lanza esta pregunta: "Cuando el objetor lanzó su protesta ('Si la gracia nos conduce a la vida eterna por medio de la justicia, ¡pequemos todos para que la gracia abunde!'), ¿a qué significado de *justicia* se refiere para que su objeción tenga sentido?". Usted admite delante de su congregación que esto es complicado, y les pide que se mantengan atentos y lo acompañen a pensar conforme a lo que quiere decir Pablo. Aquí es donde el don de enseñar (que los predicador deberían tener, 1 Ti. 3:2; 2 Ti. 2:2, 24) se vuelve tan crucial. ¿Cómo puede usted ayudar a sus oyentes a seguir su razonamiento a partir del texto? Usted debe encontrar una manera. Usted se esforzará al máximo en su preparación para lograrlo.

Usted opta por decir: "Tratemos de aplicar los dos significados de justicia a la objeción para ver cuál es convincente". Con toda seguridad, Pablo no plantearía una objeción que no es más que un pretexto, que carece de verosimilitud y que nadie jamás planteó. Veamos: ¿Cuál objeción planteó el objetor?

1. "Si la gracia nos conduce a la vida eterna por medio de la justicia [*imputada*] [*de la obediencia de Cristo, no la nuestra*], ¡pequemos todos para que la gracia abunde!".
2. "Si la gracia nos conduce a la vida eterna por medio de la [*fructificación real de nuestra propia*] justicia, ¡pequemos todos para que la gracia abunde!".

Usted hace otra pausa. Y les pregunta: "¿Tiene sentido la segunda opción?". Usted responde: "No, simplemente no tiene sentido". Equivale a afirmar: Si la gracia obra en nosotros para hacernos justos y guardarnos del pecado, entonces pequemos todos. Eso no tiene sentido. ¿Pequemos porque Pablo acaba de mostrar que la gracia nos guarda de pecar? En otras palabras, la objeción de Romanos 6:1 simplemente nunca se le hubiera ocurrido a alguien que considera la justicia del versículo 21 como una victoria sobre el pecado que otorga el Espíritu. Nadie diría: "Si la gracia nos guarda de pecar, pequemos todos para que la gracia abunde". Pero si la gracia significa considerar la justicia *de Cristo* como nuestra, entonces alguien podría en efecto objetar: "Pues bien, pequemos todos para que la gracia abunde".

Tome ahora todo ese razonamiento y demuestre que importa

Entonces usted concluye (respire hondo, ¿su audiencia todavía lo escucha?), a la luz de lo anterior, que con toda seguridad lo que lo que Pablo quiso decir en Romanos 5:21 es que la gracia reina *por medio de la justicia de Cristo imputada* para llevarnos a la vida eterna. Este es el significado que tiene sentido a partir de su línea de pensamiento desde el versículo 5:21 al 6:1. Y luego usted dedica el resto del mensaje a profundizar en la *realidad* de esta justicia imputada, la *realidad* de la gracia, la *realidad* de cómo la justicia de Cristo se relaciona con el poder de la gracia, la *realidad* de la vida eterna y los *aspectos reales* de nuestra vida que se ven afectados profundamente por estas *realidades* extraordinarias.

Mi punto aquí no es convencerlo acerca de una visión particular de la justificación. Mi punto es que la predicación *presta atención rigurosa a las palabras mismas y a las cláusulas del texto* como una forma de penetrar en la realidad que el texto comunica. El predicador solo tiene un punto de acceso definitivo a las realidades de importancia infinita que son Cristo, la gracia, la justicia y la vida eterna, y son las palabras inspiradas de Dios en la Escritura. Este es el mismo acceso que tiene nuestra congregación. El predicador no toma el lugar de la Escritura. El predicador ayuda a las personas a ver la realidad que la Escritura intenta comunicar. El trabajo del predicador consiste en ayudar a su congregación a ver y a saborear la belleza y el valor de estas realidades *por medio de la Escritura.*

Soy consciente de que esta clase de predicación será tan radicalmente diferente de lo que muchas iglesias están acostumbradas, que el predicador necesitará una gran dosis de paciencia, mucha sabiduría y una gran aptitud pedagógica para retener el máximo de oyentes posible. Pero si su corazón rebosa de gozo por el valor eterno y práctico de lo que ha visto y de lo que está mostrando, aquellos que conocen la voz del Maestro (Jn. 10:4) se unirán a él en la dicha de oír al fin "la voz" que resuena con claridad y poder en el púlpito.

Ejemplo 3: Job 1—2

Suponga que han pasado varios meses desde que la nación experimentó un gran terremoto seguido de un ataque terrorista. Cientos de personas murieron en los edificios colapsados durante el terremoto y como resultado del posterior bombardeo terrorista. Las semanas de luto han dado paso a serios cuestionamientos bíblicos y teológicos. Durante ese tiempo usted, el predicador, ha dado ejemplo a las personas de lo que significa llorar con los que lloran (Ro. 12:15). Sin embargo, ahora su iglesia necesita una palabra de su pastor acerca del papel que juega Dios en esos desastres.

Usted elige como texto los primeros dos capítulos de Job. Ha estudiado Job durante años. Ha predicado acerca de esto antes. Sabe hacia dónde se dirige el pasaje. A pesar de eso, dedica muchas horas a meditar y a escuchar una palabra fresca del texto. Sabe a partir de experiencias pasadas que una de las maneras más comunes de eludir lo que enseña este libro es decir que la confianza de Job en la soberanía de Dios a lo largo de su sufrimiento es equivocada. En otras palabras, algunos dicen que las afirmaciones de Job de la soberanía de Dios en estas tragedias no es la verdad que el autor inspirado desea que creamos, no más de lo que merezca creerse la teología fallida de los tres amigos de Job. Job sencillamente está equivocado, dicen. No repitan junto con él: "El Señor quitó".

En su predicación, usted puede reconocer con un interés sincero y pastoral que algunas personas consideran que la experiencia de Job y lo que enseña el libro resulta doloroso e incluso ofensivo. Usted se muestra paciente frente a esa respuesta porque es consciente de que personalmente luchó con la soberanía de Dios cuando estaba en la veintena. No obstante, usted le recuerda a sus oyentes que a lo largo de los años, muchas personas de esa congregación (hablo aquí de mi propia experiencia) han encontrado precisamente en la bondad y la soberanía de Dios la roca que necesitaban frente a la tragedia, para guardarlos de hundirse en un mar de sinsentido.

La asombrosa confianza y adoración de Job

Usted consagra la primera parte de la exposición a reconstruir la situación expuesta en los capítulos 1 y 2. Dios. Satanás. La pérdida de las propiedades y los hijos de Job. Usted lee apartes clave de cada capítulo conforme expone lo que sucedió. En seguida, llama su atención sobre las dos respuestas de Job a las oleadas de tragedia que le sobrevinieron. Se asegura de que cada persona que tiene una Biblia lea junto con usted las palabras mismas que está a punto de examinar. Para aquellos que no tienen una Biblia, usted les indica que escuchen con mucho cuidado porque va a citar las palabras textuales de Job.

Usted les señala por última vez el pasaje en cuestión (Job 1:20-22). Luego lo lee, la respuesta de Job frente a la muerte de sus hijos:

> Entonces Job se levantó, y rasgó su manto, y rasuró su cabeza, y se postró en tierra y *adoró*, y dijo: Desnudo salí del vientre de mi madre, y desnudo volveré allá. *Jehová dio, y Jehová quitó; sea el nombre de Jehová bendito*. En todo esto no pecó Job, ni atribuyó a Dios despropósito alguno.

Entonces usted vuelve y les pide que miren cuidadosamente las palabras exactas. Usted dice: "Observen el final del versículo 20". Hace una pausa para dejar que sus ojos lo ubiquen. No da por sentado que recuerdan lo que usted acaba de leer, lo cual es un error que cometen muchos pastores. Usted les muestra de nuevo: "Al final del versículo 20, ¿dice que Job hizo qué? Adoró".

En seguida, en la segunda parte del versículo 21 (creo que referirse a "primera parte" y "segunda parte" del versículo es mejor que decir "versículo 21a" o "versículo 21b", lo cual suena demasiado académico), leemos lo que hay exactamente en el alma de Job cuando adora (usted hace una pausa para asegurarse de que los oyentes lo acompañan en la segunda parte del versículo 21): "Jehová dio, y Jehová quitó; sea el nombre de Jehová bendito". Entonces usted reformula lo que es obvio, porque es contrario a lo esperado. Usted dice: "En otras palabras: 'Dios me quitó mis diez hijos'". Y entonces se extiende: "Job atribuyó a Dios el control soberano del viento que derrumbó la casa y que provocó la muerte de sus hijos. Luego, en vez de expresar enojo contra el Señor, Job dice [al final del versículo 21, pausa]: 'Sea el nombre de Jehová bendito'".

Usted podría añadir algo más en ese momento. Sin embargo, puede que convenga hacer una pausa solemne. Es probable que muchos de sus oyentes se pregunten en ese momento a cuáles pérdidas que han experimentado podría aplicarse esto. Entonces usted podría decir: "Antes de aplicar esto a nuestra vida, terminemos de escuchar a Job, pasando a Job 2:9-10".

Mientras la congregación busca el pasaje, usted les recuerda que Job sufría entonces también a causa de una sarna maligna. Esta es la segunda oleada de infortunios que Satanás ha negociado. De hecho, usted les dice: "Antes de que leamos las palabras de Job en el versículo 10, notemos que, sin importar cuál haya sido el papel de Satanás en la muerte de los hijos de Job, el texto deja claro que Satanás era en efecto el causante de esa repugnante sarna. El versículo 7 [haga una pausa, permítales verlo]: 'Entonces salió Satanás de la presencia de Jehová, e hirió a Job con una sarna maligna desde la planta del pie hasta la coronilla de la cabeza'. De modo que sabemos que esta sarna provenía de Satanás".

Segunda oleada de sufrimiento

Ahora usted dice: "Veamos el versículo 9 [haga una pausa]. La esposa de Job dice: '¿Aún retienes tu integridad? Maldice a Dios, y muérete'. Las calamidades de Job no solo incluyen la pérdida de propiedad, de los hijos y de la salud, sino también la pérdida del apoyo de su esposa. ¿Qué dirá él? Esto es lo que dice. Observen el versículo 10 [haga una pausa]: 'Como suele hablar cualquiera de las mujeres fatuas, has hablado. ¿Qué? ¿Recibiremos de Dios el bien, y el mal no lo recibiremos?'".

A continuación usted dice: "Observen dos cosas. Primero, Job dice que la sugerencia de su esposa de maldecir a Dios es la forma como habla una mujer *fatua*. Puede parecer razonable. Sin embargo, maldecir a Dios por cuenta de nuestras miserias es *fatuidad*". En segundo lugar, usted dice: "Observen la razón por la cual es fatuidad maldecir a Dios. No es porque Él no tenga parte en las desgracias. ¿Por qué, pues, es necedad enojarse con Dios? Job responde formulando una pregunta retórica, una pregunta sin respuesta que él supone nosotros responderemos de algún modo. Él pregunta: '¿Recibiremos de Dios el bien, y el mal no lo recibiremos?' Él supone que vamos a responder: 'Sí, recibiremos el mal (lo cual, en este contexto por lo menos, significa *desgracia* y *aflicción*) de la mano del Señor".

¿Qué quiere el autor que creamos?

En ese momento, usted retrocede y pregunta: "¿Quiere el autor de este libro inspirado que nosotros creamos que Job nos enseña una manera correcta y piadosa de responder frente a nuestros sufrimientos? ¿O quiere el autor que veamos las respuestas de Job como equivocadas e incluso pecaminosas?".

Quiero subrayar aquí cuán definitivo es en la predicación dar ejemplo de cómo formular bien una pregunta y cómo responderla. Usted puede estar seguro de que su congregación, en silencio, se plantea todas las preguntas difíciles que usted se planteó mientras estudiaba su texto. Con el tiempo, las personas se pueden desanimar mucho cuando el pastor no responde las preguntas que surgen de manera inevitable durante la lectura del texto del sermón. Por otro lado, se complacen mucho cuando el pastor contempla las preguntas que ellos tienen y plantea las mismas preguntas, además de mostrarles cómo responderlas a partir del texto. Es una gran tragedia cuando las personas aprenden del ejemplo del predicador que las preguntas difíciles no están permitidas en la iglesia.

A las personas les resulta profundamente satisfactorio cuando un pastor pregunta y responde sus inquietudes con un buen razonamiento basado en las palabras mismas del texto. Y así debería ser. Dios les dio una mente. Su mente piensa formulando preguntas e intentando responderlas. En eso consiste en gran medida el acto de pensar. A menos que hayan llevado sus mentes al adormecimiento por cientos de sermones que no preguntan ni responden preguntas que suscita el texto, sus oyentes tendrán una gran cantidad de preguntas que surgen a medida que leen el texto. Nuestro trabajo consiste en discernir cuáles son las preguntas más importantes que precisan una respuesta y mostrar a la congregación, mediante nuestra exposición, cómo responderlas *a partir del texto*.

Ahora usted dice a sus oyentes que cree que Job expresa una respuesta piadosa frente al sufrimiento y les dice que va a mostrarles dos razones que, según el texto de Job, justifican su convicción. Créame, las personas desean saber cuáles son sus razones.

Dos razones que justifican una respuesta piadosa en Job según el texto

En primer lugar, usted dirige su atención hacia Job 1:22 y lee: "En todo esto no pecó Job con sus labios". En otras palabras, cuando Job dijo: "El Señor [me] quitó [mis hijos]" (v. 21), no estaba culpando a Dios de algo "malo". Usted señala que estas *no* son las palabras de Job. Estas son las palabras del escritor inspirado de este libro, el cual responde exactamente nuestra pregunta: ¿Debemos considerar las palabras de Job como una respuesta piadosa frente al sufrimiento? Sí, según él, deberíamos hacerlo.

En seguida, usted procede de igual modo con Job 2:10. Pide a su congregación que lea el final del versículo 10. Usted dice: "Job acababa de decir: '¿Recibiremos de Dios el bien, y el mal no recibiremos?'". (Haga una pausa). Entonces lee: "En todo esto no pecó Job con sus labios". El escritor inspirado quiere que comprendamos que no es pecado creer y decir que todas las cosas proceden de la mano de Dios, tanto buenas como malas, es decir, tanto placenteras como dolorosas. Tanto el deleite como el desastre.

Luego, usted dice: "Mencionaré un pasaje más en Job que deja claro cómo el autor inspirado ve los sufrimientos de Job". Usted pide a su congregación que busque Job 42:11. Les da tiempo. Muchos recordarán que las vicisitudes de Job dan un giro positivo y que Dios restaura su riqueza y su salud, además de darle más hijos. No obstante, es posible que los oyentes hayan pasado por alto un pequeño comentario del autor. Entonces usted lee el versículo 11: "Y vinieron a él todos sus hermanos y todas sus hermanas, y todos los que antes le habían conocido, y comieron con él pan en su casa, y se condolieron de él, y le consolaron de *todo aquel mal que Jehová había traído sobre él*".

Aquí no es Job quien habla. Es el autor inspirado. Usted dirige la atención de sus oyentes a la última parte del versículo 11. Usted dice las palabras lentamente: "*todo aquel mal que Jehová había traído sobre él*". Y hace una pausa. Esto es tan evidente que no hace falta emplear un lenguaje hostil o despectivo contra quienes lo niegan. Usted deja que el texto haga su trabajo.

Del texto a la realidad

A continuación, usted recapitula y sintetiza su respuesta a la pregunta más amplia. "¿Nos enseña este libro que Dios tiene el control soberano del sufrimiento en nuestra vida y de aquello que lo causa? Sí, así es. Aun si Satanás es real y tiene parte en nuestra desgracia, lo cual es cierto, él no tiene el control absoluto. Dios sí lo tiene. Y Él es sabio y bueno. Y nosotros debemos decir junto con Job, frente a cualquier pérdida y sufrimiento: 'Sea el nombre de Jehová bendito'".

Entonces usted prosigue con el resto del mensaje para tratar esta realidad. Usted no lo deja como si fueran ideas que se enseñan en un libro antiguo. Usted aprovecha al máximo todo este análisis riguroso del texto. Lo utiliza de tal modo que penetra la *realidad* del sufrimiento y la soberanía divina, la realidad en esta iglesia y en esta nación particular. Cita ejemplos y usa ilustraciones para dejar que todo esto sea claro y comprensible en las vidas, las familias y los corazones de su congregación. Algunos oirán y abandonarán su iglesia. Otros oirán y llorarán de gozo porque nada en sus vidas es aleatorio ni carece de sentido o propósito en el plan soberano y paternal de Dios.

Usted no va a hablar acerca de la soberanía de Dios como si fuera una simple idea teológica o una inferencia textual. Todo su semblante revelará una exultación personal, sufrida y gozosa en la bondad, la sabiduría y la absoluta soberanía de Dios. No va a desestimar el sufrimiento de su congregación, ni de la nación. Antes bien, se gloriará en el hecho de que la bondad, la gracia y la soberanía de Dios son la única esperanza para encontrar ayuda y sentido cuando la vida entera se derrumba.

> Su pacto y sangre eficaz,
> En el diluvio me alzarán;
> *Si se desploma todo aquí*
> *Me aferro a Cristo mi mástil.* [1]

La predicación a la que me opongo

La idea con estos tres ejemplos de predicación ha sido mostrar cómo y por qué la predicación no solo debería encontrar la realidad comunicada a través del texto, sino también mostrar a la congregación que está ahí realmente permitiéndoles verla en las palabras del texto. La exposición incluye la *atención rigurosa* a las palabras exactas del texto bíblico como un medio para *penetrar radicalmente* la realidad que el texto se propone comunicar.

Yo me opongo a un tipo de predicación generalizado que se basa en la Biblia pero no está saturado de Biblia. Me opongo a la lectura de un texto seguida de una predicación que presenta sus puntos, a veces excelentes y fieles al texto, sin mostrar a las personas las palabras y las frases exactas de las cuales han sido extraídos. Me opongo a la predicación que no es capaz de ayudar a las personas a ver *cómo* el texto nos lleva efectivamente a la realidad vital.

¿Por qué predicar así?

¿Cuáles son las razones subyacentes para creer que el predicador debería mostrar a la congregación con las palabras exactas del texto cómo pueden ver por sí mismos la realidad que él anuncia? Presentaré solo dos razones.

1. La correspondencia palpable entre el sermón y la Escritura

Primero, la autoridad de la predicación reside en la correspondencia palpable entre lo que el predicador trata de comunicar con sus palabras y lo que los autores bíblicos tratan de comunicar por medio de las palabras inspiradas de

1. William Bradbury, "Mi esperanza firme está", consultada en https://www.hymnal.net/en/hymn/hs/%20142?type=a&loop=4&delay=20.

la Escritura. La palabra clave es *palpable*. La correspondencia entre los puntos del sermón y el significado de las palabras de la Escritura deberían *verse*.

Un predicador al que no le interesa si su congregación cree lo que dice acerca de los asuntos más vitales en el mundo es un charlatán. No hace más que entretenerse con juegos del lenguaje en uno de los lugares más sagrados del mundo. Doy por hecho que la mayoría de los predicadores que creen que la Biblia es la Palabra de Dios no son charlatanes. Es decir, que toman con absoluta seriedad el llamado a decir aquello que las personas deberían creer. Quieren que las personas les crean. Esperan que sus oyentes crean lo que ellos dicen.

Mi primer sermón en Bethlehem

La base para esta impresionante expectativa es la inspiración divina y la completa veracidad de la Escritura.[2] El predicador cristiano tiene como objetivo hablar la Palabra de Dios. Su intención es que le crean porque habla lo que Dios quiere decir. En el primer sermón que prediqué como pastor en la Bethlehem Baptist Church, a los treinta y cuatro años, dije:

> La fuente de autoridad en este púlpito no es… mi sabiduría, ni una revelación privada que he recibido más allá de la revelación de la Escritura. Mis palabras tienen autoridad solo en la medida en que repiten, revelan y aplican apropiadamente las palabras de la Escritura. Tengo autoridad solo cuando yo mismo estoy bajo autoridad… Mi profunda convicción acerca de la predicación es que un pastor debe mostrar a la congregación que aquello que dice ya ha sido dicho o está implícito en la Biblia. Si no puede mostrarse, no tiene autoridad particular.
>
> Mi corazón se duele por el pastor que aumenta su propia carga tratando de inventar ideas para predicar a su congregación. En cuanto a mí, no tengo nada de valor permanente para decirles. Pero Dios sí. Y de esa palabra, espero y oro porque yo nunca me canse de hablar. La vida de la iglesia depende de ello.

Díganos lo que Dios tiene para decir

Yo cité a W.A. Criswell (1909-2002), quien pastoreó la First Baptist Church en Dallas durante cuarenta años. Dije entonces, y lo creo hoy, que sus pala-

---

2. Yo expliqué cómo podemos saber que la Biblia es completamente cierta, en John Piper, *Una gloria peculiar: Cómo las Escrituras revelan su completa veracidad* (Grand Rapids, MI: Editorial Portavoz, 2017).

bras son una amonestación para los pastores que considero completamente acertada y que es para mí un gran desafío:

> Cuando un hombre va a la iglesia, a menudo oye a un predicador en el púlpito comentar todo lo que ha leído en las editoriales, los periódicos y las revistas. El domingo oye lo mismo una y otra vez en los comentarios televisivos, bosteza, sale y juega al golf. Cuando un hombre viene a la iglesia, lo que en realidad le dice a usted es: "Predicador, yo ya sé lo que el comentarista de televisión tiene para decir; lo oigo todos los días; lo oigo cada día. Sé lo que el redactor de editoriales tiene para decir; lo leo cada día. Sé lo que las revistas tienen para decir; las leo cada semana. Predicador, lo que yo quiere saber es: ¿Tiene Dios algo para decir? Si Dios tiene algo para decir, díganos qué es".[3]

Esto significa que si la predicación es afirmar que el predicador tiene autoridad para que otros crean lo que dice, esto tiene que corresponder con lo que enseña la Escritura. Pero esta es la situación. El deseo del predicador cristiano no es que la confianza que las personas depositan en la Escritura se transfiera al predicador. Él quiere que crean lo que él dice. Él quiere tener autoridad en ese sentido. Pero él quiere que la autoridad permanezca en la Escritura, no en él y en sus palabras.

Esto supone, por lo tanto, que el mensaje no solo debe corresponder al significado de la Escritura sino también *mostrar* que así es. La autoridad de la predicación reside en la correspondencia *palpable* entre lo que el predicador intenta comunicar con sus palabras y lo que los autores bíblicos tratan de comunicar por medio de las palabras inspiradas de la Escritura. Si no fuera así, ¿con qué fundamento creerían las personas que el significado del sermón es el mismo significado de la Biblia? Puede que lo descubran por sí mismos sin ayuda del predicador. Sin embargo, ¿por qué desearía el predicador hacer difícil para la congregación ver la correspondencia?

¿Por qué no hay más predicadores que muestren el significado a partir de la Escritura?

Me parece que fallar en *mostrar* a las personas que el significado del sermón está ahí en el texto bíblico se debe probablemente a incompetencia, pereza

---

3. W. A. Criswell, *Why I Preach That the Bible Is Literally True*, Library of Baptist Classics (Nashville, TN: B&H, 1995).

o arrogancia. *Arrogancia* por pretender que sus palabras tienen suficiente autoridad por sí mismas. *Pereza* porque se requiere un arduo trabajo no solo para ver lo que el texto quiere decir sino también para construir explicaciones convincentes que muestren que el texto bíblico encierra, en efecto, ese significado. *Incompetencia* porque el predicador simplemente carece de la habilidad para mostrar cómo el significado del mensaje realmente corresponde con el significado de la Escritura. Estos son rasgos que el predicador no debería tener.

Efectos trágicos a largo plazo en la iglesia

La tragedia que ocurre con el tiempo en una iglesia donde el predicador no presta atención rigurosa a las palabras de la Escritura para ayudar a las personas a penetrar en la realidad que comunica, es que la Palabra de Dios deja de ejercer su poder y las personas pierden su interés en las Escrituras. Cuando esto sucede, todo en la iglesia deja de ser una orientación gozosa en las Escrituras. Las personas dejan de guiarse por la Biblia. Sin la saturación de las Escrituras, se vuelven más y más susceptibles a los vientos de falsas enseñanzas y, de manera más sutil, al condicionamiento de una sociedad incrédula. Sus expectativas se vuelven mundanas y presionan al liderazgo de la iglesia a hacer más y más concesiones para complacer a las personas no espirituales. El predicador puede preguntarse cuál es el problema, pero no tiene que buscar muy lejos. Él no ha valorado la Palabra de Dios lo suficiente para tomar sus realidades gloriosas como el contenido de su mensaje, ni para mostrar a la vez a su congregación cómo pueden ver estas realidades por sí mismos en las palabras exactas del texto y emocionarse.

Esa es la primera razón por la cual estoy convencido de que el predicador debería mostrar a su congregación, a partir de las palabras exactas del texto, cómo pueden ver por sí mismos la realidad que él anuncia. Esto mantiene la autoridad de la Escritura como el fundamento palpable de todo lo que se predica.

2. La Escritura es Palabra de Dios para despertar la fe

La segunda razón por la cual un predicador debería mostrar a las personas a partir de las palabras mismas del texto cómo pueden ver por sí mismas la realidad que él está anunciando, es que la predicación busca despertar y fortalecer la fe en Cristo. Esto es algo que las Escrituras mismas están diseñadas para lograr con mayor eficacia que cualquier mensaje humano que silencia sus palabras y su significado.

La esencia de la fe salvadora es ver la belleza suprema de Cristo en el evangelio, aceptarlo como Salvador y Señor y como el mayor tesoro en el universo. Digo esto porque, entre otras razones, esto está implícito en 2 Corintios 4:4: "en los cuales el dios de este siglo cegó el entendimiento de los incrédulos, para que no les resplandezca la luz del evangelio de la gloria de Cristo, el cual es la imagen de Dios". Hay una *luz* espiritual que brilla a través del evangelio y es la luz de *la gloria de Cristo*. Satanás impide que los incrédulos la vean. Por eso no pueden creer. Es la luz y la gloria de Cristo lo que una persona debe ver a fin de que crea y sea salva. Y se ve con los ojos del entendimiento (Ef. 1:18) cuando el Espíritu Santo quita el velo de nuestra mente (2 Co. 3:16).

La pregunta decisiva y crucial que deben responder los predicadores es esta: ¿Cómo predicaré para convertirme en un instrumento de ese milagro? ¿Cómo predicaré para despertar la fe mediante la visión de la gloria de Cristo? Mi respuesta es que Dios ha dado a la Iglesia un libro divinamente inspirado, el cual es *la consumación de la demostración de Dios de la belleza y el valor de Cristo*. Es el cuadro completo que Dios ha plasmado de la gloria de su Hijo, el significado de su obra desde la eternidad y hasta la eternidad, y de sus implicaciones para la vida humana. Este cuadro divino de Cristo es el medio que Dios ha dispuesto para generar la fe salvadora. Las palabras de Dios son el mejor medio para mostrar la gloria de Dios.

Por lo tanto, la predicación que esperamos que Dios use para generar fe salvadora excluye la posibilidad de que un predicador cree un retrato más convincente de la gloria de Cristo al tiempo que margina o silencia el retrato de la Escritura en las palabras de la Escritura. Antes bien, el objetivo del predicador será dirigir la atención de las personas a las palabras de las Escrituras y, por medio de ellas, revelar la realidad de la gloria de todo lo que Dios es para nosotros en Jesús. La Escritura es la palabra divina donde la gloria brilla. Nuestro objetivo es centrar la atención de la congregación en esa palabra, de tal modo que vean la gloria por sí mismos. Y crean.

Muestre la conexión entre el texto y la realidad

He sostenido en la Parte 5 que el objetivo de la predicación es mostrar la conexión entre el texto y la realidad. La palabra clave ha sido *mostrar*. Nuestro objetivo es que las personas vean por sí mismas cómo el texto comunica la realidad. De lo contrario, el texto inspirado deja de esclarecer y verificar la realidad. Las personas quedan entonces a la deriva y tienen que buscar en otras fuentes un fundamento sólido para su fe. La predicación busca ayudar a las personas a enfocar de tal modo su atención en las palabras del texto, que *por medio del texto* pueden ver la realidad que el autor intenta comunicar.

La pregunta que esto suscita ahora es: ¿Cuál es esa realidad? ¿Basta con decir que "predique la realidad que el autor bíblico intenta comunicar"? La Parte 6 explica por qué esto no es suficiente.

PARTE 6

¿Qué realidad debemos predicar?

Tres énfasis dominantes de toda exultación expositiva

12

Predicar a la luz de la visión global del autor acerca de la realidad

El objetivo de la Parte 5 era argumentar que la predicación debería intentar penetrar *a través del texto* hasta llegar a la realidad que busca comunicar, y ayudar a la congregación mediante la exposición a experimentar la medida de realidad que el autor inspirado tenía en mente. Argumenté que penetrar *a través del texto* significa que nos proponemos revelar esta realidad mediante la atención rigurosa a los términos exactos del texto bíblico. Es decir, buscamos no solo que aquello que proclamamos se base en las palabras de los textos bíblicos, sino que también nuestros oyentes lo vean por sí mismos. La predicación extrae de los textos la realidad comunicada y guía a la congregación para mostrarles cómo llegar allí. El tema de la Parte 6 consiste ahora en responder a la pregunta: ¿Cuál realidad?

Una respuesta insuficiente

No basta con responder: La realidad que predicamos es la realidad que el autor bíblico trata de comunicar por medio del texto. No es insuficiente porque no sea cierto. De hecho, es maravillosamente cierto. Gloriosamente cierto. En efecto, mi oración es que cada predicador se proponga esto como meta: Explicar y exultar ante la realidad que los autores bíblicos intentan comunicar en sus escritos por medio de una atención rigurosa a las palabras del texto. La insuficiencia de esta respuesta no se debe a que sea falsa. Es insuficiente porque es demasiado general y deja sin respuesta muchas preguntas cruciales que el predicador debe responder acerca del alcance de esta realidad y de cómo proclamarla.

Ver el texto a la luz de su visión más amplia de la realidad

A fin de saber cuál realidad intenta comunicar un autor bíblico, tenemos que conocer no solo las intenciones inmediatas que él deja claras en el texto, sino también la visión global de la realidad que gobierna la manera como el autor piensa acerca de todo. Voy a plantear que el manejo de la realidad de la mayoría de los textos bíblicos como lo aprobaría el autor, exige que conozcamos mejor su visión de la vida de lo que está explícito en el texto específico del sermón. La única razón por la cual digo que esto es cierto respecto a "la mayoría de los textos bíblicos", en lugar de "todo texto bíblico", es porque el predicador podría decidir predicar sobre un texto tan amplio (por ejemplo, un libro entero de la Biblia) que todo lo que necesitamos saber acerca de la visión del autor acerca de la realidad está contenida en el texto. Sin embargo, por regla general, ese no es el caso. La mayoría de las veces, el autor espera que manejemos su comunicación inmediata a la luz de otras creencias cruciales que no son explícitas en ese texto en particular.

Todos escribimos y hablamos de esa manera. De hecho, es imposible no hacerlo. Usted no puede hacer explícito en cada frase todo lo que es relevante para una comprensión total de esa frase. Tampoco pueden hacerlo los autores de la Escritura. Cuando sostenemos una conversación o escribimos un correo electrónico, hay frases explícitas *y* hay otras cosas que inferimos que nuestro amigo sabe acerca de nosotros. Si yo le escribo a mi hijo y le digo: "¡Vive para lo más grande!", yo doy por hecho que él entiende lo que quiero decir: "Vive para la gloria de Dios". Sin embargo, yo no lo expresé en esos términos. Si él ha de conocer esa parte de mi intención, debe saberla aparte del texto inmediato. De hecho, yo estoy dando por sentado que él conoce mi intención. Y cuando él lee con esto en mente, habrá entendido correctamente mi intención *en el texto*.

Lo mismo sucede con la mayoría de textos bíblicos que los predicadores usan en sus sermones. Están las partes inmediatas, destacadas y explícitas de la intención del autor; por otro lado, hay partes más amplias que se sobreentienden y que debemos extraer de otros apartes del autor o de otros autores confiables que comparten su visión de la realidad. Estas "partes más amplias" pueden ser reveladas por el autor en las frases próximas a nuestro pasaje, ya sea a unos capítulos de distancia o en otros libros de su autoría. O, ya que creemos en la unidad esencial de las Escrituras,[1] podemos apren-

1. Para consultar el fundamento de mi convicción a este respecto, como está implícito en la inspiración divina de la Escritura, ver John Piper, *Una gloria peculiar: Cómo las Escrituras revelan su completa veracidad* (Grand Rapids, MI: Editorial Portavoz, 2017).

der acerca de las implicaciones necesarias o las dimensiones implícitas del sentido de un autor a partir de otros autores de la Escritura.[2]

Mi postre favorito

Para ilustrar ese último punto acerca de aprender de otros autores, supongamos que usted me ha escrito para preguntarme cuál es el postre que me gustaría para mi cumpleaños, y yo he respondido: "Me gustaría mi favorito". Supongamos que usted luego llamó a mi esposa para preguntarle cuál es mi postre favorito. Si en mi cumpleaños usted me sirve un Butterfinger Blizzard, yo diría que usted interpretó correctamente *mi texto*, aunque el texto no decía nada acerca de un Butterfinger Blizzard. En otras palabras, hay aspectos de la intención del autor que a veces no están incluidos de manera explícita en las palabras mismas que usted lee, pero que usted necesita conocer a fin de interpretarlo correctamente. Y usted puede descubrirlos en otros pasajes de la Escritura, especialmente en otros escritos del mismo autor.

Predicación sobre la hospitalidad

Supongamos que usted está predicando sobre Romanos y llega al mandato: "practicando la hospitalidad" (Ro. 12:13). Usted cree que a la iglesia le aprovecharía un mensaje sobre la práctica de la hospitalidad cristiana, no solo porque usted percibe una deficiencia en la congregación (y quizá en usted mismo) y un individualismo en la sociedad en general, sino también porque usted observa que Jesús concede una gran importancia a la acogida de los forasteros (Mt. 25:25), Hebreos manda a la iglesia practicar la hospitalidad (He. 13:2), Pedro ordena a la iglesia hacerlo (1 P. 4:9) y los ancianos tienen el deber particular de brindarla (1 Ti. 3:2; Tit. 1:8).

El contexto inmediato de Romanos 12:13 no brinda explicaciones explícitas de la hospitalidad. El mandato hace parte de una lista:

> El amor sea sin fingimiento. Aborreced lo malo, seguid lo bueno. Amaos los unos a los otros con amor fraternal; en cuanto a honra, prefiriéndoos los unos a los otros. En lo que requiere diligencia, no perezosos; fervientes en espíritu, sirviendo al Señor; gozosos en la esperanza; sufridos en la

2. Puede consultar mi análisis de las "implicaciones necesarias" de la intención de un autor como parte del significado de un autor en John Piper, *La lectura sobrenatural de la Biblia: Ver y saborear la gloria de Dios en las Escrituras* (Grand Rapids, MI: Editorial Portavoz, 2018), p. 318. La sección relevante se titula "¿Puede un autor querer decir más de lo que está consciente?"

> tribulación; constantes en la oración; compartiendo para las necesidades de los santos; *practicando la hospitalidad*. Bendecid a los que os persiguen; bendecid, y no maldigáis (Ro. 12:9-14).

¿Qué debemos hacer? Mi punto en este capítulo es que no podemos manejar la realidad de la hospitalidad, como lo aprobaría Pablo, si no tenemos en cuenta su visión más amplia y global de la realidad. ¿Qué incluiría esta visión más amplia y global en el caso del apóstol Pablo? ¿Qué ha dicho Pablo que pueda definir la manera como usted predica acerca del deber cristiano de la hospitalidad?

El contexto más amplio de la hospitalidad

He aquí algunos ejemplos de lo que Pablo ha dicho y que delinea cómo usted predica sobre la hospitalidad y cómo ayuda usted a sus oyentes a obedecer el mandato de ser hospitalarios.

1. Practiquen la hospitalidad *porque Dios no escatimó a su propio Hijo*.

> El que no escatimó ni a su propio Hijo, sino que lo entregó por todos nosotros, ¿cómo no nos dará también con él todas las cosas? (Ro. 8:32)

2. Practiquen la hospitalidad *por la gracia de Dios*.

> Pero por la gracia de Dios soy lo que soy; y su gracia no ha sido en vano para conmigo, antes he trabajado más que todos ellos; pero no yo, sino la gracia de Dios conmigo (1 Co. 15:10).

3. Practiquen la hospitalidad *como Cristo los ha recibido*.

> Por tanto, recibíos los unos a los otros, como también Cristo nos recibió, para gloria de Dios (Ro. 15:7).

4. Practiquen la hospitalidad *como muertos al pecado y vivos para Dios en Cristo*.

> Así también vosotros consideraos muertos al pecado, pero vivos para Dios en Cristo Jesús, Señor nuestro (Ro. 6:11).

5. Practiquen la hospitalidad *mirando la gloria de Jesús*.

Por tanto, nosotros todos, mirando a cara descubierta como en un espejo la gloria del Señor, somos transformados de gloria en gloria en la misma imagen, como por el Espíritu del Señor (2 Co. 3:18).

6. Practiquen la hospitalidad *como una nueva creación en Cristo.*

De modo que si alguno está en Cristo, nueva criatura es; las cosas viejas pasaron; he aquí todas son hechas nuevas (2 Co. 5:17)

7. Practiquen la hospitalidad *en el Espíritu.*

Andad en el Espíritu (Gá. 5:16).

8. Practiquen la hospitalidad *con acción de gracias.*

Dad gracias en todo, porque ésta es la voluntad de Dios para con nosotros en Cristo Jesús (1 Ts. 5:18).

9. Practiquen la hospitalidad *con oración.*

Orad sin cesar (1 Ts. 5:17).

10. Practiquen la hospitalidad *por la fe.*

Porque por fe andamos, no por vista (2 Co. 5:7).

Ya no vivo yo, mas vive Cristo en mí; y lo que ahora vivo en la carne, lo vivo en la fe del Hijo de Dios, el cual me amó y se entregó a sí mismo por mí (Gá. 2:20).

11. Practiquen la hospitalidad *sin estar afanosos.*

Por nada estéis afanosos, sino sean conocidas vuestras peticiones delante de Dios en toda oración y ruego, con acción de gracias (Fil. 4:6).

12. Practiquen la hospitalidad *con gozo.*

Estad siempre gozosos (1 Ts. 5:16).

13. Practiquen la hospitalidad *sin murmuraciones.*

Haced todo sin murmuraciones y contiendas (Fil. 2:14).

14. Practiquen la hospitalidad *como un acto de amor.*

> Todas vuestras cosas sean hechas con amor (1 Co. 16:14).

15. Practiquen la hospitalidad *como un acto de adoración espiritual.*

> Os ruego por las misericordias de Dios, que presentéis vuestros cuerpos en sacrificio vivo, santo, agradable a Dios, que es vuestro culto racional (Ro. 12:1)

16. Practiquen la hospitalidad *como hijos de Dios amados que imitan a su Padre celestial.*

> Sed, pues, imitadores de Dios como hijos amados (Ef. 5:1).

17. Practiquen la hospitalidad *en el nombre del Señor Jesús.*

> Y todo lo que hacéis, sea de palabra o de hecho, hacedlo todo en el nombre del Señor Jesús (Col. 3:17).

18. Practiquen la hospitalidad *para la gloria de Dios.*

> Si, pues, coméis o bebéis, o hacéis otra cosa, hacedlo todo para la gloria de Dios (1 Co. 10:31).

Por regla general, el predicador debe manejar más de un contexto: los contextos distantes que forman su visión de la visión más amplia que tiene Pablo de la realidad, y el contexto más cercano aquí en Romanos 12:13, que constituye el texto inmediato de la predicación. El predicador debe prestar atención a ambos contextos cuando cita algo que Pablo dijo en *otro* pasaje y lo aplica al *texto particular* del sermón. Se puede hacer un uso inadecuado de un pasaje al aplicarlo a otro. Sin embargo, lo que hice al escoger los dieciocho pasajes que acabo de citar es mirar declaraciones que eran lo bastante amplias para *incluir necesariamente* la práctica de la hospitalidad.

"Todo" incluye la hospitalidad

No hay nada arbitrario en afirmar que Pablo *quiere* que nosotros practiquemos la hospitalidad partiendo del sacrificio de Dios de su Hijo, si Dios en su gracia nos da "*todas* las cosas" sobre la base de su sacrificio (Ro. 8:32). No hay hada arbitrario en afirmar que Pablo *quiere* que nosotros practiquemos la hospitalidad con gratitud, si él nos dice que demos gracias en *toda* circunstancia (1 Ts. 5:18); o practicar la hospitalidad con oración, cuando él nos manda orar *sin cesar* (1 Ts. 5:17); o hacerlo con fe, si *toda la vida* debemos vivirla por la fe (Gá. 2:20); o hacerlo sin murmuraciones ni afanes, si él nos dice que hagamos *todo* sin murmuraciones (Fil. 2:14) y sin afanarnos (Fil. 4:6); o hacerlo con amor y gozo, si él nos dice que hagamos *todas las cosas* con amor (1 Co. 16:14) y gozo (Fil. 4:4); o hacerlo en el nombre del Señor Jesús y para la gloria de Dios, si él nos exhorta a *hacer todo* en el nombre de Jesús (Col. 3:17), y a *hacerlo todo* para la gloria de Dios (1 Co. 10:31).

La visión global de Pablo acerca de la realidad que da forma al sermón

Lo que hacen todos estos textos (y otros cientos) es informarnos acerca de la visión global que tiene Pablo de la realidad y cómo vivir a la luz de esa realidad. Pablo cree en Dios. Él cree en el pecado y en la necesidad del sacrificio de su Hijo para que las personas que son culpables puedan recibir la gracia (Ro. 8:32). Él cree que la gracia de Dios otorga tanto el perdón de pecado como el poder para vivir de manera piadosa (1 Co. 15:10). Él cree que Cristo nos acepta aún antes de que seamos dignos de ello (Ro. 15:17) y que en nuestra unión con Él nosotros morimos al pecado (Ro. 6:11). Él cree que como nuevas criaturas que han pasado de muerte a vida (2 Co. 5:17), ahora somos transformados mirando la gloria de Cristo como nuestro supremo tesoro (2 Co. 3:18).

Pablo cree que este cambio, al igual que todo lo que hacemos como cristianos, es una obra del Espíritu Santo (Gá. 5:16), y que cuando oramos a Dios (1 Ts. 5:17) con gratitud (1 Ts. 5:18) y fe (2 Co. 5:7), el Espíritu quita nuestro afán (Fil. 4:6), nos llena de gozo (Fil. 4:4), vence nuestra inclinación a murmurar (Fil. 2:14) y nos libera para llevar a cabo actos humildes de amor (1 Co. 16:14), como la hospitalidad. Pablo cree que estos actos de amor, hechos por la fe y en el poder del Espíritu, son actos genuinos de adoración (Ro. 12:2) que reflejan el carácter de nuestro Padre celestial (Ef. 5:1), embellecen el nombre de Jesús (Col. 3:17) y glorifican a Dios (1 Co. 10:31).

De modo que preguntamos de nuevo: Cuando el predicador se propone anunciar la *realidad* que el autor bíblico intenta comunicar por medio del texto (como pienso que debería), ¿qué realidad tiene en mente el predicador? En relación con Romanos 12:13 ("practicando la hospitalidad"), ¿qué va a proclamar el predicador? Probablemente esto incluirá la naturaleza, el fundamento, la meta y los medios de esta hospitalidad. Pero todo eso (todo lo que es verdaderamente cristiano y verdaderamente importante acerca de la hospitalidad) lo dirá el predicador partiendo de la visión más amplia de Pablo de la realidad. Y aprenderá esto prestando atención al contexto inmediato y, en este caso específico, a los contextos más o menos distantes de los escritos de Pablo.

Pablo quiere que veamos las mismas palabras a la luz de la visión más amplia

Owen Barfield, un amigo de C. S. Lewis, dijo una vez acerca de Lewis: "En cierto modo, lo que Lewis pensaba acerca de todo estaba presente implícitamente en lo que decía acerca de cualquier cosa".[3] Entre más ciertos y coherentes son los pensamientos de una persona, más exacta es esa afirmación acerca de ella. Los escritos bíblicos son las expresiones inspiradas por Dios de los verdaderos pensamientos de los autores. ¿Cuánto más debería entonces decirse de ellos que "lo que ellos pensaban acerca de todo estaba presente implícitamente en lo que decían acerca de cualquier cosa"? Esto realmente importa en la predicación. Conocer la visión más amplia que el autor tiene de la realidad guiará al predicador en el manejo de textos particulares que no contradicen la intención del autor.

Estoy dando por hecho que a Pablo le desagradaría que citáramos su mandato de practicar la hospitalidad fuera del contexto de su visión global de la realidad, y que además la usemos para respaldar una visión contraria a la suya. A él le desagradaría que lo usemos como parte de una "campaña de costumbres y modales" secular, o si lo añadimos como parte de una cruzada ecuménica para mostrar cómo los hindúes, los musulmanes y los cristianos pueden todos vivir de igual forma porque todos practican la hospitalidad; o si la utilizamos para respaldar un culto legalista que nos enseñó a ganarnos la salvación por medio de buenas obras. En otras palabras, lo que sugiero es que Pablo *quiere* que veamos todas estas exhortaciones y observaciones particulares a la luz de su visión global de la realidad.

Sin la visión global distorsionamos el texto

De modo que no basta con decir (por cierto que sea) que la meta de la pre-

---

3. Owen Barfield, "Preface", en *The Taste of the Pineapple*, ed. Bruce L. Edwards (Bowling Green, OH: Popular Press, 1988), p. 2.

dicación de Romanos 12:13 ("practicando la hospitalidad") es proclamar *la realidad que el autor bíblico trata de comunicar por medio del texto.* El alcance de la realidad que informa este mandato particular es muy amplio. Lo que Pablo quiere que tengamos en cuenta a la hora de obedecer y anunciar el mandato de ser hospitalarios es más amplio que la mera función de abrir nuestra casa a otros. De hecho, la ejecución meticulosa de esa práctica puede contradecir profundamente la intención de Pablo. No hacerlo por la fe, no hacerlo en el Espíritu, no hacerlo en el nombre de Jesús, no hacerlo para la gloria de Dios, todo esto puede revelar, a los ojos de Pablo, la incapacidad de ver, de saborear y de manifestar las realidades más importantes. No sería fiel a su intención.

Dos errores que deben evitarse

¿Qué realidad deberíamos predicar cuando tenemos frente a nosotros un texto demarcado y específico? Esta es pues la pregunta que debemos ver cómo responder. Antes de indagar la respuesta, permítame advertir acerca de dos errores comunes que se cometen en la predicación de un texto como: "practicando la hospitalidad".

El primer error es: ¡Hágalo y ya!

El segundo error es: Usted no puede hacerlo, pero Cristo lo hizo perfectamente, así que deje de hacerlo a su manera y hágalo como Él, y disfrute la justificación por la imputación de la justicia.

1. Predicación moralista

El primer error (¡Hágalo y ya!) minimiza la visión más amplia y global de Pablo acerca de *cómo* y *por qué* hacerlo. Aborda la hospitalidad en términos limitados y moralistas sin hacer referencia alguna a sus profundas *raíces* en la gracia, en Cristo y en la fe, ni a sus *ramificaciones* en la gloria de Dios. "Hágalo y ya" podría parecer útil a algunos predicadores que piensan que la hospitalidad podría aportar una mejoría a nuestras relaciones con el mundo, granjearnos puntos con Dios, volver la iglesia más amigable para atraer a más personas, inculcar algunas virtudes de amabilidad y generosidad o traer algunas recompensas inesperadas si usted resulta hospedando a alguien adinerado. Esto no es una predicación fiel. Pasa por alto la visión más amplia de Pablo de la realidad: la gracia, Cristo, el Espíritu, el gozo y la gloria de Dios.

2. Predicación doctrinal reduccionista

El segundo error ("Usted no puede hacerlo, pero Cristo lo hizo perfectamente, así que deje de hacerlo a su manera y hágalo como Él ,y disfrute la justificación por la imputación de la justicia") minimiza la seriedad del mandato, desvía la atención de la verdadera necesidad del imperativo, conduce a un tipo de predicación que simplifica en exceso la urgencia y la complejidad de la obediencia cristiana, y convierte cada sermón en un crescendo soteriológico predecible que entrena a las personas a dejar de prestar atención y a buscar la salida. Silencia las riquezas específicas del texto adelantándose con aplicaciones improcedentes de sana doctrina.

Ambos errores silencian el texto

Ambos errores, cada uno a su manera, buscan silenciar lo que Pablo intenta comunicar. El primer error silencia la realidad del texto mediante un moralismo vacío. El segundo error silencia la realidad forzando al texto a acomodarse a una ortodoxia mal utilizada. Para despejar cualquier duda, la justificación por la fe basada solamente en la justicia imputada de Cristo y nada más es una verdad gloriosa y preciosa. Pero Pablo no la usa de tal modo que menoscaba la urgencia de la obediencia práctica.

Pablo no abraza una superposición artificial de ley y evangelio que trata cada imperativo como una forma de demostrar que la incapacidad humana se resuelve únicamente minimizando la obediencia y maximizando la imputación divina. Como Pablo escribe a las iglesias, él aborda sus imperativos como obligaciones reales que deben obedecerse *porque* están justificadas, *porque* somos amados por Dios, *porque* tenemos el Espíritu Santo, *porque* la gracia es un poder transformativo, no un simple perdón, y *porque* la fe que justifica obra por el amor. Así que la doctrina de la justificación es relevante, ¡infinitamente relevante! Pero no de una manera que minimice la preocupación real e inmediata tocante a la hospitalidad cristiana práctica.

Preocupaciones teológicas

Mi preocupación con estos dos tipos de error en la predicación es tanto teológica como homilética. Las preocupaciones teológicas son las más serias. Sin embargo, las homiléticas pueden ser trágicas. Teológicamente, ambos errores ponen en riesgo la salvación. El error moralista (¡Hágalo y ya!) no conduce a la salvación, porque el comportamiento moral reemplaza el evangelio de Cristo crucificado y resucitado por los pecadores. Además, anula el único poder que haría aceptable el comportamiento moral delante de Dios, a saber, el poder del Espíritu Santo recibido por la fe en las promesas de Dios compradas por sangre.

El segundo error ("Usted no puede hacerlo, pero Cristo lo hizo perfectamente, así que deje de hacerlo a su manera y hágalo como Él, y disfrute la justificación por la imputación de la justicia") pone en peligro la salvación porque da a las personas la impresión de que la fe sin obras está *viva* y que realmente puede salvar (lo cual es contrario a Stg. 2:17). Hace hincapié en la obediencia de Cristo como un *sustituto* de la nuestra, en lugar de mostrar que esta es una *facultad autónoma* nuestra. De ese modo, se inclina al error de Romanos 6:1: "¿Qué, pues, diremos? ¿Perseveraremos en el pecado para que la gracia abunde?". Deja a las personas completamente incapaces de entender que existe una "santidad, sin la cual nadie verá al Señor" (He. 12:14; también Gá. 5:21; 1 Co. 6:9), la cual es real y práctica. Me temo que el día del juicio final quienes oyeron al Señor Jesús decir: "No todo el que me dice: Señor, Señor, entrará en el reino de los cielos... Nunca os conocí; apartaos de mí, hacedores de maldad" (Mt. 7:21, 23) maldecirán esta forma de predicar.

Preocupaciones homiléticas

Mis preocupaciones homiléticas son que la primera clase de predicación (¡Hágalo y ya!) condiciona a las personas a no ver lo que está realmente en la Biblia. Reduce la Biblia a un manual de buenas costumbres y modales que tiene el respaldo de Dios. Hace a un lado el evangelio. Como resultado, esos predicadores no llevan cargas pero, como Jesús dijo, "atan cargas pesadas y difíciles de llevar, y las ponen sobre los hombros de los hombres; pero ellos ni con un dedo quieren moverlas" (Mt. 23:4). Por lo tanto, su predicación conduce a la desesperanza o al orgullo. La gracia está ausente como fundamento. La gloria de Dios no existe como meta. La predicación se encoge para convertirse en una charla motivacional para el pensamiento positivo. Por consiguiente, la predicación deja de ser una *exultación* expositiva. Ya no es parte de la adoración.

Mis preocupaciones homiléticas acerca de la segunda forma de predicación ("Usted no puede hacerlo, pero Cristo lo hizo perfectamente, así que deje de hacerlo a su manera y hágalo como Él, y disfrute la justificación por la imputación de la justicia") son que simplemente no toma con seriedad las palabras mismas del texto y, por tanto, enseña a la congregación malos hábitos de cómo leer la Biblia. Está controlada por un sistema teológico que, en vez de iluminar las riquezas que encierra el texto, estropean su descubrimiento. Hay algunas convicciones teológicas generales que nublan los detalles de un texto y otras que nos mueven a profundizar en los detalles (trataré este asunto en los capítulos 13-18). Por último, esta clase de predicación tiene el efecto lamentable de apagar la esperanza de descubrimiento de una congregación, porque en lugar de encontrar detalles novedosos en el texto, repite una y otra vez un "descubrimiento" monótono de la doctrina de la justificación por la fe aparte de las obras. El resultado trágico es que, en nombre de la predicación de Cristo, una de las verdades más gloriosas en el mundo se vuelve ordinaria.

¿Cómo debe el predicador escoger en la amplitud de la visión de un autor?

La pregunta que intentamos responder en este capítulo es: ¿Qué realidad debemos anunciar los predicadores cuando hacemos nuestra exposición del texto tratado? Dijimos que no basta con responder: "Proclamar la realidad que el autor bíblico intenta comunicar por medio del texto". La razón por la cual esto es insuficiente no es que porque no sea cierto, sino porque es demasiado general. No deja claro que casi todo texto de sermón exige que sepamos algo de la visión más amplia y global del autor acerca de la realidad, a fin de abordar la revelación limitada de la realidad en el texto. Tan pronto reconocemos esto, queda la pregunta: *¿Qué aspectos de esa visión más amplia debería incluir en mi sermón?*

El alcance de la visión bíblica más amplia del autor es tan grande y tan multifacético que el predicador no puede anunciarlo en un solo sermón, sino que debe escoger. En el ejemplo que cité acerca de la predicación de Romanos 12:13 ("practicando la hospitalidad"), cité dieciocho aspectos de la visión global que tiene Pablo de la realidad y que determina la forma como él quiere que los creyentes sean hospitalarios. Hay mucho más de dieciocho. ¿Cómo debe decidir un predicador cuáles aspectos de la visión de Pablo acerca de la realidad deberían definir este sermón particular sobre la hospitalidad?

Tres preguntas esclarecedoras

Voy a recomendar tres planteamientos para responder esa pregunta. O dicho de otra manera, voy a sugerir tres preguntas que arrojen luz sobre cómo el predicador decide qué aspectos de la intención del autor va a anunciar. (1) ¿Cuál es la meta final del autor bíblico en el texto del sermón? (2) ¿Cómo se relaciona el texto con Jesucristo y su obra salvadora? (3) ¿Cuál es el camino de vida que conduce a la salvación final en lugar de la destrucción?

Estas tres preguntas corresponden a las tres personas de la Trinidad, porque la respuesta a la primera se enfocará principalmente en la gloria de Dios Padre, la respuesta a la segunda en la obra salvadora de Dios Hijo y la respuesta a la tercera en la vivencia en poder de la obra de Cristo por medio de Dios Espíritu Santo. Lo que vamos a encontrar es que las respuestas a estas tres preguntas están todas entrelazadas. Es decir, si las respondemos correctamente, cada respuesta incluirá las respuestas a las otras dos.

Conforme expongo por qué estas tres preguntas son útiles bíblicamente para guiar al predicador, usaré los escritos del apóstol Pablo a manera de ilustración. ¿Cuáles son las respuestas de Pablo a estas tres preguntas y cómo nos ayudan a predicar a partir de sus escritos y del resto de la Escritura? Los capítulos 13 al 18 abordan estas tres preguntas, una a una.

13

La exultación expositiva y la gloria de Dios, primera parte

Como la meta suprema de todas las cosas

Lo que vimos en el capítulo 12 es que los autores bíblicos quieren que contemplemos su visión global de la realidad cuando interpretamos y aplicamos sus textos particulares. Por consiguiente, el predicador enfrenta siempre la pregunta: ¿Qué proporción y qué partes de la visión general del autor debería incluirse en un sermón sobre un texto determinado?

Sugerí tres preguntas que consideré arrojaban luz sobre cómo un predicador decide qué aspectos de la intención del autor va a anunciar: (1) ¿Cuál es el objetivo final del autor bíblico en el texto del sermón? (2) ¿Cómo se relaciona el texto con Jesucristo y su obra salvadora? (3) ¿Cuál es el tipo de vida que conduce a la salvación final en lugar de llevar a la destrucción? En este capítulo abordaremos la primera pregunta.

¿Cuál es la meta final del autor bíblico?

Al decir "meta final" me refiero a la meta que *todas* las otras metas buscan alcanzar. Puede que exista una cadena de causa y efecto que tiene diez mil eslabones, pero el último eslabón después del cual no queda ningún otra meta más elevada constituye la "meta final", aquella que el autor se propone que conduzca todo lo demás. La razón por la cual planteo siquiera esta pregunta acerca de la meta final es que los autores bíblicos escriben de esta forma, en especial Pablo (que usa 246 veces la palabra griega *hina*, "a fin de", la cual significa por lo general "propósito para alcanzar una meta). Cientos de veces, los autores bíblicos nos animan a través de su lenguaje a tomar nota de los propósitos que conducen a la meta y, por último, a la meta final.

La gloria de Dios es la meta final

En efecto, los autores bíblicos señalan *la gloria de Dios* como la meta final de todas las cosas con tal vehemencia que hace décadas, al comienzo de mi vida de predicador, llegué a la conclusión de que ningún texto bíblico se distorsiona cuando afirmamos que parte de la intención del autor es ayudarnos a disfrutar y manifestar la gloria de Dios. Si eso es cierto, si la meta final de toda la Escritura (y de todo texto) es que Dios sea glorificado, esto tendrá un efecto considerable en la manera como un predicador elige lo que va a decir acerca de su texto. Mi presupuesto es que entre más final es una meta, más importante es para nuestra congregación ver, saborear y buscar. Por lo tanto, si la glorificación de Dios es la meta final, la predicación buscará ser tan eficaz como puede ser para *aclarar* lo que las personas entienden de la gloria de Dios e *inflamar* sus corazones de amor por ella.

Bases para considerar la gloria de Dios como la meta final de todo texto

Sin embargo, ese es un postulado colosal. Permítame entonces proveer algún fundamento bíblico para sustentarlo. Como argumento más convincente, quiero referir el ensayo de Jonathan Edwards "The End for Which God Created the World". Leí este texto a comienzos de mi veintena y me pareció absolutamente convincente, teológicamente revolucionario (al estilo de Copérnico) y homiléticamente explosivo. El ensayo tiene una parte filosófica, que es excepcional (aunque no decisiva) y una parte bíblica que para mí fue sobrecogedora (y decisiva). Después de analizar texto tras texto acerca de la gloria de Dios, Edwards concluye:

> Todo aquello que refiere la Escritura como fin último de las obras de Dios está incluido en una frase, *la gloria de Dios*... El resplandor brilla sobre y en la criatura y se refleja hasta la lumbrera. Los rayos de gloria salen de Dios, son de Dios y vuelven de nuevo a su fuente. De tal modo que la totalidad es de Dios, en Dios y para Dios, y Dios es el principio, el medio y el final de este asunto.[1]

---

1. Jonathan Edwards, *The Dissertation Concerning the End for Which God Created the World*, ed. Paul Ramsey, vol. 8, The Works of Jonathan Edwards (New Haven, CT: Yale University Press, 1989), pp. 526, 531.

No cuento con el espacio ni el tiempo para copiar el despliegue de esta verdad que presenta Edwards de la Biblia entera. Sin embargo, puede resultar provechoso exponer la visión de Pablo de la gloria de Dios como la meta final de todas las cosas. He aquí una muestra no exhaustiva de lo que Pablo piensa de la gloria de Dios.

> La esencia del mal en todos los seres humanos aparte de la gracia salvadora es que hemos cambiado "la gloria del Dios incorruptible en imágenes" (Ro. 1:23).
>
> Esta es la definición de Pablo de pecado: "Todos pecaron, y están destituidos [literalmente "carecemos", porque la hemos intercambiado] de la gloria de Dios" (Ro. 3:23).
>
> Aun cuando el pueblo del pacto mintió acerca de Dios, "la verdad de Dios abundó para su gloria" (Ro. 3:7).
>
> La fe de Abraham es puesta como el modelo porque "se fortaleció en fe, dando gloria a Dios" (Ro. 4:20).
>
> Gracias a la justificación por la fe solamente, "nos gloriamos en la esperanza de la gloria de Dios" (Ro. 5:2).
>
> La meta de nuestra adopción en la familia de Dios es que seamos "coherederos con Cristo, si es que padecemos juntamente con Él, para que juntamente con Él seamos glorificados" (Ro. 8:16; cf. v. 30; 1 Co. 2:7).
>
> La gloria que veremos un día cara a cara, a la cual seremos llevados, es tan grande que sobrepasa todo nuestro sufrimiento en este mundo, "pues tengo por cierto que las aflicciones del tiempo presente no son comparables con la gloria venidera que en nosotros ha de manifestarse" (Ro. 8:18; cf. 2 Co. 4:17).
>
> Dios muestra su poder y su ira "para hacer notorias las riquezas de su gloria... para con los vasos de misericordia que Él preparó de antemano para gloria" (Ro. 9:23).
>
> Toda gloria será dada a Dios porque Él es la fuente, el sustentador y la meta de todas las cosas: "Porque de Él, y por Él, y para Él, son todas las cosas. A Él sea la gloria por los siglos. Amén" (Ro. 11:36).
>
> "Cristo nos recibió, para gloria de Dios" (Ro. 15:7).

Cristo vino a ser siervo del pueblo judío no solo para confirmar la fidelidad de Dios a los patriarcas sino también "para que los gentiles glorifiquen a Dios por su misericordia" (Ro. 15:9).

La razón final por la cual tenemos un cuerpo como una creación física de Dios es para que glorifiquemos a Dios en nuestro cuerpo (1 Co. 6:20).

Glorificar a Dios es la razón por la cual todo debería hacerse: "Si, pues, coméis o bebéis, o hacéis otra cosa, hacedlo todo para la gloria de Dios" (1 Co. 10:31).

Puesto que todas las promesas de Dios son "sí" en Cristo, por eso decimos "en Él Amén... para la gloria de Dios" (2 Co. 1:20).

El corazón del evangelio es "la luz del evangelio de la gloria de Cristo, el cual es la imagen de Dios" (2 Co. 4:4; cf. v. 6).

El evangelio se extiende para que "abundando la gracia por medio de muchos, la acción de gracias sobreabunde para gloria de Dios" (2 Co. 4:15).

Pablo presenta varias doxologías culminantes que parecen señalar la gloria de Dios como la meta suprema: "a quien sea la gloria por los siglos de los siglos. Amén" (Gá. 1:5). "Al Dios y Padre nuestro sea gloria por los siglos de los siglos. Amén" (Fil. 4:20). "A Él sea la gloria por los siglos de los siglos. Amén" (2 Ti. 4:18). "A Él sea la gloria en la iglesia en Cristo Jesús por todas las edades, por los siglos de los siglos. Amén" (Ef. 3:21).

Estamos predestinados para ser adoptados "para alabanza de la gloria de su gracia" (Ef. 1:6).

En Cristo hemos recibido una herencia, habiendo sido predestinados conforme a su voluntad, "a fin de que seamos para alabanza de su gloria" (Ef. 1:12).

El Espíritu Santo es "las arras de nuestra herencia hasta la redención de la posesión adquirida, para alabanza de su gloria" (Ef. 1:14).

Pablo ora para que seamos "llenos de frutos de justicia que son por medio de Jesucristo, para gloria y alabanza de Dios" (Fil. 1:11).

Dios ha exaltado a Cristo hasta lo sumo y "le dio un nombre que es sobre todo nombre, para que en el nombre de Jesús se doble toda rodilla

> de los que están en los cielos, y en la tierra, y debajo de la tierra; y toda lengua confiese que Jesucristo es el Señor, para gloria de Dios Padre" (Fil. 2:9-11).
>
> Cristo va a regresar un día "para ser glorificado en sus santos y ser admirado en todos los que creyeron" (2 Ts. 1:10).

Tenga en cuenta que esta lista está basada únicamente en la palabra *gloria* o *glorificar*, pero no incluye ninguna de las decenas de textos que encierran el mismo poder usando la palabra *nombre*, *honra* o *alabanza*. Tampoco he dedicado tiempo a señalar las múltiples formas como la gloria de Dios no solo se menciona sino que se integra en la estructura del pensamiento de Pablo para hacer explícito lo que constituye la meta suprema de la obra de Dios (p. ej., Ro. 11:36; Ef. 1:6; Fil. 1:11; 2:11; y otros). Concluyo, por lo tanto, que para Pablo la meta final de todo lo que Dios *hace* y de todo lo que Dios *dice* (cada texto de la Escritura entendido conforme a la visión de la realidad del autor que da forma a la Escritura) es que la gloria de Dios sea vista, saboreada y manifestada como la belleza más sublime y el tesoro más valioso del universo.

¿Hay otras opciones como la meta final?

Si alguien plantea la pregunta de si hay otras dimensiones de la grandeza de Dios aparte de su gloria que pudieran considerarse como la meta final, mi respuesta sería la siguiente: cada una de esas opciones será vista, bajo un examen cuidadoso, como *parte* de la gloria de Dios o como algo que se hace *en aras de* la gloria de Dios.

Por ejemplo, una vez alguien objetó que *el amor y la misericordia de Dios* son más definitivos que la gloria de Dios. Después de todo, "Dios *es* amor" (1 Jn. 4:8). Mi respuesta fue señalar Romanos 15:8-9 cuando Pablo dice que Cristo vino "para que los gentiles *glorifiquen a Dios por su misericordia*". La misericordia precede, la gloria es el final. Pablo dice explícitamente que la misericordia se manifiesta con una meta más elevada: que los gentiles glorifiquen a Dios.

Sin embargo, no estoy dispuesto a trazar una línea divisoria entre el amor de Dios y la gloria de Dios. Eso equivaldría a trazar una línea entre manzanas y frutas. Me contento con afirmar que la gloria de Dios consiste en la belleza del panorama completo de las perfecciones de Dios. No tengo deseo alguno de minimizar ninguno de los atributos de Dios. Todos son facetas del diamante que es la gloria de Dios. Si Dios perdiera cualquiera de sus atributos divinos, sería menos glorioso; de hecho, no sería Dios. La gloria de Dios es la forma abreviada de referirse a la realidad de la grandeza, la belleza y el valor de Dios. La belleza y el valor de todo lo que Él es, que resplandece por medio de la creación (Sal. 19:1), de la historia de sus obras de salvación (Sal. 79:9) y de su palabra inspirada (1 S. 3:21; 2 Co. 4:4), es su gloria.

¿Qué significa glorificar a Dios?

Hay un asunto concerniente a la gloria de Dios que todavía no hemos resuelto y que ya exige clarificación. Hasta ahora he mencionado al menos tres formas de referirme a la meta final de la intención de Pablo en los textos bíblicos. A veces la he llamado "la gloria de Dios". Pero en otras ocasiones he dicho que la meta final es "glorificar a Dios". Y en otras he sido más específico y he dicho que la meta final es que "esta gloria sea vista, saboreada y manifestada como la belleza y el tesoro más grande del universo". ¿Por qué esta multiplicidad e imprecisión?

La razón es que la Biblia misma habla en todos estos términos acerca de la meta última de la realidad. Dice: "hacedlo todo *para la gloria de Dios*" (1 Co. 10:31). Dice que el Señor Jesús viene "en aquel día *para ser glorificado*" (2 Ts. 1:10). Y describe la satisfacción del alma en esa gloria: "Una cosa he demandado a Jehová, / ésta buscaré; / ...contemplar *la hermosura de Jehová*" (Sal. 27:4). "Jehová, la habitación de tu casa he amado, / y el lugar de la morada *de tu gloria*" (Sal. 26:8).

Las expresiones abreviadas de la meta ("para la gloria de Dios" y "para ser glorificado") son ambiguas. Por eso, la Biblia habla mucho más acerca de cómo ha de suceder esto. La ambigüedad está en que "para la gloria de Dios" y "para ser glorificado" no dejan claro, por sí mismos, si *glorificar* significa "hacer" glorioso o "mostrar" como glorioso. La diferencia es cuestión de vida o muerte. Si creemos que nuestras acciones *hacen* a Dios glorioso, blasfemamos. Si con lo que hacemos buscamos *mostrar* la gloria de Dios, adoramos.

¿Qué respuestas del corazón glorifican a Dios?

Por esta razón, la Biblia se ocupa de hacer explícita la clase de respuestas del corazón que demuestran la gloria de Dios tal cual es, o más precisamente, infinitamente hermosa y preciosa. El diablo y todo el conjunto de humanos que no se arrepienten servirán un día para glorificar a Dios por medio de la ira justa y divina que van a soportar (Ro. 2:4; 9:22), pero la respuesta de sus corazones no verá ni celebrará la belleza y el valor de nuestro Dios.

Sin embargo, esa clase de glorificación involuntaria de Dios no es la meta final de todas las cosas. De hecho, Pablo deja esto claro al decir que la gloria de Dios, revelada en su ira, tiene como finalidad un propósito más elevado. Dios "soportó con mucha paciencia los vasos de ira preparados para destrucción, y *para* [lograr el propósito supremo, que es] hacer notorias las riquezas de su gloria... para con los vasos de misericordia que él preparó de antemano para gloria" (Ro. 9:22-23).

Por lo tanto, al describir la meta final de los autores bíblicos en lo que escriben, no basta con decir: "La meta es la gloria de Dios". Debemos *mostrar* cómo sucede esto. Debemos juntamente con la Biblia decir que la meta es glorificarlo *viendo*, *saboreando* y *mostrándolo* como la belleza y el tesoro más grande del universo. La palabra *ver* supone una percepción correcta o conocimiento de la gloria que Dios revela. La palabra *saborear* lleva implícitos todos los afectos positivos del corazón lleno del Espíritu, como respuesta frente a la belleza y el valor de Dios (alabanza, admiración, deleite, amor, satisfacción, gozo, admiración, deseo, asombro y más). La palabra *mostrar* implica una transformación profunda y visible en la vida, que estas acciones de ver y de saborear producen para Dios y para que los hombres y los ángeles vean, ahora y para siempre.

Glorificamos a Dios *deleitándonos* en Él

Entender este aspecto de glorificar a Dios deriva en beneficios incalculables para la vida y la predicación. Eleva el corazón y los afectos a una dimensión de importancia vital para glorificar a Dios. Implica, como he tratado de mostrar en varias instancias,[2] que Dios se glorifica al máximo cuando nosotros nos deleitamos al máximo en Él. Implica que cuando el catequismo de Westminster dice que el fin supremo del hombre es "glorificar a Dios y deleitarse en Él para siempre", la palabra *y* puede quedar más clara si en su lugar se emplea el gerundio. El fin supremo del hombre es "glorificar a Dios *deleitándose* en Él para siempre". No dice: "*los fines* supremos del hombre", sino "el *fin* supremo del hombre". Glorificar a Dios y deleitarse

---

2. Ya hemos argumentado esto en el capítulo 4. La explicación y la defensa más completa se encuentra en John Piper, *Sed de Dios: Meditaciones de un hedonista cristiano* (Barcelona: Andamio, 2001); *Cuando no deseo a Dios* (Grand Rapids, MI: Editorial Portavoz, 2006); *Dios es el evangelio* (Grand Rapids, MI: Editorial Portavoz, 2007); y *La pasión de Dios por su gloria* (Miami, FL: Unilit, 2006).

son uno solo, porque la glorificación sucede por medio del deleite. Jonathan Edwards lo expresó de la siguiente forma:

> Dios se glorifica no solo cuando es vista su gloria, sino *cuando es disfrutada*. Cuando quienes la ven se *deleitan en ella*, Dios se glorifica más que cuando solo la ven. Su gloria es entonces recibida por el alma entera, tanto por el entendimiento como *por el corazón*.[3]

Si esto es cierto, ninguna predicación puede contentarse con informar la mente acerca de la gloria de Dios. La predicación que es fiel a la meta suprema de la Escritura debe también, mediante el poder del Espíritu, proponerse despertar y sustentar la satisfacción profunda e indestructible en la gloria de Dios. No es un asunto pequeño o aislado. No es la cereza del pastel del cristianismo o la predicación. Es el corazón y la esencia de lo que glorifica a Dios.

Ver, amar y mostrar su gloria

En los capítulos 13 y 14, mi intención es responder la primera de las tres preguntas diseñadas para arrojar luz acerca de cómo un predicador decide qué aspectos de la intención de un autor, que incluyen esta visión más amplia y global de la realidad, deben dar forma a un sermón particular. Esa pregunta es: ¿Cuál es la meta final del autor bíblico en el texto del sermón? Lo que yo creo es que entre más definitiva es la meta, más importante es para nuestra congregación ver, saborear y buscar.

Para responder la pregunta, me he enfocado en el apóstol Pablo y en su visión global de la realidad. Mi comprensión de la unidad de la Escritura me lleva a creer que la meta final para Pablo es la meta final para el resto de la Escritura. Por lo tanto, concluyo que la meta última de toda verdad bíblica, y por consiguiente de cada texto, es que Dios sea glorificado cuando *vemos*, *nos deleitamos* y *lo mostramos* a Él como la belleza y el tesoro más grandes en el universo.

Por lo tanto, la predicación tratará de ser lo más eficaz posible en aclarar la *visión* que tienen las personas de la gloria de Dios, y en inflamar sus corazones para *amarla*, de tal manera que el pueblo de Dios sea profunda

---

3. Jonathan Edwards, The "Miscellanies", ed. Thomas Schafer, vol. 13, *The Works of Jonathan Edwards* (New Haven, CT: Yale University Press, 1994), Miscellany #448, p. 495; énfasis añadido. Ver también Miscellany 87, pp. 251-252; Miscellany 332, p. 410; Miscellany 679.

y completamente transformado para *mostrar* la belleza y el valor supremos de Dios.

Ahora paso a ser más específico. ¿Cómo este objetivo de predicar para glorificar a Dios, según cada texto de la Escritura, define nuestra predicación de textos específicos? En el siguiente capítulo sugeriré seis respuestas a esta pregunta.

14

La exultación expositiva y la gloria de Dios, segunda parte:

Cómo da forma a cada sermón

En el capítulo 13 concluí que la meta *final* de toda verdad bíblica y en consecuencia de todo texto es que Dios sea glorificado cuando *lo vemos, nos deleitamos en Él* y *lo mostramos* como la belleza y el tesoro más grandes en el universo. Esto implica que la predicación buscará ser tan eficaz como sea posible en esclarecer a otros *la visión* de la gloria de Dios y en inflamar sus corazones para *amarla*. La expectativa bíblica es que ver y saborear de esta manera la gloria de Dios producirá en el pueblo de Dios una manera de vivir que demuestra la belleza y el valor supremos de Dios.

El propósito de este capítulo es presentar seis sugerencias que muestran cómo el objetivo de glorificar a Dios, a partir de cada texto de la Escritura, define nuestra predicación de textos específicos.

1. Busque con confianza la gloria de Dios en cada texto

Debemos tener una firme confianza en que sacar a la luz la realidad de la gloria de Dios por medio del texto que predicamos no es algo arbitrario sino algo que tiene garantía bíblica. La declaración sencilla pero magistral de 1 Corintios 10:31 debería inspirar en nosotros un gran celo por lo siguiente: "hacedlo todo para la gloria de Dios". Si la totalidad de la vida se trata de la gloria de Dios, cuánto más la predicación. Con el tiempo, nuestra congregación debería encontrarse a gusto contemplando y saboreando la gloria de Dios en toda la Escritura.

2. Sea ejemplo genuino de la gloria de Dios en la *exultación* expositiva

La presencia de la realidad de la gloria de Dios en nuestra predicación es una de las razones principales por las cuales nuestra predicación será *exultación* expositiva. Haremos tanto daño como bien si entretejemos la gloria de Dios en nuestros mensajes sin manifestar ningún asombro o gozo. Presentar la gloria de Dios de tal manera que comunica un valor ínfimo para el predicador constituye un insulto contra Dios. Dicha actitud comunica una mentira: que Dios no es sumamente hermoso y valioso. Ciertamente, como vimos en las Partes 4 y 5, la *exposición* racional de cada texto es esencial. Pero es igualmente esencial un espíritu inundado de gozo serio que está presente a lo largo del culto y del sermón, y que envuelve al predicador dentro y fuera del púlpito.

Si a las personas les parece que la gloria de Dios constituye el truco, la marca, el discurso o la simple tradición del predicador, ningún adorno de oratoria podrá ocultar la hipocresía. La naturaleza misma de esta belleza y de este valor que todo lo inundan obliga a que brille por medio de la predicación por lo que es, o bien suene como un eslogan vacío. La exultación expositiva es un auténtico *esclarecimiento* y una *materialización* de la gloria de Dios.

3. Propóngase ver y mostrar la gloria para animar la atención al detalle

Ver el texto del sermón a la luz de su objetivo final de glorificar a Dios no silenciará los detalles concretos ni las intenciones particulares del texto. No desviará el interés ni la atención del análisis textual riguroso que indaga las realidades específicas de ese texto. Antes bien, se alienta la observación, el análisis y la reflexión detalladas, porque las riquezas de la gloria de Dios no están por encima o por fuera de las realidades del texto, sino que se encuentran en y a través de ellas.

En el capítulo 12 advertí acerca de las convicciones teológicas dominantes que traemos a los textos y que pueden oscurecer en lugar de esclarecer las particularidades del texto. Advertí acerca de la superposición artificial que silencia las realidades particulares del texto forzando cada pasaje de la Escritura a acomodarse a una ortodoxia mal utilizada.

Es posible que la gloria de Dios sea usada de esa manera por un predicador perezoso que no discierne o es fantasioso. Sin embargo, mi experiencia de más de cuatro décadas de predicación es que la belleza y el valor absolutos y abrumadores de Dios no me han impedido ni incapacitado para prestar la atención más rigurosa posible a los detalles y a las intenciones del texto bíblico. Por el contrario, saber que cada matiz de significado y de realidad recién descubierto brindan otra mirada de la gloria de Dios, ha sido mi motivación para no escatimar en mi esfuerzo por analizar mediante el estudio o por presentar mi exposición.

4. Sepa que la gloria de Dios lo expande y lo ilumina todo

Tener presente la gloria de Dios como la meta final de toda verdad bíblica no conlleva al reduccionismo sino al *superduccionismo* (para acuñar un término). Reduccionismo viene de *reducir*, que viene del latín *re* (de vuelta o atrás) + *ducere* (conducir), conducir de vuelta. La idea en el reduccionismo es que la maravillosa diversidad, especificidad y concreción de miles de pasajes de la Escritura pueden ser reducidos (llevados de vuelta) a un esquema teológico que les roba su particularidad y los reemplaza con una abstracción descolorida. Yo evito esto como la plaga. Me encanta ser concreto y específico, y detesto las abstracciones vagas y tediosas.

Sin embargo, lo que sucede cuando vemos realidades específicas y concretas en relación con la gloria de Dios *no* es una reducción. Lo que sucede es una *superducción*. Las realidades específicas y concretas no se reducen *limitándolas* o *rebajándolas*, sino que son aumentadas siendo *resaltadas* y *realzadas*. El *superduccionismo* no reduce las cosas a una forma más sencilla, sino que las amplía. Las hace más grandes, no más pequeñas; más claras, no más sombrías; más definidas, no más opacas; más luminosas, no más oscuras. El resplandor divino no quita el lustre de la realidad. La gloria de Dios hace que todo aspecto concreto, específico y ordinario resplandezca con la grandeza de Dios.

Por consiguiente, la predicación que de manera competente, sabia y estética revela las conexiones que existen entre las realidades textuales específicas y la gloria de Dios, lo aumenta e ilumina todo. Aquellas cosas que parecían pequeñas e insignificantes en la vida adquieren una belleza y un valor que no tenían antes de ser tocadas por la gloria de Dios. En el proceso, los corazones de las personas de la congregación se ensanchan. "Cuando ensanches mi corazón" (Sal. 119:32). Las personas logran sentir que caminan entre maravillas, en el mundo de Dios y en la Palabra de Dios. Esto tendrá un efecto directo en la manera como ven, por ejemplo, el llamado a la práctica de la hospitalidad, como vimos en el capítulo 12, y a cualquier otro mandato bíblico (como veremos a continuación).

5. Tenga presente que los predicadores colaboran para el gozo *en* Dios

La predicación que tiene presente la meta final de todos los textos bíblicos como ver, saborear y mostrar la belleza y el valor de Dios siempre buscará estimular el deleite en la gloria de Dios. Tal predicación nunca se conformará con informar o persuadir. Buscará sin cesar lograr que el pueblo de Dios se goce en Él. En *Dios*. Esa es la clave. Muchos predicadores dirían que buscan el gozo de su congregación. Pero hay una diferencia abismal entre el gozo que atesora a Dios *mismo* por encima de todas las cosas, y el gozo que produce un culto de entretenimiento y un predicador simpático.

El que predica para la gloria de Dios se da cuenta de que Dios no se glorifica en los corazones de las personas que se deleitan más en sus dones que en Él mismo. En última instancia, esta es la razón por la cual el gozo de los cristianos era una prioridad tan elevada para los apóstoles. Pablo dijo: "No que nos enseñoreemos de vuestra fe, sino que *colaboramos para vuestro gozo*" (2 Co. 1:24). También escribió: "Y confiado en esto, sé que quedaré, que aún permaneceré con todos vosotros, para vuestro provecho y *gozo en la fe*" (Fil. 1:25). El gozo en Dios era la razón de ser de la vida y el ministerio de Pablo. Este gozo no es un asunto secundario en la Biblia. Es un medio esencial de glorificar a Dios. Por lo tanto, si cada texto busca la glorificación de Dios, cada texto es una invitación a encontrar la satisfacción más completa en Él en lo que respecta a lo que trata el texto. Esto se entreteje en la manera como Dios ha hecho el mundo y como lo está salvando.

6. Muestre la gloria de Dios por medio de la predicación porque es la forma como Dios transforma a los cristianos

Por último, la predicación cuya esperanza, oración y propósito es glorificar a Dios en la exposición de cada texto, se regocija en que la revelación de la gloria de Dios por medio de su Palabra sea la forma como las congregaciones llegan a conformarse a la imagen de Cristo. La predicación nunca olvida las necesidades de las personas. Dichas necesidades son infinitamente más diversas y complejas de lo que jamás podamos saber. Por ende, no podemos tratar directamente todas esas necesidades de manera específica.

Sin embargo, Dios no ha diseñado la iglesia para que experimente la transformación cuando el predicador u otra persona atiende de manera explícita cada necesidad de cada miembro. Eso es imposible. Ni siquiera conocemos las innumerables necesidades que nosotros mismos tenemos.

Así que no hay manera de que alguien pueda resolverlas todas de manera específica. En lugar de eso, Dios ha dispuesto que *algunas* de nuestras necesidades sean tratadas con la asistencia de predicadores o de otros creyentes, mientras que *la mayoría* de nuestras necesidades sean satisfechas de maneras inesperadas e incluso antes de que sepamos siquiera que las tenemos.

Una forma de describir cómo Dios ha dispuesto que su pueblo sea transformado en la imagen de Cristo es decir que son cambiados viendo la gloria de Dios revelada en la lectura y la predicación de su Palabra. En *La lectura sobrenatural* (capítulos 3–5), analicé cómo funciona esto.[1] Ambos capítulos se titulan "Leer para ver el valor supremo y la belleza". Todo lo que allí se dice se aplica a la manera como el predicador ve la gloria de Dios en la Escritura y cómo ayuda a las personas a verla por medio de su predicación.

El texto más importante que revela este diseño divino por medio de la lectura y la predicación es 2 Corintios 3:18:

> Por tanto, nosotros todos, mirando a cara descubierta como en un espejo la gloria del Señor, somos transformados de gloria en gloria en la misma imagen, como por el Espíritu del Señor.

El punto principal es que las necesidades de transformación de las personas son resueltas "mirando... la gloria del Señor". En *La lectura sobrenatural* argumenté que ese mirar sucede por medio de la Escritura que es iluminada por el Espíritu. A esto yo añadiría ahora, por las mismas razones, que sucede por medio de la predicación ungida de esas Escrituras.

Esto significa que un pastor que ama a su congregación, quiere suplir sus necesidades y acercarlos más a la santidad de Cristo, no cometerá el error común de volverse más pragmático y menos centrado en Dios. Esa estrategia resulta contraproducente. Tiene un atractivo transitorio, porque a las personas les agrada solo al principio. Pareciera rascar justo donde hay picazón. Sin embargo, la mayoría de las personas no se dan cuenta de que la picazón es un síntoma y no la enfermedad. Parte de la enfermedad es que desconocemos su naturaleza. Pero Dios lo sabe. Y las realidades de esta palabra son el remedio. Y Pablo dice que esto significa ver la gloria del

1. John Piper, *La lectura sobrenatural de la Biblia: Ver y saborear la gloria de Dios en las Escrituras* (Grand Rapids, MI: Editorial Portavoz, 2018), pp. 63-94.

Señor *por medio de la palabra*, como se mostró en la conexión que existe entre 2 Corintios 3:18 y 4:4-6.[2]

Predicar la gloria de Dios en relación con la hospitalidad

Ya que en el capítulo 12 introduje el desafío de predicar acerca de la hospitalidad con base en Romanos 12:13 ("practicando la hospitalidad"), puede ser útil retomar ese tema y terminar este capítulo sugiriendo cómo la gloria de Dios libera a las personas para mostrarse hospitalarias y cómo la gloria de Dios se hace más visible por medio de la hospitalidad.

Cuando nos preparamos para predicar, tratamos de tener en mente la clase de obstáculos humanos que existen entre el texto y la obediencia. En este caso, ¿cuáles son los obstáculos para la hospitalidad? A partir de la Escritura, de conversaciones con nuestra congregación, y de la experiencia en nuestro corazón, sabemos que dichos obstáculos incluyen: (1) Hay un costo económico adicional que supone invitar a otras personas a cenar, y tenemos limitaciones de presupuesto. (2) Nuestra casa o nuestro apartamento no es muy bonito comparado con lo que tienen otras personas. (3) Estamos experimentando dificultades matrimoniales y se siente hipócrita guardar las apariencias. (4) La conversación podría decaer y eso sería realmente incómodo. (5) Esto requerirá mucho más trabajo con la limpieza de la casa, las compras y la preparación de la comida.

La predicación pragmática podría simplemente tratar estos, uno a uno, y presentar una charla motivacional entretenida acerca de cómo superar esos obstáculos. El supuesto objetivo es ayudar a las personas a sentirse bien consigo mismas y a involucrarse en las vidas de otras personas. Con el paso del tiempo, esta predicación empieza a parecer escasa. Porque lo es. Las personas con discernimiento empiezan a preguntarte qué diferencia hay entre estas reuniones y otras conferencias motivacionales, incluso las no cristianas.

Sin embargo, lo que sugiero en el capítulo 13 y en el presente es que la meta final de cada texto, incluso del mandato particular de practicar la hospitalidad (Ro. 12:13), es mostrar la gloria de Dios como supremamente hermosa y satisfactoria. Entendemos que las personas necesitan ver la gloria de Dios como su tesoro que colma todo anhelo. Contemplar la gloria del Señor de esa manera los cambiará. Así que en nuestro sermón decidimos

---

2. Ver capítulo 4 de *La lectura sobrenatural de la Biblia*, pp. 81-82. (en el análisis de 2 Co. 3:18 y de cómo la predicación está implícita en 4:5).

conectar la gloria de Dios con los cinco obstáculos para la hospitalidad. Este es un borrador de lo que podrían ser los puntos a tratar:

Obstáculo #1. Hay un costo económico adicional que supone invitar a otras personas a cenar, y tenemos limitaciones de presupuesto.

> Llevamos a las personas a leer Filipenses 4:19: "Mi Dios, pues, suplirá todo lo que os falta *conforme a sus riquezas en gloria* en Cristo Jesús". Señalamos el contexto de Filipenses 4 donde Pablo agradece a los filipenses sus demostraciones de hospitalidad en la distancia. Ellos envían sus donativos por intermedio de Epafrodito, para ayudar a suplir las necesidades del apóstol. Él los anima a no afanarse por la sobrecarga que su generosidad pueda traer a sus finanzas, porque las riquezas de la gloria de Dios aseguran que Dios puede suplir todas sus necesidades. Así que Pablo mismo establece la conexión entre la gloria de Dios, la generosidad hospitalaria del pueblo de Dios y la disposición de Dios de cuidar de ellos.

Obstáculo #2. Nuestra casa o nuestro apartamento no es muy bonito comparado con lo que tienen otras personas.

> Aquí podemos llevarlos a Juan 5:44 donde Jesús reprende a las personas por buscar la gloria de los hombres en lugar de buscar la gloria de Dios. El temor del hombre y su desaprobación de nuestra casa tienen su origen en la incapacidad de estar satisfechos con la aprobación que tenemos en Cristo y la gloria que gozamos en Dios.
>
> También podríamos guiarlos a Romanos 15, que empieza diciendo "Cada uno de nosotros agrade a su prójimo en lo que es bueno, para edificación" (v. 2). En otras palabras, dejen de mirarse a sí mismos y busquen el bien de las personas que invitan a su casa. Busquen la manera de bendecirlos animándolas.
>
> Más adelante, en el versículo 7, Pablo exhorta a tener esta actitud cordial de recibir a otros: "Por tanto, recibíos los unos a los otros, como también Cristo nos recibió, *para gloria de Dios*". En otras palabras, aparta tu mirada de tus pequeñas preocupaciones por la desaprobación y piensa en la gloriosa acogida que recibes de Cristo, y cómo esa bienvenida buscó *glorificar a Dios*. Él los invita a participar juntamente con Él del ministerio de recibir a otros para la gloria de Dios.

Obstáculo #3. Estamos experimentando dificultades matrimoniales y se siente hipócrita guardar las apariencias.

> Podría parecer contradictorio, pero puede decir esto a su congregación: "Tal vez una de las razones por las cuales tienen problemas matrimoniales es que su mirada se centra demasiado en ustedes mismos, y tal vez lo que más los avive sea respirar hondo y tratar de servir a otros mientras hacen a un lado sus propias preocupaciones matrimoniales. La hospitalidad no se centra en ustedes. Se centra en los demás. Paradójicamente, puede que Dios le revele recursos sorprendentes para *su propia* restauración matrimonial mientras ustedes invierten su energía en servir a otros. Jesús dijo: 'Más bienaventurado es dar que recibir' (Hch. 20:35). Tal vez parte de esa bendición venga a su matrimonio conforme ustedes se apartan de sus propios fracasos y buscan los gloriosos recursos divinos que todo lo suplen. Además, el propósito más grande para el matrimonio es manifestar *la gloria de la fidelidad de Cristo en guardar sus pactos* para con la iglesia. Ese pacto, aun entre Cristo y la iglesia, no está exento de luchas. Grandes luchas. Sin embargo, Él sigue mostrando su gloriosa paciencia y su suficiencia. Así que adelante, manifiéstenlo en su debilidad".

Obstáculo #4. La conversación podría decaer y eso sería realmente incómodo.

> Tal vez podría recordar a las personas que Moisés no quiso ser el siervo de Dios en Egipto porque no podía expresarse bien. "Ay, Señor! nunca he sido hombre de fácil palabra, ni antes, ni desde que tú hablas a tu siervo; porque soy tardo en el habla y torpe de lengua". Es absolutamente sorprendente lo que Dios dijo a Moisés. Llevó la conversación a otro nivel completamente diferente y describió su absoluta soberanía (*¡gloriosa!*) sobre cualquier enfermedad y discapacidad: "¿Quién dio la boca al hombre? ¿o quién hizo al mudo y al sordo, al que ve y al ciego? ¿No soy yo Jehová?". Y luego, desde esa posición imponente de poder soberano, dice: "Ahora pues, ve, y yo estaré con tu boca, y te enseñaré lo que hayas de hablar" (Éx. 4:10-12).

Obstáculo #5. Esto requerirá mucho más trabajo con la limpieza de la casa, las compras y la preparación de la comida.

La falta de energía es una de las principales razones por las cuales los cristianos no hacen las buenas obras que demostrarían la gloria de Dios. Nos sentimos demasiado cansados como para asumir otra responsabilidad. Muchas veces Dios delega funciones a su pueblo cansado, basando su mandato no en la fuerza de ellos sino en la de Él. La razón que arguye Pedro para sustentar esto es que da más gloria a Dios. "Si alguno ministra, ministre conforme al poder que Dios da, para que en todo sea Dios glorificado por Jesucristo, a quien pertenecen la gloria y el imperio por los siglos de los siglos. Amén" (1 P. 4:11).

La prioridad de la gloria de Dios

Hemos intentado dar respuesta a la pregunta: ¿Cuál realidad de un texto dado anuncian los predicadores a su congregación? Si bien es una respuesta verdadera, no basta con decir: "Predican la realidad que el autor bíblico trata de comunicar por medio del texto". Esto es insuficiente porque, como hemos visto, la realidad que el autor bíblico quiere que consideremos es tan amplia y diversa que posiblemente no podamos decirla en un sermón. Por consiguiente, debemos escoger de su visión global de la realidad aquellos aspectos que sustentan los detalles de dicho texto.

Así, pues, nuestra pregunta cambió a: ¿Cómo decide un predicador cuáles aspectos de la visión de un autor acerca de la realidad deben incluirse en el sermón para arrojar luz sobre el presente texto? Además de las exigencias inmediatas y explícitas de la terminología del texto como tal, sugerí tres preguntas que arrojaron luz acerca de cómo el predicador decide cuáles aspectos de la visión general de la realidad que tiene el autor va a anunciar: (1) ¿Cuál es el objetivo final del autor bíblico en el texto del sermón? (2) ¿Cómo se relaciona el texto con Jesucristo y su obra salvadora? (3) ¿Cuál es el camino de vida que conduce a la salvación final en lugar de llevar a la destrucción?

Los capítulos 13 y 14 han propuesto una respuesta a la primera pregunta. Mi supuesto es que entre más definitiva es la meta, más importante es que nuestra congregación la vea, la saboree y la busque. Concluí que la meta final de toda verdad bíblica, y por consiguiente de cada texto, es que Dios sea glorificado cuando *vemos*, *nos deleitamos* y *lo mostramos* a Él como la belleza y el tesoro más grandes en el universo. Por lo tanto, la predicación procurará ser lo más eficaz posible en aclarar el entendimiento de las personas acerca de la gloria de Dios y en inflamar sus corazones para amarla y demostrarla. Traté de delinear en seis pasos cómo esta prioridad de la gloria de Dios en la predicación funciona en la práctica.

En los siguientes dos capítulos, seguiremos intentando esclarecer cómo el predicador decide qué aspectos de la intención del autor va a anunciar. La segunda pregunta que resulta esclarecedora es: ¿Cómo se relaciona este texto con Jesucristo y con su obra salvadora?

15

La exultación expositiva y el Cristo crucificado, primera parte

Gloriarse solo de la cruz en cada sermón

Al tratar de discernir cuál realidad deberíamos predicar, paso ahora de la pregunta del capítulo anterior (¿Cuál es el objetivo final del autor bíblico en el texto del sermón?) a la pregunta: ¿Cómo se relaciona este texto con Jesucristo y con su obra salvadora? Hay un motivo para plantear esta pregunta, así como hubo una razón para la primera. Cada una se deriva de un supuesto. El supuesto subyacente a la primera pregunta era que entre más definitiva es la meta del significado de un autor, más importante es que nuestra predicación le dé prioridad a dicha meta. El supuesto subyacente a la segunda pregunta es que aquello que el apóstol Pablo considera indispensable en su predicación, debe ser indispensable en la nuestra.

Una meta, un fundamento y un medio trinitarios

Estoy tratando de responder la pregunta general: ¿Qué realidad deberíamos predicar? En la búsqueda de la respuesta, formulo tres preguntas subordinadas, cada una relacionada primordialmente, aunque no de manera exclusiva, con una de las personas de la Trinidad. Primero: ¿Cuál es la meta final del autor bíblico en el texto del sermón? Esto se relaciona irrevocablemente con la gloria de Dios Padre. Segundo: ¿Cómo se relaciona el texto con Jesucristo y con su obra salvadora? Esto, por supuesto, se relaciona con Dios Hijo. Tercero: ¿Cuál es el tipo de vida que conduce a la salvación final en lugar de llevar a la destrucción? Esto se relaciona con el Espíritu Santo y cómo Él nos capacita para abrazar y obedecer la Escritura para salvación. Así pues, nuestras preguntas guía tienen que ver con la *meta*, el *fundamento* y el *medio* de la existencia cristiana y, por consiguiente, de la predicación.

Jesucristo: crucificado, resucitado, lleno de riquezas

Al igual que en los capítulos 13 y 14, dejaremos que el apóstol Pablo nos guíe. Pablo no nos deja con incertidumbre acerca de la pregunta: ¿Qué realidad debemos predicar? La meta final de la vida es la glorificación de Dios. Cada alimento que comemos, cada taza que bebemos, cada texto que predicamos, es para la gloria de Dios (1 Co. 10:31). Pasar por alto esa realidad en la predicación es como una nave que viaja con destino a Marte, pierde su ruta y vuela en el espacio vacío. En este capítulo y en el siguiente el protagonista es otra realidad: Jesucristo, crucificado, resucitado y lleno de riquezas para los suyos.

Las afirmaciones del apóstol Pablo que rigen mi pensamiento en este capítulo y en el siguiente son más específicos que su mandato general de 2 Timoteo 4:2, "que prediques la palabra". Como argumentamos en el capítulo 3, "que prediques la palabra"[1] ordena que nuestros textos para la predicación provengan de la Escritura. Sin embargo, "que prediques la palabra" no nos dice qué aspectos de la visión general de la realidad de un autor debería predominar en nuestra predicación. Pablo, por otro lado, hace por lo menos cinco declaraciones que elevan una realidad a un lugar central de prominencia en su predicación, y en la nuestra:

> A quienes Dios quiso dar a conocer las riquezas de la gloria de este misterio entre los gentiles; que es Cristo en vosotros, la esperanza de gloria, *a quien anunciamos*, amonestando a todo hombre, y enseñando a todo hombre en toda sabiduría, a fin de presentar perfecto en Cristo Jesús a todo hombre (Col. 1:27-28).

> A mí, que soy menos que el más pequeño de todos los santos, me fue dada esta gracia de *anunciar entre los gentiles el evangelio de las inescrutables riquezas de Cristo*, y de aclarar a todos cuál sea la dispensación del misterio escondido desde los siglos en Dios, que creó todas las cosas; para que la multiforme sabiduría de Dios sea ahora dada a conocer por medio de la iglesia a los principados y potestades en los lugares celestiales (Ef. 3:8-10).

1. Véase pp. 64-67.

> Pues ya que en la sabiduría de Dios, el mundo no conoció a Dios mediante la sabiduría, agradó a Dios salvar a los creyentes por la locura de la predicación. Porque los judíos piden señales, y los griegos buscan sabiduría; pero *nosotros predicamos a Cristo crucificado*, para los judíos ciertamente tropezadero, y para los gentiles locura; mas para los llamados, así judíos como griegos, Cristo poder de Dios, y sabiduría de Dios (1 Co. 1:21-24).
>
> Así que, hermanos, cuando fui a vosotros para anunciaros el testimonio de Dios, no fui con excelencia de palabras o de sabiduría. Pues *me propuse no saber entre vosotros cosa alguna sino a Jesucristo, y a éste crucificado* (1 Co. 2:1-2).
>
> *Pero lejos esté de mí gloriarme, sino en la cruz de nuestro Señor Jesucristo*, por quien el mundo me es crucificado a mí, y yo al mundo (Gá. 6:14).

Si extraemos de estos pasajes las declaraciones específicas del enfoque en la predicación, tenemos:

- "A quien anunciamos [Cristo]" (Col. 1:28).
- "Anunciar... las inescrutables riquezas de Cristo" (Ef. 3:8).
- "Predicamos a Cristo crucificado" (1 Co. 1:23).
- "Me propuse no saber entre vosotros cosa alguna sino a Jesucristo, y a éste crucificado" (1 Co. 2:2).
- "Pero lejos esté de mí gloriarme, sino en la cruz de nuestro Señor Jesucristo" (Gá. 6:14).

Los dos últimos (1 Co. 2:2 y Gá. 6:14) tienen las implicaciones más asombrosas e impresionantes para la predicación. Las otras tres no dicen explícitamente que Cristo crucificado es lo *único* que Pablo predica *siempre*. Sin embargo, al parecer, eso es lo que afirman Gálatas 6:14 y 1 Corintios 2:2.

¿A qué se refiere Pablo cuando dice que ha decidido no saber *cosa alguna* entre los corintios *sino a Jesucristo, y a éste crucificado*? ¿Y qué quiso decir con que no se gloriaría *sino en la cruz de nuestro Señor Jesucristo*? Junto con las otras tres declaraciones, ¿qué sugieren para nuestra predicación estas dos afirmaciones radicales?

La estrategia de la predicación para todas las iglesias

La declaración de Pablo acerca de su predicación en Corinto, que él decidía no saber cosa alguna "entre vosotros" sino a Jesucristo crucificado (1 Co. 2:2), podría considerarse como una estrategia especial de predicación para Corinto que no debería tomarse como una regla general para toda predicación. Pero dudo que ese sea el caso. El problema de orgullo y vanagloria que afectaba a la iglesia de Corinto, y que impulsó el énfasis de Pablo acerca del "Señor de gloria" crucificado (1 Co. 2:8) que destruye el orgullo, no era exclusivo de ese lugar. Es un problema humano, no un problema corintio.

Hay otra razón por la cual no deberíamos limitar el énfasis de Pablo en el Cristo crucificado a la situación corintia, o a cualquier otra. En esencia, Pablo dice lo mismo en Gálatas 6:14, y sabemos que la carta de Pablo a los Gálatas era una carta circular para varias iglesias. Él dice que escribe "a las *iglesias* de Galacia" (1:2). A todas estas iglesias, como su propia resolución de vida y su predicación, él escribió: "lejos esté de mí gloriarme, sino en la cruz de nuestro Señor Jesucristo, por quien el mundo me es crucificado a mí, y yo al mundo" (Gá. 6:14). Así que necesitamos saber lo que Pablo quiere decir con este asombroso énfasis en su determinación de "no saber entre vosotros cosa alguna sino a Jesucristo, y a éste crucificado" (1 Co. 2:2) y de gloriarse solamente "en la cruz" (Gá. 6:14). Necesitamos entender las implicaciones de esto para nuestra predicación.

Gloriarse solo en la cruz

La declaración de Pablo en Gálatas 6:14 podría expresarse en sentido afirmativo: "Gloriarse solo en la cruz de Jesucristo". La palabra para *gloriarse* (*kaujásthai*) puede traducirse "exultar" o "regocijarse" en algo. *Exultar* solo en la cruz de Cristo. *Regocijarse* solo en la cruz de Cristo. Esto resulta estremecedor por dos razones.

Una es que equivale a decir "gloriarse solo en la silla eléctrica". "Exultar solo en la cámara de gas". "Regocijarse solo en la inyección letal". "Que vuestra única gloria, gozo y exultación sea el lazo de linchamiento". No se ha inventado un método de ejecución más cruel y atroz que ser clavado a una cruz. Era horrible. Probablemente no habríamos sido capaces de verlo, no sin gemir y arrancarnos el cabello y rasgar nuestras vestiduras. ¡Sea *esta* vuestra sola gloria!

El segundo aspecto que resulta estremecedor de la afirmación de Pablo es la palabra implícita *solo*. Que la cruz sea la *única* gloria. "Pero lejos esté de mí gloriarme, *sino* en la cruz de nuestro Señor Jesucristo". Que Cristo crucificado sea vuestra única gloria, vuestra única exultación, vuestro único gozo. ¿Qué quiere decir con eso? ¿Ninguna otra gloria? ¿Ninguna otra exultación? ¿Ningún otro gozo sino la cruz de Jesús, la muerte de Jesús?

El principal problema aquí es que Pablo usa varias formas de la misma palabra (*kaujásthai*) para decir que él se gloría o exulta en otras cosas.

- "y nos gloriamos en la esperanza de la gloria de Dios" (Ro. 5:2).
- "nos gloriamos en las tribulaciones" (Ro. 5:3).
- "de buena gana me gloriaré más bien en mis debilidades" (2 Co. 12:9).
- "Porque ¿cuál es nuestra esperanza, o gozo, o corona de que me gloríe? ¿No lo sois vosotros?" (1 Ts. 2:19).

De modo que si Pablo puede gloriarse (o exultar, o gozarse) en todas estas cosas, ¿qué quiere decir Pablo con que "lejos esté de mí gloriarme, sino en la cruz de nuestro Señor Jesucristo"?

Que gloriarse sea siempre gloriarse en la cruz

Pablo no se contradice. No está usando un doble discurso. Él tiene una razón de peso para declarar que toda exultación, todo gozo, toda gloria en cualquier cosa debe ser también un regocijo en la cruz de Jesucristo. Eso es lo que yo interpreto de lo que Él dice: que para el cristiano gloriarse debe ser siempre gloriarse en la cruz. Toda exultación en cualquier otra cosa debería ser también exultación en la cruz. Si usted exulta en la esperanza de gloria, debería exultar en la cruz de Cristo. Si usted exulta en la tribulación, porque la tribulación produce esperanza, debería exultar en la cruz de Cristo. Si usted exulta en su debilidad, o en el pueblo de Dios, debería exultar en la cruz de Cristo.

La predicación debe afirmar esto. Debe basarse en esto. Cada sermón que ofrece cualquier bien a los creyentes en Cristo o que ayuda a los creyentes a ver que Dios obra para bien todo el mal que les sobreviene, debe ser un sermón que exulta en el Cristo crucificado.

La lógica del cielo: Romanos 8:32

¿Por qué debe cada cristiano exultar explícitamente en el Cristo crucificado? Por esta razón: Para los pecadores redimidos, toda cosa buena y toda cosa mala que Dios usa para su bien, ha sido asegurada para nosotros por la cruz de Cristo. Cada aliento del creyente que sube al cielo fue comprado por la sangre de Cristo. ¿Qué podría ser más importante y predominante en la predicación? Pablo brinda el fundamento para este argumento en Romanos 8:32: "El que no escatimó ni a su propio Hijo, sino que lo entregó por todos nosotros, ¿cómo no nos dará también con él todas las cosas?". Este es uno de los versículos más importantes de la Biblia, tanto para la vida como para la predicación.

Lo que hace de Romanos 8:32 un pasaje único en su clase es la lógica que da origen a la promesa y que le imparte un carácter tan sustancial e inamovible como el amor de Dios por su Hijo, que es infinitamente admirable. Yo la denomino la lógica del cielo. Romanos 8:32 contiene una base, una garantía, que es tan fuerte, sólida y firme que no existe la mínima posibilidad de que la promesa pueda ser quebrantada jamás. Sea lo que sea que se rompa, sea lo que sea que decepcione, sea lo que sea que falle, esta promesa integral nunca puede fallar.

Lógica celestial, primera parte

Romanos 8:32 tiene dos partes: el fundamento y la promesa. La primera parte es el fundamento: "El que no escatimó ni a su propio Hijo, sino que lo entregó por todos nosotros...". Si esto es verdad, según dice la lógica del cielo, entonces Dios dará con toda seguridad *todas las cosas* a aquellos por quienes Él ha dado su Hijo. Dios no escatimó a su propio Hijo. Él lo entregó a la muerte. Muchos en nuestros días, como cada día, menosprecian la verdad de que Dios ordenó la muerte de su propio Hijo. Lo llaman algo primitivo, pagano, maltrato infantil divino, etc. La Biblia lo llama amor. Y la Biblia hace explícito que la muerte de Cristo fue la voluntad de su Padre.

"Éste, [fue] entregado por el determinado consejo y anticipado conocimiento de Dios" (Hch. 2:23). "Nosotros le tuvimos por azotado, por *herido de Dios* y abatido... Jehová *quiso* quebrantarlo, [su Padre] sujetándole a padecimiento" (Is. 53:4, 10). "Dios puso como propiciación por medio de la fe en su sangre" (Ro. 3:25).

¿Por qué Él "no escatimó a su propio Hijo"? La respuesta se encuentra en la misma afirmación: Dios "no escatimó ni a su propio Hijo, sino que lo entregó *por todos nosotros*". Por nosotros. En otro lugar, Pablo dice: "[Dios] al que no conoció pecado, por nosotros lo hizo pecado, para que nosotros fuésemos hechos justicia de Dios en él" (2 Co. 5:21). O, como previó Isaías cientos de años antes de que sucediera (Is. 53:5-6):

> Mas él herido fue *por nuestras rebeliones*, molido *por nuestros pecados*; el castigo *de nuestra paz* fue sobre él, y por su llaga *fuimos nosotros curados*. Todos nosotros nos descarriamos como ovejas, cada cual se apartó por su camino; mas Jehová cargó en él *el pecado de todos nosotros*.

Dios no escatimó a su propio Hijo, porque era la única manera como podía *perdonarnos* y aún así ser el Dios absolutamente santo y justo que Él es. La culpa de nuestras transgresiones, el castigo por nuestros pecados y la maldición de nuestro pecado nos habrían llevado irremediablemente a la destrucción del infierno. Si no fuera por Cristo crucificado.

Pero es ahí que empieza la lógica del cielo. El razonamiento de Pablo es el siguiente: *Puesto* que Dios no escatimó a su propio Hijo, *entonces* seguramente *debe dar* y nos *dará* libremente todas las cosas junto con Él. ¿Por qué? ¿Cómo funciona esta importantísima lógica? El nombre técnico para esta clase de razonamiento es un *a majori ad minus*. Esto se refiere a un argumento "de mayor a menor".

Supongamos que dos tareas están motivadas por el mismo deseo, pero una es muy improbable porque su costo es extremadamente alto, y uno es más probable porque cuesta menos. Si deseo llevar a cabo ambas tareas y de algún modo logro cumplir la más costosa, entonces está casi garantizado que la menos costosa será llevada a cabo. Vencer los obstáculos más grandes garantiza que se vencen los más pequeños. Ese es un argumento *a majori ad minus*.

Pablo presenta un razonamiento en Romanos 8:32 desde lo que es imposiblemente difícil hasta lo que es relativamente fácil, o de mayor a menor. Dios no escatimó a su propio Hijo sino que lo entregó. Eso es lo difícil, lo más grande, lo impensable. La razón por la cual es más grande es porque Dios amó a su Hijo *infinitamente*. Su Hijo no merecía morir. Su Hijo era digno de la adoración de toda criatura. Él no merecía ser escupido, azotado, menospreciado y torturado. Entregar a "su amado Hijo" (Col. 1:13) fue lo más grande e incomparable.

Lógica celestial, segunda parte

Dios, al hacer esto que es el acto más grande y más difícil de todos, mostró que Él dará con absoluta seguridad *todas las cosas* a aquellos por quienes Él entregó a su Hijo. Darnos "todas las cosas" puede sonar como algo excesivamente grande. Lo es. Sin embargo, comparado con no escatimar a su propio Hijo, en la mente de Dios es algo relativamente fácil. Esto es alucinante. Es la lógica del cielo. "El que no escatimó ni a su propio Hijo, sino que lo entregó por todos nosotros, ¿cómo no nos dará también con él todas las cosas?".

La gran promesa, garantizada en la lógica de Romanos 8:32, es que Dios nos dará "todas las cosas". ¿Qué significa eso? En un contexto que incluye Romanos 8:36 ("Somos muertos todo el tiempo"), mi interpretación es que Dios nos dará todo lo que es bueno para nosotros, y que usará todo lo malo que sucede en nuestra vida, como morir por causa de Cristo, para nuestro bien.

John Flavel, un pastor puritano de hace más de trescientos años, exultó en Romanos 8:32:

> Seguramente si [Dios] no escatimó a este su propio Hijo un solo golpe, lágrima, gemido, suspiro o circunstancia desdichada, es inimaginable que después de eso Él niegue o prive a su pueblo, a aquellos por quienes se padeció todo esto, una sola misericordia, consuelo o privilegio, espiritual o temporal por el bien de ellos".[2]

Cada bendición requiere gloriarse en la cruz

Ahora podemos ver por qué Pablo dice que toda su gloria, su exultación y todo su gozo están en la cruz. Entiendo que él quiere decir que cada bendición en la vida cristiana, aun cada dificultad que Dios usa para el bien de su pueblo, se debe a la cruz. Hace parte de "todas las cosas" que según Romanos 8:32 ha sido garantizada por el hecho de que Dios no escatimó ni a su Hijo. Por eso dije que todo sermón que ofrece algo bueno a los creyentes en Cristo, o que les ayuda a ver que Dios obra para bien todo lo malo que ocurre en sus vidas, debe ser un sermón que exulta en el Cristo crucificado.

Sencillamente no puede haber bien alguno que esté al alcance de los amados hijos de Dios aparte de la cruz de Cristo. Sin embargo, *todo* sermón ofrece algún beneficio a los hijos de Dios. *Todo* pasaje de la Escritura, dice Pablo, es "útil" (2 Ti. 3:16). Y la única forma como algo decisivamente "útil" puede venir a un ser humano caído que merece el infierno es por causa de la cruz. Por lo tanto, todo provecho, toda bendición, todo regalo, toda

---

2. John Flavel, *The Works of John Flavel*, vol. 6 (Edinburgh: Banner of Truth; repr., 1988), 418. En los párrafos anteriores he adaptado apartes del capítulo 8 de John Piper, *Future Grace: The Purifying Power of the Promises of God* (Colorado Springs, CO: Multnomah, 2012), pp. 109-16 (Publicado en castellano por Editorial Vida con el título *Gracia venidera: El poder purificador de vivir por la fe*).

promesa, toda advertencia de la gracia y todo asomo valioso de la gloria de Dios en un sermón son comprados por sangre. Son gracias a la cruz, al Cristo crucificado. Gloriarse, exultar o regocijarse en cualquier beneficio ofrecido en un sermón, también será gloriarse en la cruz. Porque sin la cruz nada tendríamos aparte de ira.

Ninguna cosa sino Cristo crucificado

Para confirmar que estamos en sintonía con el apóstol Pablo, citamos de nuevo: "Pues me propuse no saber entre vosotros cosa alguna sino a Jesucristo, y a éste crucificado" (1 Co. 2:2). Sabemos, a partir del contexto de 1 Corintios, que Pablo no se refería a que no hablaría de otros temas. Es evidente que él sí "sabía" y hablaba de muchos temas: divisiones en las iglesias (1:10-17; 4:1-4), disciplina eclesial (5:1-5), inmoralidad sexual (6:12-20), pleitos legales (6:1-11), matrimonio y soltería (capítulo 7), alimentos ofrecidos a los ídolos (12-14), entre otros. Si, pues, Pablo no quería decir en 1 Corintios 2:2 que él solo sabía y hablaba acerca de Cristo crucificado, ¿qué quiso decir con "no saber entre vosotros cosa alguna sino a Jesucristo, y a éste crucificado"?

Mi respuesta es que Pablo quería decir que sea lo que sea que él supiera, que él hablara o hiciera, lo sabría, lo diría y lo haría en relación con Cristo crucificado. Pablo hace tiendas a la sombra de la cruz. Él predica a la sombra de la cruz. Él discute con quienes se oponen a la sombra de la cruz. Cristo crucificado está relacionado con todo lo que él hace y dice, porque cualquier bien que Pablo puede hacer por alguien en palabras o en hechos solo es posible en virtud de la muerte de Jesús. Sin Cristo crucificado, Pablo no tenía nada esperanzador para ofrecer. O, dicho en términos afirmativos, todo bien que Pablo hace o toda buena nueva que predica, se debe a Cristo crucificado. Por lo tanto, él va a pensar ("saber") acerca de las cosas únicamente bajo esa óptica. Él predicará únicamente bajo ese presupuesto.

Cristo aseguró todo bien

Lo que hemos visto hasta ahora, entonces, es que proclamar a Cristo (Col. 1:28), o predicar con el objetivo de gloriarse únicamente en la cruz (Gá. 6:14), o predicar con el propósito de conocer solamente a Cristo crucificado (1 Co. 2:2), o predicar las insondables riquezas de Cristo (Ef. 3:8) es predicar cada realidad bíblica en relación con la muerte de Jesús. Más específicamente, conocer solamente a Cristo y a Él crucificado en nuestra predicación significa dejar claro que todo bien disponible para el pueblo de

Dios en cada texto bíblico (ya sea una advertencia, una amonestación, una cualidad divina, un mandamiento o una promesa) está asegurado por medio de la sangre de Jesús. Aparte de la cruz, la bondad divina solo agravaría nuestra condenación merecida (Ro. 2:4). Por consiguiente, la cruz es el fundamento de todo sermón para todo bien que ofrece todo texto.

Ahora pasamos en el capítulo 16 a la pregunta: ¿Cómo entonces predicamos sabiendo que solo debemos gloriarnos en la cruz y no saber cosa alguna sino a Cristo y a Cristo crucificado?

16

La exultación expositiva y el Cristo crucificado, segunda parte

"Para que vivamos a la justicia"

En el capítulo anterior, cuando tratamos la asombrosa afirmación de Pablo acerca de gloriarse solamente en la cruz (Gá. 6:14), concluimos que no se refería a que Pablo no se gloriara en nada más, sino que en todo aquello que justifica gloriarse, de manera esencial y suprema, él también se gloriaba en Cristo. Cristo hizo posible todas las demás expresiones legítimas para gloriarse y, por ende, se convirtió en parte de todas ellas. Asimismo, cuando abordamos la afirmación de Pablo de no saber nada sino Cristo y Cristo crucificado (1 Co. 2:2), concluimos que no quiere decir que Pablo nunca hablara de otros temas, sino que la muerte de Cristo garantizó todo lo esperanzador que él tenía para decir acerca de cualquier otro tema. Sin Cristo crucificado no habría nada esperanzador para ofrecer a nadie. Cualquier buena nueva para el pueblo de Dios que Pablo predicaba a través de cualquier tema se desprende de Cristo crucificado.

Efectos inesperados sobre la predicación

Entender de este modo el enfoque de Pablo sobre Cristo crucificado tiene un efecto sobre la predicación que es diferente de lo que algunos han pensado. El efecto que tiene es animar al predicador a tomar todos los detalles de su texto con gran seriedad, y a dedicar tiempo a descubrir su significado y su aplicación con toda la especificidad que encierran las palabras. Cuando lo expreso en estos términos, estoy señalando una diferencia entre esta clase de predicación y la clase de predicación que trata superficialmente los detalles del texto con el único fin de adelantarse a hablar sobre la obra expiatoria de Cristo crucificado. Quiero ofrecer una alternativa para quienes piensan que "predicar a Cristo" significa solo reconocer el tema tratado en el texto para luego pasar al verdadero asunto terminando cada sermón con una repetición de lo que Cristo hizo en la cruz.

Yo no creo que en eso consista "predicar a Cristo" en la obra que lleva a cabo cada semana el predicador con el pueblo de Dios. Lo digo por varias razones. Primero, hay razones *secundarias*: (1) Esa clase de predicación tiende a desanimar las expectativas de las personas con un curso homilético predecible. (2) Tiende a tratar las palabras y frases literales, y la lógica del texto como si tuvieran poca importancia, dando la impresión de que no hace falta tratarlas con atención y profundidad, sino solo como preparaciones para el crescendo hacia el Cristo crucificado. (3) Tiende a formar malos hábitos de lectura de la Biblia en las personas atenuando el rigor y la solemnidad con la cual meditan las palabras mismas de la Escritura. (4) Tiende a debilitar la seriedad de los imperativos bíblicos acerca de cómo vivir la vida cristiana introduciendo la expiación en momentos críticos cuando el énfasis debería recaer sobre la urgencia de la obediencia.

A pesar de lo anterior, existe otra razón *principal* por la cual me preocupa esta forma de entender "predicar a Cristo". Ya he dicho que intento ofrecer una alternativa a una forma de "predicar a Cristo" que trata los detalles del texto de manera superficial y luego pasa al asunto en cuestión terminando con una repetición de lo que Cristo hizo en la cruz. Pero mi pregunta es: ¿Qué *hizo* Cristo en la cruz con respecto a la realidad de este pasaje de sermón específico? Tome, por ejemplo, 1 Pedro 4:7-9:

> Mas el fin de todas las cosas se acerca; sed, pues, sobrios, y velad en oración. Y ante todo, tened entre vosotros ferviente amor; porque el amor cubrirá multitud de pecados. Hospedaos los unos a los otros sin murmuraciones.

¿Qué hizo Cristo en la cruz con respecto a la realidad de este pasaje? ¿Murió Él por los pecadores para que este texto acerca del dominio propio, la sobriedad, el amor, la hospitalidad y la murmuración estuviera en la Biblia simplemente para recordarnos que Él murió por los pecadores? ¿O murió por los pecadores precisamente para que este pasaje, en toda su especificidad, fuera posible para las personas redimidas? ¿Murió Él por nosotros para que cuando leamos este texto profundicemos en los detalles de esta clase de vida comprada por sangre, y de cómo vivirla? Cuando Pedro dice que Cristo "llevó él mismo nuestros pecados en su cuerpo sobre el madero, *para que nosotros, estando muertos a los pecados, vivamos a la justicia*" (1 P. 2:24), ¿quiso decir "gloriarse en el poder de la cruz y en el método de Dios por medio de la cruz que hizo posible para los cristianos hacer lo que el texto bíblico les ordena"?

¿Directamente a la cruz?

Cuando predicamos 1 Pedro 4:7-9, ¿deberíamos tener la actitud de comentar en términos generales los detalles y luego ir "directamente a la cruz"? Esa frase viene de una cita que (cientos de personas) han atribuido a Charles Spurgeon: "Tomo mi texto y voy directamente a la cruz". Según tengo entendido, nadie ha citado la fuente de esta afirmación de Spurgeon, y quienes lo conocen mejor parece que no pueden demostrar su autoría.[1] Sin embargo, la cita se ha usado para cultivar un tipo de predicación que me parece desalentadora.

Por supuesto, la cita en sí misma no tiene que ser confusa, como tampoco tiene que serlo la declaración de Pablo de no saber nada sino Cristo crucificado. No obstante, la cita puede ciertamente desorientar a los predicadores. Así que volvamos a mi pregunta: Cuando leemos y predicamos 1 Pedro 4:7-8, ¿deberíamos tener la actitud de presentar algunos comentarios generales para luego ir directamente a la repetición de la muerte y la resurrección de Jesús, con un gran crescendo dirigido a que Cristo murió por nuestros pecados? ¿Es eso lo que significa predicar "las inescrutables riquezas de Cristo" (Ef. 3:8) cuando predicamos 1 Pedro 4:7-9?

El propósito de la cruz invertido

No lo creo. De hecho, creo que esa actitud invierte la cruz y las realidades reveladas en la Escritura. ¿Qué hizo Cristo en la cruz con respecto a la realidad de este texto? Él compró la vida cristiana que este pasaje describe y ordena. Permítame repetirlo: Cuando Cristo murió por nosotros en la cruz, Él obtuvo para nosotros la gloria de la obediencia a 1 Pedro 3:7-9 que Él mismo nos imparte. Las realidades que este texto revela y describe

---

1. "Christian George y un equipo de personas en la universidad también habían dedicado tiempo durante el verano para encontrar esta referencia. Su búsqueda fue igualmente infructuosa. Si ellos no pudieron encontrarla, dudo que alguien más pueda hacerlo". Joel Littlefield, "I Can't Believe Spurgeon Didn't Say That", The Blazing Center website, consultado el 14 de marzo de 2017, https://theblazingcenter.com/2016/08/i-cant-believe-spurgeon-didnt-say-that.html.

no existen por causa de la cruz. ¡La cruz existe por causa de estas realidades!

¡Esa es la gloria de la cruz! La cruz lleva a esta clase de vida de amor. No al revés. La cruz compró esto. Cristo murió por esto, es decir, para que nosotros, con todos nuestros pecados perdonados, podamos disfrutar la presencia y el poder del Cristo vivo conforme Él obra en nosotros dominio propio, sobriedad, amor y hospitalidad sin murmuraciones, todo lo cual fue comprado por la sangre. Esta es la vida milagrosa, la gloria de la piedad llena de Cristo que su muerte hizo posible.

Por lo tanto, el argumento *principal* para rechazar la predicación que va "directamente a la cruz" (como la hemos descrito) es que *menoscaba* la gloria de la cruz. Sin embargo, cree que hace exactamente lo contrario. Cree que la cruz se magnifica aún más cuando cada semana se lleva el sermón a un crescendo que celebra la expiación que se hizo en nuestro lugar. Esa no es la manera de dar importancia a la cruz. Naturalmente, asegúrese de que su congregación conoce los detalles del evento más importante de la historia del mundo: la muerte y la resurrección de Jesús. Pero hecho esto, dedique la mayor parte de su tiempo a predicar los *resultados* gloriosos de la cruz que llenan las páginas de la Escritura.

Y lo que hemos visto es que todo bien provechoso en la Biblia, es decir, toda bendición, todo regalo, toda promesa, toda advertencia de la gracia y todo asomo valioso de la gloria de Dios en un sermón son comprados por sangre. Son por causa de la cruz, del Cristo crucificado. Todo bien inmerecido, toda gracia, expresada en cualquier texto en cualquier pasaje de la Biblia (ya sea una belleza o fealdad revelada, una advertencia o una promesa) es una gracia comprada por sangre, aun todas las del Antiguo Testamento (Ro. 3:25; 2 Co. 1:20).

Una línea directa desde la cruz

La línea directa en la Biblia va en la otra dirección. Cristo murió para que nosotros pudiéramos trazar una línea directa *desde* la cruz a la resurrección, al derramamiento del Espíritu Santo, a la entrega de la Escritura, al milagro del nuevo nacimiento que fue comprado por sangre, al misterio de *Cristo en vosotros, la esperanza de gloria,* a las maravillas del dominio propio, la sobriedad, el amor y la hospitalidad sin murmuraciones que exaltan a Cristo y que Él imparte.

Esto significa que si usted quiere glorificar la cruz en su predicación, debe brindar una exposición imponente acerca de las maravillas del dominio propio, de las prodigiosas maravillas y los beneficios de la sobriedad, de lo precioso y doloroso que es el amor fraternal, de la gracia poderosa que opera en la hospitalidad práctica, de lo excepcional y portentoso de una persona que nunca murmura. Y despierte una consciencia gozosa y constante en su congregación de que cada una de estas, el ver cada verdad, el saborear cada gloria y la obediencia a cada mandato, es un don comprado por sangre que exalta a Cristo.

El buen árbol se glorifica en su fruto

Un buen árbol produce buen fruto. Cristo murió a fin de que su cuerpo, la iglesia, sea el árbol donde crece ese hermoso y suculento fruto. Magnificamos el triunfo de su sacrificio cuando trazamos una conexión directa entre cada texto y las realidades concretas, detalladas y específicas que el texto trata verdaderamente, cómo se ven y cómo se presentan por el poder del Espíritu derramado por la sangre de Jesús. Jesús no murió para que se escriba una Biblia con mil páginas describiendo solo el Calvario. Él fue al Calvario para que se describan en la Biblia miles de glorias a fin de que nosotros podamos verlas, saborearlas y mostrarlas por medio de una vida crucificada.

Cristo murió para darnos riquezas de deleite en Dios en la totalidad de la vida

Permítame expresarlo de otra forma. Yo escribí un libro titulado *Dios es el evangelio*.[2] Cada revelación de su carácter y de sus caminos, cada descripción de Cristo, cada palabra que pronunció, cada reprensión por nuestro pecado, cada promesa de su gracia, cada mandato práctico de andar en amor y santidad, cada advertencia contra la maldad, son todos medios comprados por sangre para caminar en gozosa comunión con Dios. Para esto murió Jesús.

Por lo tanto, predicar a Cristo crucificado, como indicó Pablo en 1 Corintios 2:2 y Gálatas 6:14, no significa convertir cada sermón en un mensaje que culmina con una repetición de la expiación. Antes bien, consiste en tratar seria y cuidadosamente cada palabra, cada oración y cada conexión lógica en el texto a fin de mostrar cómo Cristo, crucificado y resucitado, y presente por el Espíritu, hace posible y define la nueva forma de vida que describe el texto.

---

2. John Piper, *Dios es el evangelio* (Grand Rapids, MI: Editorial Portavoz, 2007).

Predicar las "inescrutables riquezas de Cristo"

A Pablo le asombraba que Dios lo llamara a "anunciar entre los gentiles el evangelio de las inescrutables riquezas de Cristo" (Ef. 3:8). No lograremos glorificar esas "inescrutables riquezas de Cristo" en nuestra predicación si enseñamos a las personas a alejarse de la atención rigurosa y detallada en los textos bíblicos a fin de ir directo a los hechos familiares sobre la expiación (¡tan gloriosos como son!). Mire el contexto de Efesios 3:8. He aquí por qué Pablo predicó las riquezas inescrutables de Cristo:

> ...y de aclarar a todos cuál sea la dispensación del misterio escondido desde los siglos en Dios, que creó todas las cosas; para que la multiforme sabiduría de Dios sea ahora dada a conocer por medio de la iglesia a los principados y potestades en los lugares celestiales (Ef. 3:9-10).

Predique a Cristo. Revele al mundo el misterio de Dios. Cree por el poder divino un nuevo pueblo de Dios llamado "la iglesia". Y por medio de ese pueblo, de cómo es creado y adora y vive, muestre a los ángeles y a los demonios la multiforme sabiduría de Dios, la sabiduría de cómo Dios crea un pueblo por la cruz. La gloriosa sabiduría de la cruz es visible en la iglesia. Y Dios dio a la iglesia un libro lleno de enseñanzas específicas y concretas. Estas enseñanzas son el instrumento que usa el Espíritu para moldear a la iglesia a fin de que se convierta en un agente que exalta a Cristo en el mundo.

La predicación toma estas enseñanzas concretas y específicas, y extrae de ellas cada gota de deslumbrante sabiduría que transforma la vida. No se disculpa por tratar los detalles del texto e insistir en dejarlos claros en el corazón de las personas. No se apresura a abandonar el texto y pasar a textos que hablan explícitamente de la cruz. Usted lo ha dejado claro una y otra vez para todos: la cruz ya está ahí. Siempre está presente. Es el fundamento para todo. Nada obtenemos sin ella. Así que profundicemos en las maravillas del fruto de vida y adoración. Cristo murió para que alcancemos todo esto. En eso consiste predicar las inescrutables riquezas de Cristo.

"A quien anunciamos"

Vemos lo mismo desde un ángulo diferente en Colosenses 1:27-28:

> ...a quienes Dios quiso dar a conocer las riquezas de la gloria de este misterio entre los gentiles; que es *Cristo en vosotros, la esperanza de*

> *gloria, a quien anunciamos*, amonestando a todo hombre, y enseñando a todo hombre en toda sabiduría, a fin de presentar perfecto en Cristo Jesús a todo hombre.

"A quien anunciamos". ¡Sí! Antes de la declaración de Pablo "a quien anunciamos" está "Cristo en vosotros, la esperanza de gloria". Proclamar a Cristo significa hacer gloriosamente claras y hermosas todas las implicaciones de la realidad de Cristo, comprada por la sangre, en usted *ahora.* La muerte de Cristo, dos mil años antes de que usted existiera, compró la presencia de Cristo en usted hoy. Los textos que hablan acerca de cómo experimentar este Cristo vivo y cómo ser transformados por Él en actitudes y comportamientos de vida específicos, no están en la Biblia para enviarnos directo a la cruz. Antes bien, la cruz está en la Biblia para enviarnos directo a escudriñar esos textos y para descubrir las maravillas de la vida obediente en Cristo que fue comprada por sangre. Esto no sucede cuando se tratan los textos de manera apresurada y superficial antes de abandonarlos con el fin de predicar a Cristo crucificado.

Ahora bien, detrás de la declaración de Pablo "a quien anunciamos" está la descripción detallada de lo que entraña dicho anuncio: "...amonestando a todo hombre, y enseñando a todo hombre en toda sabiduría, *a fin de presentar perfecto en Cristo Jesús a todo hombre*". El objetivo de predicar a Cristo es la perfección en el Cristo vivo. Esto comprende advertencias, enseñanzas y sabiduría. Esta es la clase de cosas que encontramos en todas las páginas de la Escritura. "Anunciar a Cristo" no significa dejar a un lado las advertencias, enseñanzas y sabiduría específicas y detalladas de la Escritura para repetir la historia del evangelio. Antes bien, "anunciar a Cristo" no escatima esfuerzo alguno para examinar profundamente lo que hay realmente en el texto, a saber, todas las maravillas de verdad y de vida que Cristo murió para entregarnos.

La realidad entrelazada de la gloria de Dios y la obra del Hijo

En el capítulo 12 mencioné que están entrelazadas las tres respuestas a nuestra pregunta general sobre "¿cuál realidad predicamos?". Estas respuestas son: (1) la gloria de Dios Padre, (2) la obra salvadora del Hijo, y (3) la obra santificadora y protectora del Espíritu. Aquí vemos la convergencia de la gloria del Padre y del Hijo.

Según el apóstol Pablo, predicar a Cristo no solo incluye el anuncio de su adquisición mediante el sacrificio de todo bien que los creyentes pueden experimentar por siempre, y el poder transformador de su presencia en nuestras vidas, sino también el objetivo de glorificar a Cristo en virtud de su obra por nosotros y en nosotros. Es cierto que la gloria del Padre tiene un carácter definitivo. Lo vemos en Filipenses 2:11, donde el Padre exalta al Hijo por encima de todo nombre, a fin de que "toda lengua confiese que Jesucristo es el Señor, *para gloria de Dios Padre*". No obstante, la gloria del Padre y del Hijo son una sola gloria. La gloria de Cristo que se desprende de su cruz, de su resurrección y de su obra en su pueblo, es la gloria misma de Dios. Esto lo vemos más claramente en 2 Corintios 4:4-6:

> en los cuales el dios de este siglo cegó el entendimiento de los incrédulos, para que no les resplandezca la luz del evangelio de *la gloria de Cristo, el cual es la imagen de Dios*... Porque Dios, que mandó que de las tinieblas resplandeciese la luz, es el que resplandeció en nuestros corazones, para iluminación del conocimiento de *la gloria de Dios en la faz de Jesucristo*.

Pablo lo expresa de manera clara y explícita. Tan pronto como se refiere a la gloria de *Cristo*, él dice que Cristo es la imagen de *Dios*. Y tan pronto menciona la gloria de *Dios*, dice que esta gloria está en la faz de *Cristo*. En otras palabras, no hay dos glorias. La gloria de Cristo es la gloria de Dios.

Por lo tanto, no es sorprendente que Pablo señale la gloria de Cristo como la meta de la creación y la meta de la vida cristiana. "El es la imagen del Dios invisible, el primogénito de toda creación... todo fue creado por medio de él y *para él*" (Col. 1:15-16). Es decir, todas las cosas fueron creadas para la gloria de Cristo. Por lo tanto, cuando predicamos a Cristo, buscamos exhibir su gloria.

Esta es la meta de toda predicación, porque la fe y el poder de los creyentes que Cristo con su muerte buscó ganar, y que nosotros buscamos despertar por la predicación, existen para la gloria de Dios. Esto es lo que Pablo dijo en 2 Tesalonicenses 1:11-12: "Por lo cual asimismo oramos siempre por vosotros, para que nuestro Dios os tenga por dignos de su llamamiento, y cumpla todo propósito de bondad y toda obra de fe con su poder, para *que el nombre de nuestro Señor Jesucristo sea glorificado en vosotros*".

Disfrutar el Cristo vivo

Ya hemos dado respuesta a dos de nuestras tres preguntas cuya finalidad es mostrar cuáles realidades bíblicas deberían entretejerse en toda nuestra predicación.

1. ¿Cuál es la meta final del autor bíblico en el texto del sermón? La respuesta fue: la glorificación de Dios. Nuestra congregación debería ver todas las cosas con un resplandor cada vez mayor de su relación con la gloria de Dios. La gloria de Dios brilla, no a pesar de lo que está en el texto, sino más bien en y a través de las realidades concretas del texto. Entre más tratamos con rigor lo que Dios puso en el texto, más brillará su gloria a través del texto.

2. ¿Cómo se relaciona el texto del sermón con Jesucristo y su obra salvadora? La respuesta fue: proclamar a Cristo (Col. 1:28), predicar con el propósito de gloriarse solo en la cruz (Gá. 6:14), predicar con el propósito de conocer solo a Cristo crucificado (1 Co. 2:2) o predicar las inescrutables riquezas de Cristo (Ef. 3:8) es predicar la realidad de aquello que la sangre de Cristo compró para su pueblo. Predicar exalta la gloria de esa adquisición, no dejando el texto y dirigiéndose de inmediato a la cruz, sino trazando una línea directa *desde* la cruz a los detalles de cada texto y a las maravillas de la adoración y la obediencia compradas por la sangre, las cuales exaltan a Cristo y están saturadas de Cristo. De ahí que Cristo crucificado se convierta en el fundamento de todo sermón. Si Él no hubiera muerto por los pecadores, nada habría para ofrecer en la predicación.

Permítame aclarar una vez más para terminar este capítulo que llamar la cruz el "fundamento" de toda bendición comprada por sangre nunca debe oscurecer, sino magnificar la verdad de que la mayor de todas las bendiciones es Cristo mismo en toda su gloria. Cristo en nosotros. Cristo sobre nosotros. Cristo delante de nosotros. Cristo detrás de nosotros. Cristo como nuestro amigo, que nos sostiene y nos llena de satisfacción con su propia presencia gloriosa. La gloria de Cristo que la cruz nos permitió disfrutar es la gloria de su amor sufriente revelado en la cruz, la gloria de su justicia en la misericordia revelada en la cruz, la gloria de su poder en la debilidad revelada en la cruz.

Por lo tanto, la cruz no es un "fundamento" como sirven de cimiento los bloques de cemento en su sótano, sin que los veamos ni tengamos presentes. Es un fundamento así como el fuego es el fundamento para la luz. Así como la pintura es el fundamento de los retratos. Así como el amor es el fundamento de las relaciones. Así como las lilas son el fundamento del aroma que impregna el aire. Así como el sacrificio es el fundamento de la canción eterna del Cordero. La gloria de este "fundamento" perdura en todo lo que asegura y sustenta. Cristo crucificado no compró la clase de obediencia que olvida a Cristo, sino la obediencia que atesora a Cristo y que exalta a Cristo.

Puesto que Jesús mismo también es la piedra angular de toda bendición que ha sido comprada por sangre, la experiencia del pueblo de Dios que se busca con cada sermón está incompleta sin el disfrute del Cristo vivo. Por consiguiente, cada sermón busca glorificar a Cristo en la obediencia gozosa de su pueblo que exalta a Cristo y que ha sido guiada por el texto.

En los siguientes dos capítulos pasamos a nuestra tercera pregunta: ¿Cuál es el tipo de vida que conduce a la salvación final en lugar de llevar a la destrucción? Esto también nos llevará a una realidad que definirá cada sermón.

17

La exultación expositiva y la obediencia de fe, primera parte

El camino del amor que conduce a la vida

He sugerido tres preguntas que nos guían acerca de cómo escoger los aspectos de la visión bíblica global del autor que vamos a incluir en nuestra predicación de textos específicos: (1) ¿Cuál es el objetivo final del autor bíblico en el texto del sermón? (capítulos 13 y 14). (2) ¿Cómo se relaciona el texto con Jesucristo y su obra salvadora? (capítulos 15 y 16). (3) ¿Cuál es el tipo de vida que conduce a la salvación final en lugar de llevar a la destrucción? (presente capítulo y el siguiente).

En este capítulo abordamos la tercera pregunta, la cual da por sentado que si hay una forma de buscar la santidad (y la vida eterna) que triunfa, y otra que fracasa, la predicación debería esclarecer el camino que conduce a la vida y advertirnos acerca del camino que fracasa. Doy por sentado, además, que el corazón humano puede responder de tal modo a *cualquier* texto que conduce a la destrucción o a la gloria. Por tanto, sea cual sea el texto, la predicación debería señalar el camino a la vida y a la gloria.

Una manera de ver las relaciones entre estas tres preguntas es que la primera abordó la gloria de Dios como la *meta* de la vida cristiana, la segunda consideró la cruz de Cristo como el *fundamento* de la vida cristiana, y ahora la tercera trata acerca de la *forma* como vivimos la vida cristiana, la única forma viable que conduce a la salvación final. Si la predicación logra dejar clara la meta y deja claro el fundamento, pero falla en esclarecer el camino entre los dos, fracasa por completo. Jesús dijo: "estrecha es la puerta, y angosto el camino que lleva a la vida, y pocos son los que la hallan" (Mt. 7:14). La tarea de la predicación es ayudar a las personas a entrar en ese camino y a permanecer en él.

Predicación y perseverancia

Es posible conocer la meta de la vida cristiana y conocer el fundamento, y aun así perecer. Judas conocía todas las mismas enseñanzas que Pedro. Los fariseos pasaban más tiempo en las Escrituras que cualquier otro grupo, pero estaban llenos de muerte (Mt. 23:27). Antes de su conversión, Pablo era tan experto en la ley de Dios que se le podía llamar "intachable", pero estaba tan ciego y muerto que persiguió a la iglesia (Fil. 3:6). Pedro dijo que había quienes profesaban ser cristianos, a quienes "mejor les hubiera sido no haber conocido el camino de la justicia" (2 P. 2:21). Y el libro de Hebreos dice que es posible hacer uso indebido del "conocimiento de la verdad" (He. 10:26).

A pesar de que existen estas alarmas en la Escritura, hay una visión de la vida cristiana que minimiza la necesidad de perseverar en la fe y la santidad. No admite la exhortación: "tanto más procurad hacer firme vuestra vocación y elección" (2 P. 1:10). Esta visión considera nuestra profesión inicial de fe como una experiencia que imparte alguna clase de seguridad que no requiere la confirmación constante por medio de la fe perseverante y la santidad.

Hay un tipo de predicación que acompaña esta visión de la salvación. Esta predicación busca lograr que la gente haga esa primera profesión de fe, después de lo cual la salvación nunca está en riesgo en la congregación. Para los creyentes profesantes, esa clase de predicación carece de implicaciones para su vida eterna. La perseverancia en la fe y en la santidad no son esenciales para su seguridad y, por ende, la predicación constante de la Palabra de Dios no es esencial para sustentar la fe para la vida eterna.

Esta es una visión peligrosa de la salvación que produce un efecto demoledor en la profundidad y en la urgencia de la predicación. La verdad bíblica es que perseverar en la fe y en la santidad son, en efecto, requisitos para la salvación final, y que la predicación es uno de los medios de la gracia de Dios para asegurar que todos los que verdaderamente le pertenecen la experimenten. Por lo tanto, cada semana en adoración corporativa la salvación está en juego, no solo porque hay incrédulos presentes que necesitan ser salvos, sino porque el plan de Dios es preservar a su pueblo para la salvación final por medio del ministerio de la palabra. Nada pesó más en mis treinta y tres años de ministerio pastoral que saber que yo era el instrumento de Dios para ayudar a mi congregación para llegar salvos a casa.

Cada sermón destinado a salvar santos

Los predicadores deben dirimir este asunto en su mente a fin de comprender su llamado y sentir la urgencia de cada sermón. He oído a muchas personas hablar acerca de la urgencia que genera la posible presencia de una persona incrédula en la congregación que pueda morir antes de oír de nuevo el evangelio. Sin embargo, pareciera que muy pocas personas hablan de una urgencia similar que se produce cada semana, no por lo que *podría* suceder, sino por lo que en efecto *sucede*: cualquiera de los creyentes presentes podría morir si falla en perseverar en la fe y la obediencia. Y su predicación ese mismo domingo puede ser el instrumento de Dios para guardarlos esa semana de la apostasía frente a algún tipo de sufrimiento extremo. Cada semana su sermón está destinado a facultar a alguna persona para huir de una tentación que de otra manera podría ser el paso decisivo para entrar en un camino de maldad insalvable. Cada sermón es un sermón de salvación para todo creyente.

La santidad sin la cual no veremos al Señor

Es preciso que usted dirima este asunto en su mente. Percibirá de una manera completamente diferente la urgencia con la cual predica. Considere las implicaciones de los siguientes pasajes de la Escritura. Conforme los lee, pregúntese: ¿Enseñan estos pasajes que la santidad real, práctica y evidente es el único camino que conduce a la salvación final?

> *Si no perdonáis a los hombres sus ofensas*, tampoco vuestro Padre os perdonará vuestras ofensas (Mt. 6:15).
>
> Muchos me dirán en aquel día: Señor, Señor, ¿no profetizamos en tu nombre, y en tu nombre echamos fuera demonios, y en tu nombre hicimos muchos milagros? Y entonces les declararé: "Nunca os conocí; apartaos de mí, *hacedores de maldad*" (Mt. 7:22-23).
>
> El que *persevere hasta el fin*, éste será salvo (Mr. 13:13).
>
> No os maravilléis de esto; porque vendrá hora cuando todos los que están en los sepulcros oirán su voz; y *los que hicieron lo bueno, saldrán*

a resurrección de vida; mas los que hicieron lo malo, a resurrección de condenación (Jn. 5:28-29).

A los que, *perseverando en bien hacer*, buscan gloria y honra e inmortalidad (Ro. 2:7).

Además os declaro, hermanos, el evangelio que os he predicado, el cual también recibisteis, en el cual también perseveráis; por el cual asimismo, *si retenéis la palabra que os he predicado, sois salvos, si no creísteis en vano* (1 Co. 15:1-2).

Si vivís conforme a la carne, moriréis; mas *si por el Espíritu hacéis morir las obras de la carne, viviréis* (Ro. 8:13).

Porque el que siembra para su carne, de la carne segará corrupción; mas el que siembra para el Espíritu, del Espíritu segará vida eterna. No nos cansemos, *pues, de hacer bien; porque a su tiempo segaremos [vida eterna], si no desmayamos* (Gá. 6:8-9).

[Cristo] os ha reconciliado en su cuerpo de carne, por medio de la muerte, para presentaros santos y sin mancha e irreprensibles delante de él; *si en verdad permanecéis fundados y firmes en la fe*, y sin moveros de la esperanza del evangelio que habéis oído (Col. 1:22-23).

Pero nosotros debemos dar siempre gracias a Dios respecto a vosotros, hermanos amados por el Señor, de que Dios os haya escogido desde el principio *para salvación, mediante la santificación* por el Espíritu y la fe en la verdad (2 Ts. 2:13).

Cristo como hijo sobre su casa, la cual casa somos nosotros, *si retenemos firme hasta el fin la confianza* y el gloriarnos en la esperanza (He. 3:6).

Porque somos hechos participantes de Cristo, *con tal que retengamos firme hasta el fin nuestra confianza del principio* (He. 3:14).

Nosotros no somos de los que *retroceden para perdición*, sino de los que tienen fe para preservación del alma (He. 10:39).

Seguid la paz con todos, y *la santidad, sin la cual nadie verá al Señor* (He. 12:14).

Bienaventurado el varón que soporta la tentación; *porque cuando haya resistido la prueba, recibirá la corona de vida*, que Dios ha prometido a los que le aman (Stg. 1:12).

> Así también la fe, *si no tiene obras, es muerta en sí misma* (Stg. 2:17).
>
> Pero *si andamos en luz*, como él está en luz, tenemos comunión unos con otros, y la sangre de Jesucristo su Hijo nos limpia de todo pecado (1 Jn. 1:7).
>
> El que dice: Yo le conozco, *y no guarda sus mandamientos, el tal es mentiroso*, y la verdad no está en él (1 Jn. 2:4).
>
> Nosotros sabemos que hemos pasado de muerte a vida, *en que amamos a los hermanos*. El que no ama a su hermano, permanece en muerte (1 Jn. 3:14).
>
> *Sé fiel hasta la muerte*, y yo te daré la corona de la vida (Ap. 2:10).

Si existiera un libro sobre la santificación y la perseverancia, yo necesitaría insistir en todos esos versículos y mostrar su significado y sus implicaciones en contexto.[1] Pero este es un libro sobre la predicación, y mi objetivo principal aquí no es defender esta visión de la salvación, sino mostrar sus implicaciones para la predicación. Para hacerlo, debo al menos aclarar los aspectos bíblicos.

Lo que esos textos enseñan es que hay una santidad, una forma de vida que es como la de un niño, que depende de Cristo, que glorifica a Dios y es gozosa, la cual conduce a la vida eterna y sin la cual pereceremos. O dicho de otra manera, la fe salvadora posee una naturaleza tal que se valida en una vida de santidad. No de perfección, pero sí de un cambio real de corazón, de actitud y de acción que evidencia que Cristo se ha convertido en el Salvador, el Señor y el tesoro de una vida.

La santidad y la seguridad eterna

Esta necesidad de santidad no mina nuestra convicción ni nuestra seguridad eterna, porque Dios se ha comprometido a guardar firmes a los que le pertenecen. Estamos seguros no porque la perseverancia es opcional, sino porque el Dios omnipotente que guarda sus pactos es quien lo hace categóricamente posible. Esto significa que los siguientes pasajes son tan importantes y preciosos como los citados anteriormente. Estos son los que muestran el compromiso de Dios de preservar nuestra fe y nuestra santidad:

---

1. Véase John Piper, *Gracia venidera: El poder purificador de vivir por la fe* (Miami, FL: Editorial Vida, 2006).

Y haré con ellos pacto eterno, que no me volveré atrás de hacerles bien, *y pondré mi temor en el corazón de ellos, para que no se aparten de mí* (Jer. 32:40).

Mis ovejas oyen mi voz, y yo las conozco, y me siguen, y yo les doy vida eterna; *y no perecerán jamás, ni nadie las arrebatará de mi mano.* Mi Padre que me las dio, es mayor que todos, y nadie las puede arrebatar de la mano de mi Padre (Jn. 10:27-29).

Y a los que predestinó, a éstos también llamó; y a los que llamó, a éstos también justificó; *y a los que justificó, a éstos también glorificó* (Ro. 8:30).

El cual también os confirmará hasta el fin, para que seáis irreprensibles en el día de nuestro Señor Jesucristo. Fiel es Dios, por el cual fuisteis llamados a la comunión con su Hijo Jesucristo nuestro Señor (1 Co. 1:8-9).

Estando persuadido de esto, *que el que comenzó en vosotros la buena obra, la perfeccionará* hasta el día de Jesucristo (Fil. 1:6).

No que lo haya alcanzado ya, ni que ya sea perfecto; sino que prosigo, por ver si logro asir aquello para lo cual *fui también asido por Cristo Jesús* (Fil. 3:12).

Por lo cual *puede también salvar perpetuamente* a los que por él se acercan a Dios, viviendo siempre para interceder por ellos (He. 7:25).

Sois guardados por el poder de Dios mediante la fe, para alcanzar la salvación que está preparada para ser manifestada en el tiempo postrero (1 P. 1:5).

Salieron de nosotros, pero no eran de nosotros; porque *si hubiesen sido de nosotros, habrían permanecido con nosotros*; pero salieron para que se manifestase que no todos son de nosotros (1 Jn. 2:19).

Y a aquel que es *poderoso para guardaros sin caída*, y presentaros sin mancha delante de su gloria con gran alegría, al único y sabio Dios, nuestro Salvador, sea gloria y majestad, imperio y potencia, ahora y por todos los siglos. Amén (Jud. 24-25).

Confirme su vocación y elección

Dios ha prometido ser nuestro guardador. Hasta el fin. Nada puede arrebatarnos de la mano de Dios. Por lo tanto, sabemos que cuando la Biblia nos dice "tanto más procurad hacer firme vuestra vocación y elección"

(2 P. 1:10), no quiere decir que *nuestra* acción de confirmación es decisivo para preservarnos para el cielo. La acción *de Dios* de preservación es decisiva. Nuestra acción es dependiente y esencial. La de Dios es fundamental y causal. Engendra la nuestra. Nuestra perseverancia en la fe es un milagro sobrenatural. Dios produce el milagro. Nosotros lo desplegamos.[2] Ambos son esenciales. Esto es evidente en los siguientes pasajes.

> Pero por la gracia de Dios soy lo que soy; y su gracia no ha sido en vano para conmigo, antes he trabajado más que todos ellos; pero no yo, sino la gracia de Dios conmigo (1 Co. 15:10).
>
> Para lo cual también trabajo, luchando según la potencia de él, la cual actúa poderosamente en mí (Col. 1:29).
>
> Por tanto, amados míos, como siempre habéis obedecido, no como en mi presencia solamente, sino mucho más ahora en mi ausencia, ocupaos en vuestra salvación con temor y temblor, porque Dios es el que en vosotros produce así el querer como el hacer, por su buena voluntad (Fil. 2:12-13).
>
> Y el Dios de paz que resucitó de los muertos a nuestro Señor Jesucristo, el gran pastor de las ovejas, por la sangre del pacto eterno, os haga aptos en toda obra buena para que hagáis su voluntad, haciendo él en vosotros lo que es agradable delante de él por Jesucristo; al cual sea la gloria por los siglos de los siglos. Amén (He. 13: 20-21).

De modo que la seguridad de nuestra congregación como hijos elegidos de Dios, llamados y adoptados no está en discusión. Ellos van a perseverar. Si alguien no persevera, es la prueba de que no pertenecía a Dios desde el comienzo. Eso deja claro 1 Juan 2:19: "porque si hubiesen sido de nosotros, habrían permanecido con nosotros" (1 Jn. 2:19). Sin embargo, lo que el predicador debe dejar especialmente claro a este respecto es el hecho de que Dios guarda a su pueblo, Él preserva su fe y su obediencia *por medio de la acción de su Palabra*. Predicar esa Palabra al pueblo de Dios es una forma como Dios usa la Palabra para salvar a su pueblo.

La predicación salva a los que son salvos

Esto significa, por extraño que pueda sonar, que la tarea del predicador es

2. Véase John Piper y David Mathis, *Acting the Miracle: God's Work and Ours in the Mystery of Sanctification* (Wheaton, IL: Crossway, 2013).

salvar a los salvos. Esta no es una exageración retórica y sin sentido. Es la verdad exacta. Dios puede salvar a su pueblo de cualquier manera que le plazca. Y la manera como los salva es primero convirtiéndolos a Cristo (Hch. 18:27), y luego "haciendo él en vosotros lo que es agradable delante de Él" (He. 13:21). Y ambas obras las hace por medio de la Palabra de Dios. La conversión ocurre por la Palabra: "la fe es por el oír, y el oír, por la palabra de Dios" (Ro. 10:17). Y la fe perseverante y la obediencia ocurren por la Palabra de Dios: "recibisteis la palabra de Dios... la cual actúa en vosotros los creyentes" (1 Ts. 2:13).

Así pues, no debería sorprendernos que Pablo describa la incontenible Palabra de Dios como el instrumento por medio del cual *salva a los elegidos*: "la palabra de Dios no está presa. Por lo tanto, todo lo soporto *por amor de los escogidos, para que ellos también obtengan la salvación* que es en Cristo Jesús con gloria eterna" (2 Ti. 2:9-10). Eso es lo que el predicador hace cada semana: anuncia la incontenible Palabra de Dios "por amor de los escogidos, para que ellos también obtengan la salvación"; no solo la conversión inicial, sino la salvación final al término de la era.

La salvación por medio de la santificación

Ahora la pregunta es: Si ellos ya son salvos, ¿cómo les ayuda la predicación a alcanzar la salvación final? ¿Qué necesita oír el pueblo, semana tras semana, a fin de experimentar el milagro de "la santidad sin la cual nadie verá al Señor" (He. 12:14)? ¿Cómo predica el predicador a fin de sustentar la fe salvadora y facilitar la santificación por medio de la cual su pueblo puede ser salvo? Porque sin duda el predicador conoce, a partir de 2 Tesalonicenses 2:13, que su pueblo ha sido "escogido desde el principio para la salvación, *mediante la santificación* por el Espíritu y *la fe* en la verdad". Esta es la misión del predicador: ser el instrumento de Dios para salvar a su pueblo *mediante la santificación* que produce el Espíritu y la *fe* que persevera.

Entonces, ¿cómo se fortalecen y sustentan la santificación y la fe por medio de la predicación?

Santidad y amor

Primero, aclaremos que la esencia de la santificación es el amor a Dios y al prójimo que es genuino y sacrificado, y que exalta a Cristo. No limite la santificación ni la santidad a actos personales de devoción o a la abstención de malos comportamientos. También es eso, pero esa no es su esencia. La esencia de ese amor es liberarse de los antiguos poderes de egoísmo en aras del servicio de amor a otros.

Vemos la conexión entre santidad y amor en 1 Tesalonicenses 3:12-13: "Y el Señor os haga crecer y abundar en *amor* unos para con otros y para con todos, como también lo hacemos nosotros para con vosotros, *para que* sean afirmados vuestros corazones, irreprensibles en *santidad*". El corazón de la santidad cristiana es estar tan radicalmente separado de los viejos modos de autoexaltación y de las viejas ataduras de placeres corrompidos, que somos libres para "velar... por los intereses de los demás" (Fil. 2:4, LBLA), es decir, libres y capacitados para amar.

Santidad y justificación

Ahora asegurémonos de que estamos de acuerdo en lo que respecta a la justificación solo por la fe. Pocas cosas son más importantes para la vida del predicador y la predicación que tener clara la realidad de la justificación solo por la fe y su nexo bíblico con la santificación. Toda congregación necesita tener clara la justificación por la fe. Y toda congregación debe tener claro cómo la justificación se relaciona con una vida de fe y de santidad. Esta es una de las grandes metas de la predicación: asegurarse de que la congregación entienda claramente estas cosas.

Nada de lo que he dicho antes acerca de la necesidad de la santidad para la salvación final da a entender que somos justificados por la fe *y además* por las obras. Somos justificados solo gracias a Cristo, por medio de la fe solamente, sin las obras. "*Por la obediencia de uno*, los muchos serán constituidos justos" (Ro. 5:19). "Concluimos, pues, que *el hombre es justificado por fe sin las obras de la ley*" (Ro. 3:28). No justificado "por obras" sino para obras, como señala Pablo en Efesios 2:8-10:

> Porque por gracia sois salvos por medio de la fe; y esto no de vosotros, pues es don de Dios; no por obras, para que nadie se gloríe. Porque somos hechura suya, creados en Cristo Jesús para buenas obras, las cuales Dios preparó de antemano para que anduviésemos en ellas.

Aquí Pablo deja maravillosamente claro cómo las "obras" están conectadas con nuestra primera experiencia de salvación (que incluye nuestra justificación): no es "*un resultado de* las obras". Antes bien, sucedió "*para* buenas obras". La justificación no *descansa en* las buenas obras, sino que *resulta en* buenas obras.

Hemos visto que las obras de esta nueva creación son *esenciales* para la salvación final porque "la fe sin obras está muerta" (Stg. 2:26). Sin embargo, las obras no son el *fundamento* de nuestra justificación. Cristo es el fundamento (Ro. 5:9, 18-19; 2 Co. 5:21); su sangre y su justicia. Las buenas obras no son el *instrumento* ni el *medio* que nos permite apropiarnos de este fundamento. El medio es la fe y nada más. "Sabiendo que el hombre no es justificado por las obras de la ley, sino *por la fe de Jesucristo*, nosotros también *hemos creído en Jesucristo*, para ser justificados *por la fe de Cristo* y no por las obras de la ley, por cuanto por las obras de la ley nadie será justificado" (Gá. 2:16).

Todo buen árbol da buen fruto

Si bien las "buenas obras" no son la base ni el instrumento de nuestra justificación, son el *fruto* necesario de la fe que justifica. Todo buen árbol produce buen fruto (Mt. 7:17). Esto significa que la justificación y la santificación siempre van juntas. La Confesión de fe de Westminster, capítulo 11, lo pone en estos términos:

> Así la fe, siendo recibida y descansando en Cristo y su justicia, es el único instrumento de justificación; y aun así no depende exclusivamente de la persona justificada, sino que está siempre acompañada de otras gracias de la salvación, y no es fe muerta, sino que obra por el amor.

De modo que los autores de Westminster creían que la fe salvadora "obra por el amor". Es decir, que la fe posee una naturaleza tal que produce una vida de amor transformada. Esta es la enseñanza de Gálatas 5:6: "Porque en Cristo Jesús ni la circuncisión vale algo, ni la incircuncisión, sino *la fe que obra por el amor*". Así entiendo yo Santiago 2:22 ("¿No ves que la fe [Abraham] actuó juntamente con sus obras, y que la fe se perfeccionó por las obras?"). Es decir, la fe viene a cumplir su propósito cuando produce buenas obras. De lo contrario, está muerta y no nos une a Cristo, y por ende no salva.

La fe salvadora es una fe santificadora

Cuando Pablo dice que el objetivo de su predicación es la "obediencia", la denomina "la obediencia de fe", lo cual interpreto como la obediencia *que viene de la fe* (cf. Ro. 15:18; 16:26). Y cuando él relaciona nuestra "obra de amor" con la fe, él la denomina "una obra de fe" (1 Ts. 1:3; 2 Ts. 1:11).

Esto significa que las obras que Pablo busca producir mediante su predicación son las obras de amor que nacen de un corazón de fe. Él lo dice de manera explícita en 1 Timoteo 1:5: "Pues el propósito de este mandamiento [¡nuestra predicación!] es *el amor* nacido de... *fe* no fingida". De modo que la razón por la cual el catecismo afirma que la fe salvadora debe ir "siempre acompañada de" buenas obras de amor, es porque lo dice el apóstol Pablo. Hace parte de la naturaleza misma de la fe salvadora para producir amor, "la fe que obra por el amor" (Gá. 5:6).

El corazón de la fe salvadora: Estar satisfecho en Dios

Sin embargo, el predicador pregunta: ¿Por qué la fe produce amor? Es decir, ¿qué tiene la fe que produce inevitablemente obras de amor? El predicador quiere saber esto porque considera que esto tendrá un efecto trascendental en la manera como predica, con el fin de buscar el amor y la santidad sin la cual su congregación no llegará al cielo. Escribí el libro *Gracia venidera: El poder purificador de vivir por la fe* con el objetivo de responder esta pregunta. La respuesta que veo en la Escritura es esta: La razón por la cual la fe produce amor es porque la esencia de la fe salvadora significa *estar satisfecho en todo lo que Dios es para nosotros en Jesús*, y esta satisfacción superior en Dios rompe la raíz del pecado y busca extenderse incluyendo a otros en el gozo que experimentamos en Dios, aun si eso nos cuesta la vida. A este impulso de expandir nuestro gozo para incluir a otros lo denominamos *amor*.

Otra manera de decirlo es que la fe significa recibir a Cristo (Jn. 1:12), no simplemente como Salvador y Señor, sino como Salvador *valorado como un tesoro* y Señor *valorado como un tesoro* (Mt. 13:44; Fil. 3:8). O, en términos aún más simples, significa abrazar todo lo que Dios es para nosotros en Cristo como nuestro tesoro supremo. Esto significa aceptarlo con gozo y recibirlo como la satisfacción más profunda de nuestra alma. Esta satisfacción del alma vence los placeres engañosos del pecado por el poder de un placer superior. Este gozo es la clave para amar.

Para la predicación, esto se traduce en que el predicador busca mostrar constantemente, a partir de cada texto, que Dios en Cristo es suprema y eternamente satisfactorio. Tal es la meta de su *exposición*. Tal es la base de su *exultación*.

El gozo en Dios produce amor

En el siguiente capítulo, mi objetivo es ilustrar la manera como la satisfacción en Dios produce efectivamente la clase de amor que es necesario para la salvación final. Mi esperanza es que los predicadores se fortalezcan y se animen por medio de estas ilustraciones en su ánimo de predicar para el gozo de la congregación, un gozo en Dios que produce amor y que, por ende, confirma la fe y la elección. Es decir, mi oración es que estas ilustraciones nos capaciten para predicar la grandeza y la gracia de Dios *que satisfacen plenamente.*

18

La exultación expositiva y la obediencia de fe, segunda parte

La búsqueda del gozo, el amor y la vida eterna

El punto principal de este capítulo y del anterior es que en toda nuestra predicación debe ir entrelazada la ilustración constante del tipo de vida que conduce a la salvación final, buscando siempre ofrecer formas de protegerse contra el tipo de vida que conduce a la destrucción. De manera específica, he intentado mostrar que hay una santidad sin la cual nuestra congregación no verá al Señor (He. 12:14). Pablo la denomina la "obediencia de fe" (Ro. 1:5). Es urgente que nuestra congregación vea la necesidad de cómo mantener esta obediencia. Necesitan ver cómo está conectada con la justificación que es solo por la fe, y cómo la perseverancia en la fe, en el poder del Espíritu Santo, produce una vida de amor sacrificado.

Sostuve que la razón por la cual la fe produce amor (Gá. 5:6; 1 Ti. 1:5) es que la esencia de la fe salvadora radica en *la satisfacción del alma en todo lo que Dios es para nosotros en Jesús*. Esta satisfacción superior en Dios destrona los encantos del pecado. No solo eso, sino que la satisfacción en Dios busca expandirse incluyendo a otros en ella. A eso lo denominamos *amor*.

Dado que el predicador sabe que dicho amor es necesario para la salvación final (1 Jn. 3:14), velará porque en toda su predicación muestre a las almas de su congregación que Dios en Cristo es la fuente suprema de satisfacción. Es decir, buscará despertar y sustentar la fe. El objetivo de este capítulo es presentar ilustraciones específicas, de la historia y de la Escritura, de cómo encontrar deleite en Dios es esencial para que nos volvamos santos, y por qué la predicación debería buscar ese deleite.

Lo que Brainerd descubrió predicando a los indígenas

Empiezo con un encuentro que tuve con la predicación de David Brainerd a los indígenas norteamericanos en la década de 1740. Resultó ser un descubrimiento extraordinario acerca de la manera como la predicación produce una contrición y un arrepentimiento genuinos. Esto es relevante para nuestra pregunta porque la contrición es el *principio* de toda obediencia, santidad y amor. Así que la manera como opera la contrición es crucial para la manera como opera el amor.

David Brainerd fue un misionero estadounidense en la época de la colonia. Jonathan Edwards publicó su diario, que se convirtió en una obra misionera clásica. Mientras leía algunos apartes del diario de Brainerd, me sorprendió ver el resultado de su predicación a los indígenas norteamericanos. El 9 de agosto de 1745 predicó en Crossweeksung, Nueva Jersey, e hizo la siguiente observación:

> Mientras yo hacía mi exposición pública hubo muchas lágrimas entre ellos, pero no mucho clamor. Sin embargo, algunos se vieron profundamente afectados con unas pocas palabras que les comunicaron de manera poderosa, lo cual llevó a las personas a clamar con el alma angustiada, *aunque yo no hablé una sola palabra de espanto, sino por el contrario, les presenté la plenitud y la suficiencia absoluta de los méritos de Cristo,* y su voluntad de salvar a todos los que a Él acudían; y acto seguido los insté a venir sin tardar.[1]

Antes de esto, el 6 de agosto, él dijo: "Fue asombroso cómo sus corazones parecían ser traspasados por las invitaciones tiernas e irresistibles del evangelio, desprovistas por completo de cualquier palabra de espanto".[2]

También el 30 de noviembre predicó basado en Lucas 16:19-26 acerca del hombre rico y Lázaro:

> La Palabra produjo un efecto poderoso en muchos en la congregación, especialmente mientras hablé acerca de la bendición de Lázaro "en el seno de Abraham" [Lc. 16:22]. Esto, según pude percibir, los afectó mucho más que lo que hablé acerca de las miserias y los tormentos del hombre rico. Esa ha sido la norma con ellos... *Siempre han demostrado*

1. Jonathan Edwards, *The Life of David Brainerd*, ed. Norman Pettit, vol. 7, *The Works of Jonathan Edwards* (New Haven, CT: Yale University Press, 1985), 310; énfasis añadido.

2. Ibíd., p. 307.

> *conmoverse por las verdades de la Palabra de Dios que son reconfortantes más que por las temibles.* Y aquello que ha consternado a muchos de los que estaban convencidos, es descubrir que deseaban [les hacía falta] y no podían obtener, *la dicha de los piadosos.*[3]

Esto revela algo admirable acerca de la causa espiritual de la verdadera contrición, que es el comienzo de toda obediencia aceptable. Pero antes de analizar cuál es esa causa espiritual, consideremos un ejemplo bíblico similar a la experiencia de Brainerd con los indígenas norteamericanos.

La gracia rompió el corazón de Pedro

Al parecer, la misma dinámica opera en Lucas 5:1-10. Después de enseñar a las multitudes desde un barco junto a la orilla del lago de Genesaret, Jesús mandó a los pescadores adentrarse en las aguas profundas y lanzar sus redes para pescar. Simón protestó: "Maestro, toda la noche hemos estado trabajando, y nada hemos pescado; mas en tu palabra echaré la red" (v. 5). Las redes se llenaron de tantos peces que empezaron a rasgarse. Ambos barcos quedaron llenos y empezaron a hundirse por la pesca.

La respuesta de Pedro fue impresionante, muy diferente de nuestra respuesta moderna y autocomplaciente frente a la gracia. Leemos en los versículos 8 y 9:

> Viendo esto Simón Pedro, cayó de rodillas ante Jesús, diciendo: Apártate de mí, Señor, porque soy hombre pecador. Porque por la pesca que habían hecho, el temor se había apoderado de él, y de todos los que estaban con él.

Qué impresionante que un milagro de la gracia, no una palabra de juicio, rompió el corazón de Pedro y produjera contrición y arrepentimiento. Lo mismo sucedió a los indígenas de Crossweeksung a raíz de la predicación de Brainerd.

Gustar la bondad de Dios lleva a lamentar no beber

La contrición genuina por el pecado es un *lamento por no tener santidad.* Sin embargo, debemos ser cuidadosos con esto. No todo lamento por el pecado es un lamento piadoso. Es posible llorar por la falta de santidad

---

3. Ibíd., p. 342; énfasis añadido.

no porque usted ama a Dios y quiere disfrutar todo lo que Él es para usted en Cristo, sino porque usted teme el castigo que viene por no tener santidad. Muchos criminales lloran cuando se lee su sentencia, no porque hayan logrado amar la justicia, sino porque su libertad para cometer más impiedad les ha sido quitada. Esa clase de lamento no es arrepentimiento verdadero. Y tampoco lleva a la obediencia y al amor que imparte el Espíritu.

El único verdadero lamento por la falta de santidad proviene de un *amor* por la santidad, no de un temor a las consecuencias por no tenerlo. O dicho en términos más precisos: el verdadero arrepentimiento por la falta de santidad es el arrepentimiento por no disfrutar a Dios como nuestro tesoro supremo, y no vivir por el impulso de ese gozo. Lamentarse por el castigo que se va a recibir por las maldades cometidas no es una señal segura de odiar lo malo. Puede ser simplemente una señal de odiar el sufrimiento. Para que el llanto y la contrición sean reales, deben nacer de *un quebrantamiento por la falta de una vida de gozo en Dios*, no solo por los sentimientos de temor bajo la amenaza del dolor. La verdadera contrición es sentirse descorazonado por haber desestimado a Dios como aburrido e insignificante.

Ahora piense en lo que esto supone. Para poder lamentar el hecho de no tener algo, usted tiene que *desear* realmente tenerlo. Esto significa que antes de la verdadera contrición, del verdadero arrepentimiento, es preciso enamorarse de Dios mediante el despertar de una degustación de su gloria. Para llorar verdaderamente por la falta de santidad, es necesario anhelar la santidad. Para llorar verdaderamente por no poseerla, es necesario que esta resulte atractiva.

Tal vez usted vea cuán extraño parece esto en un principio: Dios y su camino de santidad deben convertirse en nuestro *gozo* antes de que podamos *lamentarnos* por no tenerlo. Debemos enamorarnos primero antes de que el distanciamiento duela realmente. Nuestros ojos deben estar abiertos al tesoro superior que es Dios, antes de que seamos quebrantados por todo el tiempo durante el cual lo rechazamos como despreciable.

Predicación que conduce a la contrición genuina y al amor

¿Qué clase de predicación se necesita para producir ese arrepentimiento genuino, tanto en incrédulos como en cristianos que han retrocedido? Brainerd descubrió que un mensaje acerca del atractivo encantador de Dios producía más quebrantamiento en el corazón que un mensaje de advertencia. La advertencia tiene valor para animarnos a tomar seriamente las glorias de la santidad y del cielo, de tal modo que podamos llegar a verlas tal como son, y deleitarnos en ellas. Pero es el deleite en ellas lo que nos produce una verdadera pena cuando fallamos. Nadie llora por perderse de algo que *no quiere* tener.

Pedro vio en el milagro de la pesca un atisbo de cuán valioso, magnífico y hermoso era Jesús. Él vio una persona tan maravillosa que se sintió abrumado al percatarse de cuán desconectada estaba su vida de un tesoro semejante. ¿Le sucede lo mismo? A mí sí. Si todo ese poder y toda esa bondad están presentes en Jesús para aquellos que confían en Él, ¡cuán diferente sería mi vida si en verdad creyera! ¡Cuán radical sería mi obediencia! ¡Qué abandono sentiría en vivir para un Cristo semejante! ¡Qué libertad de ofensas insignificantes y de placeres pasajeros del pecado disfrutaría!

Lo que vi en la predicación de Brainerd fue que la verdadera contrición, y toda la santidad y el amor que crecen de esa raíz nacen cuando se despierta la satisfacción con todo lo que Dios es para nosotros en Jesús. Solo hasta que Dios sea nuestro tesoro lamentaremos el hecho de fallar en vivir satisfechos en Dios. De lo contrario, seguiremos esclavizados a los placeres engañosos de este mundo.

La predicación atrae con la belleza de Dios

Así pues, la predicación que busca producir la verdadera contrición del evangelio debe proponerse continuamente presentar a Dios y su santidad de manera atractiva, de tal modo que por la obra del Espíritu, las personas llegarán a deleitarse en ella tanto, que sienten un remordimiento intenso cuando no están a la altura. Ese es el comienzo de toda santidad y amor verdaderos. Dicho de otra manera, si esperamos producir una aflicción verdadera por el hecho de estar destituidos de la gloria de Dios, debemos predicar de tal modo que despertemos el gozo en la gloria de Dios.

Sin embargo, no solo nos interesa la contrición. Queremos que ese capullo se abra como una flor de santidad y amor. Lo que el predicador descubre es que la misma degustación de la gloria de Dios que produce tristeza por nuestro fracaso en estar satisfechos en Él, también produce una vida de santidad y amor cuando ese gusto se convierte en (o estalla como) una satisfacción profunda en Dios.

Extraer el lenguaje del gozo del pozo de los salmos

Tan pronto un predicador observa en la Escritura que la santidad y el amor fluyen de una profunda satisfacción del alma en Dios, sabe que a partir de eso todo sermón, incluso aquellos que hablan acerca de los horrores del pecado y del juicio, deben presentar a Dios y todo lo que Él es para nosotros en Cristo como supremamente satisfactorio. El predicador descenderá el cubo en el pozo de los Salmos y sacará de allí el lenguaje de la satisfacción del alma. Y esto empezará a permear sus sermones, aun cuando puede parecer extraño a su congregación.

> Dios, Dios mío eres tú;
> De madrugada te buscaré;
> Mi alma tiene sed de ti, mi carne te anhela,
> En tierra seca y árida donde no hay aguas…
> Como de meollo y de grosura *será saciada mi alma*,
> Y con labios de júbilo te alabará mi boca (Sal. 63:1-5).
>
> Serán completamente saciados de la grosura de tu casa,
> Y *tú los abrevarás del torrente de tus delicias* (Sal. 36:8).
>
> En cuanto a mí, veré tu rostro en justicia;
> *Estaré satisfecho cuando despierte a tu semejanza* (Sal. 17:15).
>
> *De mañana sácianos de tu misericordia*,
> Y cantaremos y nos alegraremos todos nuestros días (Sal. 90:14).
>
> *Porque sacia al alma menesterosa*,
> Y llena de bien al alma hambrienta (Sal. 107:9).

El predicador beberá de este pozo, del río de las delicias de Dios, hasta que su *exposición* de la Palabra de Dios rebose de *exultación* en las glorias de Dios que satisfacen plenamente. Estas glorias están, efectivamente, en cada texto. Él se dará cuenta de que está constantemente manejando la Palabra de Dios. La Palabra misma *de Dios*. Si una palabra está en la boca de Dios, no puede ser común. No puede ser aburrida. No puede ser insignificante. No puede ser monótona, molesta ni tediosa. El hecho mismo de que salga de la boca del Creador del universo la hace extraordinaria. Las almas de nuestra congregación no viven de pan solamente. Viven de esta asombrosa Palabra de Dios que satisface y despierta el alma. Tocar el fuego de esta Palabra con la *exposición* es inflamarse de *exultación*.

¿Nace todo amor santo del gozo en Dios?

Toda obediencia, toda santidad y todo amor que exaltan a Cristo, glorifican a Dios y son inspirados por el Espíritu, fluyen de esta satisfacción del alma enamorada de Dios. Este hecho transforma la predicación. Permítame entonces añadir algo para asegurarme de que todos los predicadores que leen este libro vean esta sublime verdad. He aquí tres atisbos a la manera como nuestra satisfacción en Dios nos libera del pecado y se expande en amor. Estos son atisbos de lo que todo predicador fiel anhela ver en su congregación. Esto es lo que se propone lograr con su predicación.

Atisbo #1: 2 Corintios 8:1-2

Primero, considere a los cristianos de Macedonia que Pablo pone como ejemplo a la iglesia de Corinto de cómo se manifiesta el amor y cómo se produce:

> Asimismo, hermanos, os hacemos saber la gracia de Dios que se ha dado a las iglesias de Macedonia; que en grande prueba de tribulación, *la abundancia de su gozo* y su profunda pobreza *abundaron en riquezas de su generosidad* (2 Co. 8:1-2).

Sabemos que Pablo considera esta generosidad de los macedonios como un acto de *amor* genuino, porque en el versículo 8 explica: "hablo... para poner a prueba, por medio de la diligencia de otros, también la sinceridad del *amor vuestro*". Entonces, según 2 Corintios 8:1-2, ¿qué es amor? y ¿cómo se produjo en la vida de los macedonios?

Primero, la gracia de Dios fue manifestada (v. 1). Los macedonios experimentaron una conversión y se sentían profundamente gozosos por la obra de la gracia de Dios. Este gozo era la fuente de la generosidad que Pablo llama amor. "La abundancia de su *gozo... abundaron* en riquezas de su generosidad". Podría incluso decirse que su generosidad *fue la expansión de su gozo para incluir a otros en él.*

Y ¿qué motivaba su gozo? No era su gran riqueza, porque Pablo dijo que experimentaban una "profunda pobreza". No vivían en comodidad, porque Pablo dijo que estaban "en grande prueba de tribulación". Esto es sencillamente extraordinario. La gracia de Dios era tan satisfactoria para estas personas que a pesar de la pobreza y la aflicción, su gozo no dejaba de expandirse. Abundaba en generosidad. A esto Pablo llama "amor". Y dijo en el siguiente capítulo que Dios ama esta forma de amar: "Dios ama al dador alegre" (2 Co. 9:7).

El efecto en la predicación

Este amor sacrificado es la santidad sin la cual no veremos al Señor (He. 12:14). Este es el amor sin el cual permanecemos en muerte (1 Jn. 3:14).

Esta es la puerta estrecha y el camino angosto que lleva a la vida (Mt. 7:14). Este es el camino entre la cruz de Cristo (capítulos 15-16) y la gloria de Dios (capítulos 13-14). Esta es la realidad que predicamos. Nuestro objetivo es mostrar que la gracia y la gloria de Dios son tan satisfactorias para el corazón que nuestro gozo abunda para suplir las necesidades de otros. Por lo tanto, predicamos y oramos porque Dios sea visto en cada texto como Aquel que todo lo satisface.

Atisbo #2: Hebreos 10:32-35

Después de la conversión de los cristianos a quienes fue dirigido el libro de Hebreos, se levantó una gran persecución. Algunos fueron encarcelados. El resto enfrentó una crisis ya fuera de identificarse públicamente con los presos o de arriesgarse a sufrir represalias. Asumieron ese riesgo. Con un amor extraordinario, se convirtieron en "compañeros de los que estaban en una situación semejante" (He. 10:33). Pagaron un precio muy alto. ¿Cómo lo hicieron? ¿De dónde vino ese amor? He aquí la respuesta:

> Traed a la memoria los días pasados, en los cuales, después de haber sido iluminados, sostuvisteis gran combate de padecimientos, por una parte, ciertamente, con vituperios y tribulaciones fuisteis hechos espectáculo; y por otra, llegasteis a ser compañeros de los que estaban en una situación semejante. Porque de los presos también os compadecisteis, y el despojo de vuestros bienes sufristeis *con gozo, sabiendo que tenéis en vosotros una mejor y perdurable herencia en los cielos*. No perdáis, pues, vuestra confianza, que tiene grande galardón (vv. 32-35).

Ellos aceptaron *con gozo* el precio del amor. Esto también es simplemente extraordinario. Cada vez que leo esto me siento redargüido e inspirado. El atisbo de amor en 2 Corintios 8:1-2, junto con este atisbo en Hebreos 10:32-35, forma para mí una imagen compuesta del *camino de vida que lleva de la cruz a la corona*, del fundamento de la cruz de Cristo a la consumación de la gloria de Dios. Esta es la respuesta a nuestra tercera pregunta, a la cual están consagrados este capítulo y el anterior: ¿Cuál es el tipo de vida que conduce a la salvación final en lugar de llevar a la destrucción? Este amor asombroso y sobrenatural que es sustentado por el gozo en medio del sufrimiento es la realidad que busqué en mi predicación durante treinta años: mostrar a un Dios tan satisfactorio que el gozo venciera todo egoísmo y liberara las formas de amor más genuino.

¿De dónde vino este gozo que liberó a los cristianos hebreos para arriesgar sus bienes y sus vidas por amor a los cristianos encarcelados? El autor dice que ellos aceptaron gozosos el despojo de sus bienes, "sabiendo que tenéis en vosotros una mejor y perdurable herencia en los cielos" (v. 34). La esencia de esta herencia que es infinitamente mejor y eterna es Dios mismo.

Para estar seguros, en la era venidera tendremos cuerpos resucitados con deleites plenos para el cuerpo, la mente y el alma. Pero para no arriesgarnos a ser idólatras entonces, la esencia de nuestro deleite será Dios mismo. "En tu presencia hay *plenitud* de gozo [una *mejor* posesión]; delicias a tu diestra *para siempre* [una posesión *perdurable*]" (Sal. 16:11). "Entraré al altar de Dios, al *Dios* de mi alegría y de mi gozo" (Sal. 43:4) o, como dice en hebreo literal, "a *Dios*, mi supremo gozo". Eso es lo que abrió el camino para este acto de amor extraordinario en Hebreos 10:32-35.

El efecto en la predicación

Esto es lo que nuestra congregación debe ver en la Palabra de Dios semana tras semana por medio de nuestra *exultación expositiva*. Este es nuestro llamado, que mediante la atención rigurosa a las palabras del texto penetremos el texto para encontrar la realidad del Dios que satisface plenamente. Todo predicador debería preguntar: ¿Está mi congregación tan profundamente satisfecha en Dios que su gozo abunda en generosidad hacia los pobres en medio de su propio sufrimiento? ¿Está mi congregación tan profundamente satisfecha en Dios que con gozo se arriesgan a perder sus propios bienes? ¿De qué manera les ayuda mi predicación y mi vida a experimentar el milagro de ver y saborear a Dios en la Escritura?

Atisbo #3: Hebreos 11

En nuestro tercer atisbo, lo que queda claro es que la obediencia que se desprende de la satisfacción del alma en Dios es la *obediencia de fe*. Vemos esto en Hebreos 11. Empieza con estas palabras: "Es, pues, la fe la certeza de lo que se espera, la convicción de lo que no se ve" (v. 1). La palabra que se traduce "certeza" (*jupóstasis*) se usa más de dos veces en Hebreos. Primero, en Hebreos 1:3: "El cual [Cristo], siendo el resplandor de su gloria, y la imagen misma de su sustancia [*jupóstaseos autou*]". Segundo, en Hebreos 3:14: "somos hechos participantes de Cristo, con tal que retengamos firme hasta el fin nuestra confianza [*jupóstaseos*] del principio". Así pues, como en Hebreos 1:3, el significado de esta palabra griega puede ser "naturaleza", "sustancia" o "esencia". Asimismo, en Hebreos 3:14, puede significar "confianza" o "seguridad".

A la luz de lo que presenta el resto del capítulo 11 de Hebreos, cuyos protagonistas obran "por la fe", creo que ambos significados son parte de Hebreos 11:1: "La fe es la *jupóstasis* de lo que se espera". El significado "confianza" o "seguridad" es fácil de observar: "La fe es la *seguridad* de lo que se espera". Cuando tenemos fe, sentimos *confianza* en las promesas de Dios. El otro significado es más difícil de captar. La fe es la "sustancia" o la "naturaleza" de lo que se espera. ¿En qué sentido es esto cierto?

La fe es la sustancia de lo que se espera

La esencia de lo que se espera es la experiencia perfeccionada de gozo en Dios el día final cuando nos encontremos con Él. Entonces, ¿qué quiere decir que la fe es la *sustancia* o la *esencia* de eso? Creo que quiere decir que la fe es un anticipo de ese gozo futuro, en el presente. La fe es el comienzo de esa satisfacción en Dios desde ahora. Cierta medida de esa experiencia futura de ver y saborear la belleza de Dios en Cristo se llama fe. Es solo una muestra en comparación con lo que vendrá. Puesto que la fe ve en el presente la gloria de Dios solo "por espejo, oscuramente" (1 Co. 13:12; cf. 2 Co. 5:7), nuestra experiencia presente de la sustancia y la esencia del gozo futuro con Dios está en conflicto y es variable. La fe puede ser débil, creciente o fuerte (Lc. 17:5; Hch. 16:5; 1 Ts. 3:10; 2 Ts. 1:3). Sin embargo, la esencia de la fe es que saborea la gloria de lo que Dios es para nosotros en Cristo, que satisface plenamente. De ese modo, participa en la "sustancia" o la "naturaleza" de lo que se espera.

Cómo la fe produce obediencia

Esto es evidente cuando observamos la fe en acción en Hebreos 11. El versículo 6 dice: "Pero sin fe es imposible agradar a Dios; porque es necesario que el que se acerca a Dios crea que le hay, y que es galardonador (*misthapodótes*) de los que le buscan" (He. 1:6). La recompensa más grande es el don de sí mismo que podemos disfrutar para siempre. La esencia de la fe es que esta saborea y ve la sustancia (o la naturaleza, o la esencia) de esta recompensa *ahora mismo*. No de manera perfecta, pero profunda. Tan profunda que hace posible actos extraordinarios de costosa obediencia.

Vemos esta fe en acción en Moisés, en Hebreos 11:24-26. Y se le llama actuar "por la fe":

> Por la fe Moisés, hecho ya grande, rehusó llamarse hijo de la hija de Faraón, escogiendo antes ser maltratado con el pueblo de Dios, que

> gozar de los *deleites temporales* del pecado, teniendo por *mayores riquezas* el vituperio de Cristo *que los tesoros de los egipcios; porque tenía puesta la mirada en el galardón.*

Esta es una ilustración del amor que se sacrifica como el de Hebreos 10:32-35. Allí se habla de los creyentes que arriesgaron sus bienes para visitar a los que estaban presos. Aquí Moisés elige ser maltratado con los esclavos en lugar de esconderse en la comodidad y la seguridad de la corte del faraón. Los cristianos lo hicieron "sabiendo que [tenían] una mejor y perdurable herencia en los cielos" (10:34). Moisés lo hizo porque "tenía puesta la mirada en el galardón" (He. 11:26). El apunte adicional respecto a Hebreos 11 es que este liberador gozo de esperanza se llama "fe".

El objetivo de la predicación de Pablo, y el nuestro

Esto nos lleva de vuelta a las declaraciones generales de Pablo acerca del objetivo de su ministerio y de la predicación que vimos al final del capítulo anterior. "Por quien recibimos la gracia y el apostolado, *para la obediencia a la fe*" (Ro. 1:5). "El propósito de este mandamiento es *el amor nacido... de fe no fingida*" (1 Ti. 1:5). Estas dos frases, "la obediencia a la fe" y "el amor nacido de fe no fingida", sintetizan el tipo de vida que conduce a la salvación final. Esta obediencia de fe y amor que nacen de la fe constituye "la santidad, sin la cual nadie verá al Señor" (He. 12:14).

Sin embargo, a los cristianos no se les pide cualquier tipo de obediencia y de amor. Solo la obediencia y el amor que nacen *de la fe* cuentan para Dios. "En Cristo Jesús ni la circuncisión vale algo, ni la incircuncisión, sino la fe que obra por el amor" (Gá. 5:6). La esencia de esta fe es el gozo en Dios. Por eso, Pablo no solo hace declaraciones completas acerca de procurar el amor *por medio de la fe*, sino también declaraciones completas acerca de procurar el gozo de su pueblo, el gozo de la fe. "sé que quedaré, que aún permaneceré con todos vosotros, para vuestro provecho y *gozo de la fe*" (Fil. 1:25). "No que nos enseñoreemos de vuestra *fe*, sino que colaboramos para vuestro *gozo*" (2 Co. 1:24). Este es el camino que lleva a la vida.

Por lo tanto, toda predicación debe buscar en cada sermón y en cada texto ayudar a la congregación a experimentar la realidad del texto de tal forma que no se vuelva para ellos la clase de obediencia, la clase de amor o la clase de santidad que lleva a muerte. Sabemos que esto es posible, porque la Biblia nos presenta un ejemplo claro de ello. "Israel, que iba tras una ley de justicia, no la alcanzó. ¿Por qué? Porque iban tras ella no por fe" (Ro. 9:31-32). Es posible perecer en la búsqueda de la obediencia a la Palabra de Dios.

El camino que lleva a la vida eterna

La predicación debe saber esto. Por eso hemos consagrado dos capítulos a la tercera pregunta: "¿Cuál es el tipo de vida que conduce a la salvación final en lugar de llevar a la destrucción?". En este capítulo hemos hablado del tipo de vida que no lleva a la destrucción sino a la vida. Cada texto de la Escritura está conectado de alguna manera con la vida nueva del Espíritu que se llama "andar por fe" (cf. 2 Co. 5:7; Gá. 2:20). Cada texto nos ayuda de algún modo a "andar por fe". Cada pasaje nutre en alguna medida la "obediencia de fe". La predicación ve este propósito de la Escritura y ayuda a las personas en su camino a la vida eterna, o les provee tropiezos.

Lo que hemos visto es que andar por la fe, obedecer por fe y ser santo por fe significa andar en la libertad y el poder de la satisfacción en todo lo que Dios es para nosotros en Jesús. Con nuestra predicación bien podemos nutrir o descuidar la satisfacción de nuestra congregación en Dios, es decir, su estima de Dios por encima de todas las cosas. Por lo tanto, cada sermón es un sermón de salvación, de salvación para los santos. Esto es así porque el amor que fluye de esta satisfacción en Dios es necesaria para la salvación final. "El que no ama a su hermano, permanece en muerte" (1 Jn. 3:14).

Predicar hacia atrás por el gozo que da seguridad

La predicación que extrae de cada texto las glorias de Dios que satisfacen plenamente opera en dos direcciones: hacia *atrás* y hacia *delante*. Opera hacia *atrás* porque sustenta y confirma la fe, lo único que nos une a Cristo, en quien nuestra justicia se perfecciona. Solo Cristo es el fundamento de la verdad de que Dios, aquí y ahora y para siempre, está cien por ciento de nuestro lado. Nosotros no amamos a las personas para que Dios esté a favor nuestro. Amamos a las personas porque Dios *está ahora, ya mismo, en virtud de Cristo,* cien por ciento de nuestro lado. Esto es parte de su gloria que satisface nuestra alma. De ahí que la predicación que entrelaza en cada sermón las glorias de Dios que satisfacen plenamente, enaltece y aplica la doctrina indispensable de la justificación solo por la fe.

Predicar hacia delante por el gozo que lleva al amor

Esa clase de predicación opera hacia *delante* porque sustenta y confirma la fe que es el *resultado* y el *recibimiento* del Espíritu Santo. Por tanto, el

Espíritu produce en nosotros todo su fruto por medio de esta fe (Gá. 3:5; 5:5, 22; Ef. 2:8; Fil. 1:29). Todos nuestros actos de amor futuros, todas nuestras experiencias de santidad futuras, son la obra del Espíritu mediante la fe. O son vanos. Jesús dijo que la gran misión del Espíritu en el mundo es glorificar al Hijo de Dios (Jn. 16:14).

Así es como el Espíritu produce en nosotros la belleza de la santidad. Él nos faculta para ver la gloria de Cristo que satisface plenamente (2 Co. 3:18). El gozo que se desprende de esta visión nos libera de los "placeres pasajeros del pecado" y nos transforma en siervos humildes que se gozan en suplir las necesidades de otros. El gozo en la gloria de Dios que imparte el Espíritu es expansivo. Busca extenderse incluyendo a otros en él, aun cuando esto exige perder los bienes y la vida.

¿Qué realidad predicamos?

Por lo tanto, la realidad que impregna nuestra predicación semana tras semana es la gloria de Dios que satisface plenamente. Nuestro objetivo para la congregación es la vida eterna. La santidad que produce el Espíritu es el único camino que conduce a la vida eterna (Ro. 6:22; He. 12:14). Esta santidad es la obediencia de fe (Ro. 1:5). Es el amor que nace de la fe (1 Ti. 1:5). Por consiguiente, surge de la satisfacción con todo lo que Dios es para nosotros en Jesús. De ahí que la realidad que predicamos sea el camino de vida que está sustentado por una visión de la gloria de Dios que satisface plenamente.

PARTE 7

La exultación expositiva y el Antiguo Testamento

La gloria de Dios, la cruz de Cristo y la obediencia de fe

19

La exultación expositiva y el Antiguo Testamento, primera parte

Predicar la gloria de Dios

La conclusión de la Parte 6 (¿Qué realidad debemos predicar?) es el imperativo de insertar en el tejido de la predicación cristiana tres énfasis: (1) un énfasis constante en la gloria de Dios como la meta final de todas las cosas; (2) un énfasis constante en cada texto en que Jesucristo crucificado es el fundamento de todo bien que viene de Dios para nosotros, y que el bien supremo es Cristo mismo en toda su gloria; y (3) un énfasis constante en cómo apropiarse de la realidad de cada texto en tanto que hijo de Dios justificado, y en aplicarla mediante el Espíritu, por la fe, en aras de una vida de amor y santidad, sin la cual nadie verá al Señor.

Implicaciones para la predicación

Estos tres énfasis se entrelazan:

- La gloria de Dios resplandece en la muerte de Cristo y en nuestra santidad.
- La muerte de Cristo hace posible que el corazón glorifique a Dios y ame al prójimo.
- Nuestra santidad forjada por el Espíritu tiene como fundamento a Cristo crucificado, y la gloria de Dios como meta.

Estos énfasis trinitarios que se entrelazan deben entrelazarse a lo largo de toda nuestra predicación. Cómo y en qué proporción es algo que precisa discernimiento espiritual, conocimiento bíblico acertado, percepción de los corazones de la congregación, habilidad pedagógica y un corazón que abunda en exultación en estas realidades. Esa debe ser nuestra oración. Es un don glorioso de Dios poder tomar todas las fibras concretas, detalladas y específicas de cada texto de la Escritura, ver las maravillas particulares de cada uno y entretejerlas con el obra de Cristo, el andar en el Espíritu y la gloria de Dios de tal modo que las personas sepan que la verdad única de ese texto específico es lo que han visto y saboreado.

Objetivo de la Parte 7

La pregunta que me planteo aquí en la Parte 7 es si es legítimo aplicar estos tres énfasis a nuestra predicación sobre textos del Antiguo Testamento. ¿Estaríamos desacreditando o distorsionando la realidad que los autores intentan comunicar si el tejido de nuestra predicación del Antiguo Testamento se entrelaza con énfasis constantes en la gloria de Dios, la cruz de Cristo y la obediencia de fe que infunde el Espíritu?

El peligro de silenciar o distorsionar el texto

Mi primera respuesta es: "eso depende". Sin embargo, el problema que me impide responder con un simple "sí, puede que desacreditemos los textos del Antiguo Testamento", no radica en que se trate de textos del *Antiguo Testamento*. El problema es que *cualquier* texto puede ser desacreditado y distorsionado por el uso inadecuado de énfasis generales que aplicamos a toda la Escritura. Por eso he invertido un gran esfuerzo en la Parte 5 a la atención rigurosa a las palabras del texto.

Lamentaba que muchas predicaciones silenciaban las riquezas de los textos bíblicos aplicando una capa teológica al texto de tal modo que oscurecía las implicaciones detalladas, en lugar de resaltarlas y aclararlas a la luz de una perspectiva bíblica más amplia. Esto requiere una gran sabiduría y mucha atención analítica a cada texto. Los textos del Antiguo Testamento pueden ser silenciados y distorsionados, al igual que los textos del Nuevo Testamento pueden ser silenciados y distorsionados.

Sin embargo, esta distorsión no es inevitable en el Antiguo ni en el Nuevo Testamentos cuando vemos todos los textos en relación con la gloria de Dios, la cruz de Cristo y la obediencia de fe. Todo depende de cómo se ve esa relación y cómo se usa para iluminar el texto. Y esa es la meta: iluminar, no oscurecer ni suprimir. La meta es que al conectar el texto con estos aspectos más amplios y de mayor envergadura de la Escritura, se haga *más* claro y no menos claro el texto en su propio contexto y con toda su especificidad. Mi presupuesto es que los textos del Antiguo Testamento, con toda su peculiaridad y detalle, brillarán más *por lo que son* si el predicador los conecta *bíblicamente* con la gloria de Dios, la cruz de Cristo y la obediencia de fe.

Lo que veremos en este capítulo y en el siguiente es mi intento, muy limitado, de mostrar lo que significa la palabra *bíblicamente* en este contexto. ¿Cuál es la base y la guía *bíblica* para conectar la gloria de Dios, la cruz de Cristo y la obediencia de fe en los textos del Antiguo Testamento cuando predicamos prestando la más rigurosa atención a las palabras literales del texto?

Predicar la gloria de Dios

En el capítulo 13 referí el extraordinario libro de Jonathan Edwards, *The End for Which God Created the World* [El fin por el cual Dios creó al mundo]. Es una de las demostraciones más exhaustivas y convincentes de la extendida revelación bíblica sobre la gloria de Dios como la meta suprema de todas las cosas. Vale la pena citar de nuevo una de las más bellas síntesis de su estudio:

> Todo aquello que refiere la Escritura como fin último de las obras de Dios está incluido en una frase, *la gloria de Dios*... El resplandor brilla sobre y en la criatura y se refleja hasta la lumbrera. Los rayos de gloria salen de Dios, son de Dios y regresan de nuevo a su fuente. De tal modo que la totalidad es de Dios, en Dios y para Dios, y Dios es el principio, el medio y el final de este asunto.[1]

¿Cuán extensa y amplia es la meta de la gloria de Dios en el Antiguo Testamento? O, dicho en términos más cuidadosos, ¿qué tanto extiende el Antiguo Testamento su expresión de la visión de que la meta suprema de Dios con todo lo que hace es la exaltación de su propia gloria? Dado que yo sostengo la unidad esencial de las Escrituras, puede que pregunte: ¿Es esta visión lo bastante clara en el Antiguo Testamento para llevarnos a la conclusión de que todos los autores del Antiguo Testamento estarían de

---

1. Jonathan Edwards, *The Dissertation Concerning the End for Which God Created the World*, ed. Paul Ramsey, vol. 8, The Works of Jonathan Edwards (New Haven, CT: Yale University Press, 1989), pp. 526, 531.

acuerdo con ella? Creo que la respuesta es afirmativa. Considere la siguiente selección de pasajes, que de ningún modo pretende ser exhaustiva.

La gloria de Dios como la meta de todas las cosas

La declaración dominante de Dios es que Él no comparte su gloria con ningún otro:

> Yo Jehová; este es mi nombre; y a otro no daré mi gloria, ni mi alabanza a esculturas (Is. 42:8).

En última instancia, Dios tiene la intención de que solo su gloria sea exaltada por encima de todo:

> La altivez de los ojos del hombre será abatida, y la soberbia de los hombres será humillada; y Jehová solo será exaltado en aquel día (Is. 2:11).

Su objetivo es que toda la tierra esté llena de su gloria y del conocimiento de su gloria:

> Porque la tierra será llena del conocimiento de la gloria de Jehová, como las aguas cubren el mar (Hab. 2:14).
>
> Mas tan ciertamente como vivo yo, y mi gloria llena toda la tierra (Nm. 14:21).
>
> Bendito su nombre glorioso para siempre,
> Y toda la tierra sea llena de su gloria.
> Amén y Amén (Sal. 72:19).
>
> Por tanto, Él crea el mundo para su gloria:
> Los cielos cuentan la gloria de Dios,
> Y el firmamento anuncia la obra de sus manos (Sal. 19:1).
>
> Trae de lejos mis hijos, y mis hijas de los confines de la tierra, todos los llamados de mi nombre; para gloria mía los he creado, los formé y los hice (Is. 43:6-7).
>
> Y creó Dios al hombre a su imagen, a imagen de Dios lo creó; varón y hembra los creó (Gn. 1:27).

El objetivo final para todas las naciones es que lo glorifiquen a Él:

> Todas las naciones que hiciste vendrán y adorarán delante de ti, Señor,
> Y glorificarán tu nombre (Sal. 86:9).
>
> ¿Quién no te temerá, oh Señor, y glorificará tu nombre? pues sólo tú eres santo; por lo cual todas las naciones vendrán y te adorarán, porque tus juicios se han manifestado (Ap. 15:4).
>
> Proclamad entre las naciones su gloria,
> En todos los pueblos sus maravillas (Sal. 96:3).

La gloria de Dios y sus propósitos para Israel

Gran parte del Antiguo Testamento está consagrado al enfoque redentor de Dios sobre Israel. Por lo tanto, la mayoría de las declaraciones en el Antiguo Testamento acerca de la búsqueda de Dios de su gloria tienen que ver con sus propósitos con Israel.

Él escogió a Israel para sí mismo, para glorificarse por medio de él:

> Porque como el cinto se junta a los lomos del hombre, así hice juntar a mí toda la casa de Israel y toda la casa de Judá, dice Jehová, para que me fuesen por pueblo y por fama, por alabanza y por honra; pero no escucharon (Jer. 13:11).
>
> Y me dijo: Mi siervo eres, oh Israel, porque en ti me gloriaré (Is. 49:3).

Como un paradigma de todos los rescates que Dios lleva a cabo, el éxodo abunda en evidencias de que Dios obró en su propio nombre, es decir, para su gloria:

> Nuestros padres en Egipto no entendieron tus maravillas;
> No se acordaron de la muchedumbre de tus misericordias,
> Sino que se rebelaron junto al mar, el Mar Rojo.
> Pero él los salvó por amor de su nombre,
> Para hacer notorio su poder (Sal. 106:7-8).
>
> Con todo, a causa de mi nombre, para que no se infamase ante los ojos de las naciones en medio de las cuales estaban, en cuyos ojos fui conocido, actué para sacarlos de la tierra de Egipto (Ez. 20:9).

El faraón sobresale como el típico gobernante del mundo en el cual Dios se propone glorificarse en gran manera:

> Y yo endureceré el corazón de Faraón para que los siga; y seré glorificado en Faraón y en todo su ejército, y sabrán los egipcios que yo soy Jehová. Y ellos lo hicieron así (Éx. 14:4).
>
> Y he aquí, yo endureceré el corazón de los egipcios para que los sigan; y yo me glorificaré en Faraón y en todo su ejército, en sus carros y en su caballería; y sabrán los egipcios que yo soy Jehová, cuando me glorifique en Faraón, en sus carros y en su gente de a caballo (Éx. 14:17-18).
>
> Y a la verdad yo te he puesto para mostrar en ti mi poder, y para que mi nombre sea anunciado en toda la tierra (Éx. 9:16).

Aun en el desierto, después del éxodo, Dios salvó a su pueblo rebelde por amor de su nombre:

> Pero actué a causa de mi nombre, para que no se infamase a la vista de las naciones ante cuyos ojos los había sacado (Ez. 20:14).
>
> Mas retraje mi mano a causa de mi nombre, para que no se infamase a la vista de las naciones ante cuyos ojos los había sacado (Ez. 20:22).

Después del éxodo vino la conquista de Canaán. Esto también hizo Dios para glorificar su nombre:

> ¿Y quién como tu pueblo, como Israel, nación singular en la tierra? Porque fue Dios para rescatarlo por pueblo suyo, y para ponerle nombre, y para hacer grandezas a su favor, y obras terribles a tu tierra, por amor de tu pueblo que rescataste para ti de Egipto, de las naciones y de sus dioses (2 S. 7:23).

Y cuando su pueblo volvió a rebelarse, al desear un rey para ser como las otras naciones, Dios, en su ira, dejó claro que la razón por la cual no abandonaba a su pueblo era por amor de su gran nombre:

> Y Samuel respondió al pueblo: No temáis; vosotros habéis hecho todo este mal; pero con todo eso no os apartéis de en pos de Jehová, sino servidle con todo vuestro corazón. No os apartéis en pos de vanidades

> que no aprovechan ni libran, porque son vanidades. Pues Jehová no desamparará a su pueblo, por su grande nombre; porque Jehová ha querido haceros pueblo suyo (1 S. 12:20-22).

En más de una ocasión, la protección divina de Jerusalén se atribuyó a su celo por su propio nombre:

> Porque yo ampararé esta ciudad para salvarla, por amor a mí mismo, y por amor a David mi siervo (2 R. 19:34; cf. 20:6)

Cuando al final Israel fue exiliado de su propia tierra, las declaraciones de Dios de que los reuniría de nuevo y los salvaría fueron notablemente centradas en Él mismo, poniendo todo el énfasis en su propio nombre y en su propia gloria:

> Por tanto, di a la casa de Israel: Así ha dicho Jehová el Señor: No lo hago por vosotros, oh casa de Israel, sino por causa de mi santo nombre, el cual profanasteis vosotros entre las naciones adonde habéis llegado. Y santificaré mi grande nombre, profanado entre las naciones, el cual profanasteis vosotros en medio de ellas; y sabrán las naciones que yo soy Jehová, dice Jehová el Señor, cuando sea santificado en vosotros delante de sus ojos. Y yo os tomaré de las naciones, y os recogeré de todas las tierras, y os traeré a vuestro país (Ez. 36:22-24).
>
> No lo hago por vosotros, dice Jehová el Señor, sabedlo bien; avergonzaos y cubríos de confusión por vuestras iniquidades, casa de Israel (Ez. 36:32).
>
> Y haré notorio mi santo nombre en medio de mi pueblo Israel, y nunca más dejaré profanar mi santo nombre; y sabrán las naciones que yo soy Jehová, el Santo en Israel (Ez. 39:7).

La profecía de Isaías acerca de la misericordia de Dios con Israel en el exilio es quizá la expresión más concentrada en toda la Biblia del propósito de Dios de intervenir por su gloria:

> Por amor de mi nombre diferiré mi ira, y para alabanza mía la reprimiré para no destruirte. He aquí te he purificado, y no como a plata; te he escogido en horno de aflicción. Por mí, por amor de mí mismo lo haré,

> para que no sea amancillado mi nombre, y mi honra no la daré a otro (Is. 48:9-11; cf. también v. 20).

La gloria de Dios en los creyentes como individuos

Además de todas estas declaraciones acerca del propósito de Dios de glorificarse a sí mismo en la vida de Israel como nación, hay declaraciones extraordinarias acerca de los propósitos de Dios de glorificarse en salvar y ayudar a sus israelitas fieles en términos individuales.

Dios borrará sus transgresiones por su propio nombre:

> Yo, yo soy el que borro tus rebeliones por amor de mí mismo, y no me acordaré de tus pecados (Is. 43:25).

> Ayúdanos, oh Dios de nuestra salvación, por la gloria de tu nombre;
> Y líbranos, y perdona nuestros pecados por amor de tu nombre (Sal. 79:9).

> Por amor de tu nombre, oh Jehová,
> Perdonarás también mi pecado, que es grande (Sal. 25:11).

> Porque tú eres mi roca y mi castillo;
> Por tu nombre me guiarás y me encaminarás (Sal. 31:3).

Dios preservará la vida por su propio nombre:

> Por tu nombre, oh Jehová, me vivificarás;
> Por tu justicia sacarás mi alma de angustia (Sal. 143:11).

> Y tú, Jehová, Señor mío, favoréceme por amor de tu nombre;
> Líbrame, porque tu misericordia es buena (Sal. 109:21).

Dios dirigirá y guiará en caminos de justicia por amor de su nombre:

> Confortará mi alma;
> Me guiará por sendas de justicia por amor de su nombre (Sal. 23:3).

"Está presente a todo lo largo de la Biblia"

A partir de esta muestra de pasajes del Antiguo Testamento y de los muchos otros que estos representan, coincido con Jonathan Edwards, Greg Beale y James Hamilton en concluir (en palabras de Beale) que "la meta final de Dios con la creación fue engrandecer su gloria por toda la tierra".[2] Hamilton sostiene que, a lo largo de las Escrituras, "*la revelación de Dios de sí mismo* es para la gloria de Dios".[3] Este es el "fin último" al cual se refiere cuando dice:

> Si puede evidenciarse que la descripción bíblica del fin último de Dios produce, informa, organiza y es presentada en todos los demás temas de la Biblia, y si esto puede demostrarse a partir de la narrativa histórica y soteriológica de la Biblia en sus propios términos, entonces se puede concluir que el fin supremo que se le atribuye a Dios en la Biblia constituye el centro de la teología bíblica... El centro de la teología bíblica será el tema que predomina y está presente en todas las partes en la Biblia.[4]

Hamilton emplea seiscientas páginas para mostrar que el "si" de la cita anterior es una realidad. No solamente la búsqueda de Dios de su propia gloria "está presente en todas las partes de la Biblia", sino que además afirma hacia el final de su libro: "El propósito supremo de Dios es el tema principal de los autores bíblicos, aun cuando describen los fines subordinados que se dirigen al fin principal".[5]

Esto significa que no oscurecemos ningún texto si vemos reflejado en su significado particular el resplandor de la gloria de Dios. Ver esto y revelarlo de tal modo que honre las particularidades de cada texto es parte del gran llamamiento de la exultación expositiva en el Antiguo Testamento.

En el siguiente capítulo pasamos a la pregunta de qué significa predicar a Cristo crucificado a partir del Antiguo Testamento. En los capítulos 15 y 16 sostuve que en toda predicación cristiana debe incluirse el énfasis constante en Cristo crucificado como el fundamento de todo bien que cada texto bíblico ofrece al pueblo de Dios. ¿Sucede lo mismo cuando predicamos del Antiguo Testamento?

---

2. Greg Beale, *The Temple and the Church's Mission: A Biblical Theology of the Dwelling Place of God*, New Studies in Biblical Theology (Downers Grove, IL: InterVarsity Press, 2004), p. 82.

3. James M. Hamilton Jr., *God's Glory in Salvation through Judgment: A Biblical Theology* (Wheaton, IL: Crossway, 2010), p. 53; énfasis original.

4. Ibíd., pp. 48-49.

5. Ibíd., p. 560.

20

La exultación expositiva y el Antiguo Testamento, segunda parte

Predicar a Cristo crucificado

Acerca de su ministerio en Corinto, Pablo dijo: "Pues me propuse no saber entre vosotros cosa alguna sino a Jesucristo, y a éste crucificado" (1 Co. 2:2). A las iglesias de Galacia dijo: "Pero lejos esté de mí gloriarme, sino en la cruz de nuestro Señor Jesucristo, por quien el mundo me es crucificado a mí, y yo al mundo" (Gá. 6:14). En los capítulos 15 y 16 sostuve que esto significa que toda la predicación de Pablo acerca de cualquier tema estaría conectada con la muerte de Jesús, porque sin la muerte de Jesús no existiría una sola palabra en todo el mundo que fuera de beneficio duradero para el creyente.

Todo bien que Pablo podría ofrecer en cualquier sermón o texto se ofrecía en virtud de haber sido comprado por sangre. Sin la sangre de Jesús solo recibimos la ira de Dios, o los ofrecimientos de misericordia que se convierten en ira por nuestra impenitencia (Ro. 2:4). Pero gracias a la cruz, todos los que estamos en Cristo Jesús recibimos "todas las cosas" (Ro. 8:32), todo lo que necesitamos para hacer la voluntad de Dios, glorificar su nombre y salir airosos del juicio final para pasar a la comunión gozosa con Jesús para siempre.

Por lo tanto, predicar a Cristo crucificado no significa la simple repetición de los acontecimientos del viernes santo y la Pascua. También significa predicar sobre cada texto y cada tema prestando atención rigurosa a las palabras específicas, y entendiendo claramente que Cristo crucificado es el fundamento de todo bien que recibe el pueblo de Dios en cada momento y en cada texto, y que el bien supremo es Cristo mismo, que satisface plenamente.

Hacerlo bíblicamente

Ahora la pregunta es: ¿Podemos y deberíamos hacer esto en toda nuestra predicación del Antiguo Testamento? ¿O ese patrón de predicación distorsiona y suprime el significado de los textos del Antiguo Testamento que intentaba comunicar el autor? Mi respuesta es que podemos, y que deberíamos, y que si lo hacemos *bíblicamente*, los textos del Antiguo Testamento con toda su peculiaridad y detalle brillarán aún más con la intención original de sus escritores, quienes "hablaron siendo inspirados por el Espíritu Santo" (2 P. 1:21).

Parte de mi visión de la palabra "bíblicamente" está implícito en lo que acabo decir acerca de cómo predicar a Cristo crucificado. Tener a Cristo crucificado como el fundamento decisivo y a Cristo glorificado como la meta final de todo bien que se nos ofrece en el Antiguo Testamento, no es una exhortación a predicar especulaciones e ideas confusas. Es una realidad que descansa en firmes y claras consideraciones bíblicas referentes a toda la Escritura del Antiguo Testamento.

¿En qué medida el Antiguo Testamento sigue vigente?

Un asunto que debemos tratar brevemente, si bien es muy amplio, es el que surge de las palabras que acabo de expresar: "todo bien que se nos ofrece en el Antiguo Testamento". ¿Qué ofrece el Antiguo Testamento a los cristianos (también gentiles)? Esta no es una pregunta sencilla, sobre todo porque con la venida de Jesús, el Mesías esperado por tantos años, las formas como Dios trata con su pueblo y con el mundo han cambiado radicalmente. Sencillamente no podemos ir a cada texto del Antiguo Testamento y dar por hecho que la manera como debía aplicarse en Israel es la misma como debería aplicarse hoy.

Ejemplos de cambios entre el Antiguo y el Nuevo

A continuación, presento ocho ejemplos de por qué no podemos simplemente suponer que podemos aplicar el Antiguo Testamento en la actualidad.

1. Jesús se ofrece a sí mismo como el sacrificio final por el pecado. Esto hace que la práctica del sacrificio animal quede obsoleta. Supone el fin del ministerio sacerdotal como fue desarrollado detalladamente en el Antiguo Testamento.

> Porque tal sumo sacerdote nos convenía: santo, inocente, sin mancha, apartado de los pecadores, y hecho más sublime que los cielos (He. 7:26).
>
> Y no por sangre de machos cabríos ni de becerros, sino por su propia sangre, entró una vez para siempre en el Lugar Santísimo, habiendo obtenido eterna redención (He. 9:12).
>
> Porque nuestra pascua, que es Cristo, ya fue sacrificada por nosotros (1 Co. 5:7).

2. El misterio que fue oculto durante siglos, pero que ahora ha sido revelado en Cristo, es este: en virtud de la muerte y de la resurrección de Jesús, Dios quiere que todas las naciones (los gentiles) sean incluidos como coherederos de todas las promesas de Dios juntamente con Israel.

> [Este misterio es] que los gentiles son coherederos y miembros del mismo cuerpo, y copartícipes de la promesa en Cristo Jesús por medio del evangelio (Ef. 3:6).
>
> Pues si algunas de las ramas [la nación de Israel] fueron desgajadas, y tú, siendo olivo silvestre [los gentiles], has sido injertado en lugar de ellas, y has sido hecho participante de la raíz y de la rica savia del olivo, no te jactes contra las ramas; y si te jactas, sabe que no sustentas tú a la raíz, sino la raíz a ti. Pues las ramas, dirás, fueron desgajadas para que yo fuese injertado. Bien; por su incredulidad fueron desgajadas, pero tú por la fe estás en pie. No te ensoberbezcas, sino teme (Ro. 11:17-20).
>
> Por tanto os digo, que el reino de Dios será quitado de vosotros [Israel], y será dado a gente que produzca los frutos de él [los seguidores de Cristo] (Mt. 21:43).
>
> Y os digo que vendrán muchos del oriente y del occidente [gentiles], y se sentarán con Abraham e Isaac y Jacob en el reino de los cielos; mas los hijos del reino [Israel incrédulo] serán echados a las tinieblas de afuera; allí será el lloro y el crujir de dientes (Mt. 8:11-12).

3. Esto quiere decir, pues, que el nuevo pueblo de Dios (conformado tanto por judíos como gentiles que creen en Jesús) ya no está determinado por factores étnicos ni políticos. La iglesia no es una teocracia en el mismo sentido que Israel lo fue.

4. Puesto que la iglesia no es una teocracia en el sentido del Antiguo Testamento, las penas civiles prescritas para el estado político de Israel no funcionan de la misma manera. Cuando un hombre comete un pecado en Corinto (1 Co. 5:1) que en el Antiguo Testamento habría sido castigado con la pena de muerte (relaciones sexuales con un pariente, Lv. 20:11), el proceso disciplinario del Nuevo Testamento dicta la excomunión (1 Co. 5:3).

5. Otro cambio introducido por la revelación de este "misterio" de la inclusión de los gentiles en esa circuncisión, que era la marca de todos los miembros masculinos del cuerpo político de Israel, ya no es un requisito para el nuevo pueblo de Dios (Gá. 2:3).

6. Las leyes alimentarias ya no son una orden para los seguidores de Jesús. "Haciendo limpios todos los alimentos" (Mr. 7:19).

7. Con la llegada del Mesías, algunas concesiones con la dureza del corazón del hombre que definieron algunas leyes en el Antiguo Testamento (tales como las leyes concernientes al divorcio), quedan abolidas, y una nueva norma rige para los discípulos de Jesús.

> Ellos dijeron: Moisés permitió dar carta de divorcio, y repudiarla. Y respondiendo Jesús, les dijo: *Por la dureza de vuestro corazón* os escribió este mandamiento; *pero al principio* de la creación, varón y hembra los hizo Dios. Por esto dejará el hombre a su padre y a su madre, y se unirá a su mujer, y los dos serán una sola carne; así que no son ya más dos, sino uno. Por tanto, lo que Dios juntó, no lo separe el hombre (Mr. 10:4-9).

8. Por último, en el Nuevo Testamento ocurre un profundo cambio de lo que fue una religión de "venir y ver" principalmente, a una religión de "ir y contar". Dios no puso en el centro de la vida del Antiguo Testamento la gran comisión de Mateo 28:10-20. Pero con la resurrección de Jesús y la revelación del misterio de los gentiles como coherederos de Dios de pleno derecho, la misión de la iglesia a las naciones adquiere un papel central en la identidad de la iglesia.

Este cambio explica varios virajes. Lo normal ya no es la acumulación de riquezas y la vida opulenta, sino la vida sencilla. La iglesia no está esperando a que la reina de Sabá (1 R. 10) visite y admire los palacios cristianos. Antes bien, la iglesia espera invertir sus recursos para atender las necesidades de las personas necesitadas que están bajo el gobierno de las reinas y los reyes del mundo. Además de la sencillez, el protagonismo del sufrimiento, e incluso del martirio, son considerados ahora como algo normal, en lugar de una demostración de desaprobación divina.

No predique lo que no es ofrecido ni requerido

El punto de esas ocho observaciones es mostrar que cuando predicamos del Antiguo Testamento, no debemos ofrecer a las personas cosas que Dios ya no piensa ofrecer. El Antiguo Testamento mismo se dirigía hacia esos cambios. Se prometió un nuevo pacto (Jer. 31:31) que traería cambios profundos. El Antiguo Testamento mismo contiene las semillas promisorias de esta transformación.[1]

Lo que significa predicar a Cristo

Así pues, con esta caución acerca de la aplicación equivocada del Antiguo Testamento en nuestros días, doy por hecho que todo el Antiguo Testamento, visto en el lugar que le corresponde en el progreso de la historia redentora, es provechoso para la predicación (2 Ti. 3:16). Y retomo mi afirmación anterior según la cual podemos y deberíamos predicar a Cristo crucificado a partir de todos los textos del Antiguo Testamento. Esto no significa encontrar tipologías y sombras dudosas. Entre más especulativa es la predicación, más pierde su autoridad dada por Dios. Antes bien, significa predicar sobre cada texto y cada tema con atención rigurosa a las palabras específicas y con el entendimiento explícito de que (1) Cristo crucificado es el fundamento de todo bien disponible para el pueblo de Dios en cada texto, y (2) el bien supremo es Cristo mismo que satisface plenamente.

1. Cristo, el fundamento de todo bien

En primer lugar, la predicación de Cristo crucificado en el Antiguo Testamento, de la cual soy partidario, es la que entrelaza la verdad de que Cristo crucificado es el fundamento de todo bien que recibe el pueblo de Dios a través de cada texto del Antiguo Testamento. El texto más importante para respaldar esto es Romanos 3:25-26:

> [Cristo] a quien Dios puso como propiciación por medio de la fe en su sangre, para manifestar su justicia, a causa de haber pasado por alto, en su

1. No insistiré en el tema de lo que se ofrece a los cristianos (incluso gentiles) a partir del Antiguo Testamento. En lugar de eso, lo remitiré a Jason DeRouchie, *Understanding and Applying the Old Testament: 12 Steps from Exegesis to Theology* (Phillipsburg, NJ: P&R, 2017), especialmente el capítulo 12 (pp. 396-469), donde señala varios ejemplos acerca de cómo pasar de los textos enigmáticos del Antiguo Testamento a la aplicación práctica y actual basada en principios.

paciencia, los pecados pasados, con la mira de manifestar en este tiempo su justicia, a fin de que él sea el justo, y el que justifica al que es de la fe de Jesús.

Aquí el vínculo con el Antiguo Testamento es la cláusula "a causa de haber pasado por alto, en su paciencia, los pecados pasados". Yo lo interpreto como una referencia al perdón de todos los pecados de aquellos que en el Antiguo Testamento obraron conforme al sistema sacrificial como Dios lo designó y recibieron el perdón por sus pecados (Lv. 4:20 y otros). También considero que se refiere al perdón de Dios de pecados para quienes, conforme al principio de los sacrificios, clamaron para pedir misericordia, como David después del pecado con Betsabé y Urías (2 S. 12:13; Sal. 51).

Cristo murió por los pecados cometidos antes de que Él muriera. Lo que muestra Romanos 3:25 es que la justicia de Dios quedó *oculta* cuando Dios pasó por alto estos pecados en el Antiguo Testamento. En efecto, su justicia experimentó *contradicción* al quedar tantos pecados exentos de recibir todo el peso del castigo. Esto es, a menos que otro suceso restableciera la justicia, porque la sangre de toros y machos cabríos nunca podrían pagar por completo los pecados del hombre (He. 10:4).

Pablo dice que Dios envió a Cristo a morir "para manifestar su justicia". En realidad dice mucho más. En el versículo 26 dice que el propósito de la muerte de Cristo fue que Dios "sea el justo y el que justifica". No es solo que Dios *parecería* injusto sin la muerte de Cristo. Él *sería*, de hecho, injusto. Y Dios sería injusto sin la muerte de Cristo por "haber pasado por alto los pecados pasados". En otras palabras, el pecado contra Dios es de naturaleza tal que los sacrificios del Antiguo Testamento eran incapaces de cubrirlos irrevocablemente, y solo apuntaban al sacrificio que sí podría hacerlo (He. 10:4).

He aquí la formidable implicación. El perdón de cada pecado en el Antiguo Testamento se basó en la sangre de Jesús. Esto es verdad, aunque quienes fueron perdonados todavía no conocían a Jesús como nosotros lo conocemos. Confiaron en la promesa y en la misericordia de Dios. Sin embargo, Dios sabía lo que Él iba a hacer. De modo que cuando perdonó el pecado en el Antiguo Testamento, lo hizo con miras a la muerte de Jesús como el pago decisivo y lo que cubriría ese pecado.

Todo bien expresado en cada texto se debe a Cristo. Esto quiere decir que sin Cristo crucificado, lo único que recibiría cada persona del Antiguo Testamento es ira, o dones de misericordia que se vuelven ira (Ro. 2:4). Esto, a su vez, significa que toda bendición de salvación, todo bien duradero que recibe el pueblo de Dios, incluso los que se derivan de los textos de la Escritura del

Antiguo Testamento, se deben a Cristo crucificado. Esto significa que cada sermón del Antiguo Testamento que ofrece algún bien a una congregación cristiana debería dejar eso claro. Un cristiano gentil del siglo veintiuno es poseedor de todo bien que le ofrece el texto del Antiguo Testamento, del cual se sirve el predicador únicamente porque fue comprado por la sangre de Jesús. Ese es exactamente el mismo fundamento para su disfrute desde hace tres mil años de historia del Antiguo Testamento. Solo ahora sabemos la gloriosa realidad de cómo Dios lo hizo: por medio de Cristo crucificado. Ese es el primer significado de predicar a Cristo a partir del Antiguo Testamento.

Y no deberíamos pensar que Romanos 3:25-26 impone al Antiguo Testamento algo que el Antiguo Testamento mismo no anticipa. Isaías 53 muestra que un siervo de Dios iba a venir un día y llevaría los pecados del pueblo de Dios:

> Ciertamente llevó él nuestras enfermedades, y sufrió nuestros dolores; y nosotros le tuvimos por azotado, por herido de Dios y abatido. Mas él herido fue por nuestras rebeliones, molido por nuestros pecados; el castigo de nuestra paz fue sobre él, y por su llaga fuimos nosotros curados. Todos nosotros nos descarriamos como ovejas, cada cual se apartó por su camino; mas Jehová cargó en él el pecado de todos nosotros (Is. 53:4-6).

Y el Salmo 49 muestra cómo el salmista pudo expresar la imposibilidad de ser rescatado jamás por un ser humano corriente:

> Ninguno de ellos podrá en manera alguna redimir al hermano,
> Ni dar a Dios su rescate,
> (Porque la redención de su vida es de gran precio,
> Y no se logrará jamás) (vv. 7-8).

Aún así, el salmista creía que Dios, de algún modo, lo haría a pesar de que él no pudiera comprender completamente cómo lo haría:

> Pero Dios redimirá mi vida del poder del Seol,
> Porque Él me tomará consigo (v. 15).

Por lo tanto, yo concluyo que somos fieles tanto al Antiguo como al Nuevo Testamento cuando predicamos a Cristo como el fundamento de todo bien que reciben los seguidores de Cristo y que el predicador expone de cualquier texto del Antiguo Testamento. "Porque todas las promesas de Dios son en él sí, y en él Amén" (2 Co. 1:20).

Ahora pasamos a la segunda manera como predicamos a Cristo crucificado a partir del Antiguo Testamento.

2. Cristo mismo es el don más grande que Él otorga

En segundo lugar, predicar a Cristo crucificado en el Antiguo Testamento, tal y como yo defiendo que se haga, significa que nuestra predicación se entrelaza con la verdad de que el bien más grande que Cristo murió para proveer fue el deleite de los suyos en Él mismo. O, dicho de manera más completa, cada don que Cristo obtuvo para su pueblo por su sangre, ya sea en la era del Antiguo Testamento (antes de que el precio fuera pagado) o en la era cristiana (después que el precio fue pagado), fue comprado con miras a que por medio del don, las personas alcancen el bien supremo que Cristo compró, es decir, la adoración eterna y gozosa de Jesús mismo.

La predicación cristiana busca llevar a las personas a ver y a saborear las glorias de todo lo que Dios es para ellos en Jesús. Busca la adoración en todos los aspectos de la vida y por la eternidad. El Antiguo Testamento anticipó la venida de Aquel que sería una persona gloriosa con cualidades que ellos no podrían comprender completamente.

David lo llama Señor. En el Salmo 110:1, David dijo: "Jehová ["SEÑOR" en mayúsculas en la NVI] dijo a mi Señor [maestro, soberano, en minúsculas]: 'Siéntate a mi diestra, hasta que ponga a tus enemigos por estrado de tus pies'". Jesús citó este versículo como el eje de uno de sus conflictos con los fariseos. Su objetivo era mostrar que el Antiguo Testamento reveló que el Mesías sería mucho más que un hombre común.

> [Jesús dijo] ¿Qué pensáis del Cristo? ¿De quién es hijo. Le dijeron: De David. Él les dijo: ¿Pues cómo David en el Espíritu le llama Señor, diciendo: Dijo el Señor a mi Señor: Siéntate a mi derecha, hasta que ponga a tus enemigos por estrado de tus pies? Pues si David le llama Señor, ¿cómo es su hijo? (Mt. 22:42-45).

¿Qué quiso decir Jesús con esta pregunta retórica: "Pues si David le llama Señor, ¿cómo es su hijo?". Henry Alford responde sabiamente:

> A partir del título reconocido universalmente del Mesías como Hijo de David, que es la respuesta que obtiene de ellos con su pregunta, Jesús

> aprovecha para mostrar a quienes entendían este título en un sentido meramente político, la dificultad que plantea la propia reverencia de David hacia este su Hijo: la solución yacía en la Deidad encarnada de Cristo, la cual ellos ignoraban.[2]

Esta "reverencia" por el Mesías prometido, que impregna todo el Antiguo Testamento, significa que la predicación cristiana hace más que limitarse a mostrar explícitamente que todo bien comprado por la sangre ofrecido al pueblo de Dios en cada texto bíblico fue comprado por la sangre de Jesús. Esta reverencia prevaleciente al Mesías prometido es también una evidencia de Cristo como el mejor regalo al que todos los demás señalan como sumamente valioso. El supuesto detrás de esta clase de predicación no es ajeno al Antiguo Testamento. Los santos del Antiguo Testamento que vieron más claramente las implicaciones de su fe, eran como Simeón (Lc. 2:25-34) y Ana (Lc. 2:36-38), cuyos corazones estaban afirmados y resueltos a esperar a Aquel que merecía toda reverencia. La gloria que anticiparon hizo de su venida el cumplimiento de sus sueños.

El cumplimiento de todos sus sueños. Él va a ser Admirable, Consejero, Dios Fuerte, Padre Eterno, Príncipe de Paz. Él se sentará en el trono de su padre David. Pero a diferencia de los reyes de la antigüedad, Él reinará para siempre:

> Porque un niño nos es nacido, hijo nos es dado, y el principado sobre su hombro; y se llamará su nombre Admirable, Consejero, Dios Fuerte, Padre Eterno, Príncipe de Paz. Lo dilatado de su imperio y la paz no tendrán límite, Sobre el trono de David y sobre su reino, disponiéndolo y confirmándolo en juicio y en justicia desde ahora y para siempre. El celo de Jehová de los ejércitos hará esto (Is. 9:6-7).

Él vendrá como mensajero del pacto y será el sanador y el deleite de su pueblo. Ellos desbordarán de tal regocijo en Él que saltarán como becerros de la manada.

> He aquí, yo envío mi mensajero, el cual preparará el camino delante de mí; y vendrá súbitamente a su templo el Señor a quien vosotros buscáis,

2. Henry Alford, *Alford's Greek Testament: An Exegetical and Critical Commentary*, vol. 1 (Grand Rapids, MI: Guardian Press, 1976), 225.

> y el ángel del pacto, a quien deseáis vosotros. He aquí viene, ha dicho Jehová de los ejércitos (Mal. 3:1).
>
> Mas a vosotros los que teméis mi nombre, nacerá el Sol de justicia, y en sus alas traerá salvación; y saldréis, y saltaréis como becerros de la manada (Mal. 4:2).

Será quebrantado por Dios, pero levantado de los muertos. Entonces prolongará sus días para siempre, y contará a su pueblo como justo:

> Jehová quiso quebrantarlo, sujetándole a padecimiento. Cuando haya puesto su vida en expiación por el pecado, verá linaje, vivirá por largos días, y la voluntad de Jehová será en su mano prosperada. Verá el fruto de la aflicción de su alma, y quedará satisfecho; por su conocimiento justificará mi siervo justo a muchos, y llevará las iniquidades de ellos (Is. 53:10-11).

Él será la dicha del humilde, porque vendrá en humildad, montado en un asno aun siendo rey:

> Alégrate mucho, hija de Sion; da voces de júbilo, hija de Jerusalén; he aquí tu rey vendrá a ti, justo y salvador, humilde, y cabalgando sobre un asno, sobre un pollino hijo de asna (Zac. 9:9).

Aunque Él servirá en la majestad de Dios, será un pastor tierno y cuidadoso, una combinación perfecta de majestad y mansedumbre:

> Y él estará, y apacentará con poder de Jehová, con grandeza del nombre de Jehová su Dios; y morarán seguros, porque ahora será engrandecido hasta los fines de la tierra (Ez. 34:23).

Él ejecutará justicia a favor del pueblo de Dios, y todos los fieles que fueron perseguidos y maltratados recibirán justicia.

> En aquellos días y en aquel tiempo haré brotar a David un Renuevo de justicia, y hará juicio y justicia en la tierra (Jer. 33:15).

El traerá buenas nuevas a los pobres, compasión a los quebrantados de corazón, libertad a los cautivos:

> El Espíritu de Jehová el Señor está sobre mí, porque me ungió Jehová; me ha enviado a predicar buenas nuevas a los abatidos, a vendar a los quebrantados de corazón, a publicar libertad a los cautivos, y a los presos apertura de la cárcel; a proclamar el año de la buena voluntad de Jehová, y el día de venganza del Dios nuestro; a consolar a todos los enlutados (Is. 61:1-2).

Hay muchas más evidencias en el Antiguo Testamento de que los santos esperaron, anhelaron y se regocijaron en la venida del Mesías como el máximo cumplimiento de sus sueños. Esa es la razón por la cual habían sido escogidos como pueblo. Es la razón por la cual Dios los rescató de la esclavitud de Egipto, recibieron la tierra prometida, fueron disciplinados en el exilio y recibieron a cambio misericordia. Ante todo, esa es la razón por la cual Dios había provisto el perdón de sus pecados. Eso es lo que Simeón anhelaba (Lc. 2:29) y la razón por la cual Ana ayunaba (Lc. 2:37). Ninguno de los escritores o santos del Antiguo Testamento habría considerado una distorsión a su intención conectar la sangre de los sacrificios con el don del perdón, con las abundantes bendiciones de Dios y con el mejor regalo de todos, la esperanza del Mesías mismo.

Cumplimiento, no distorsión

Cuando un predicador cristiano predica a Cristo crucificado como el fundamento decisivo de todos estos dones, y a Cristo glorificado como la dicha final a la cual todos los dones apuntaban, está sencillamente dando nombre a lo que estaba implícito en la esperanza de los santos del Antiguo Testamento. A esto es lo que llamo predicar *bíblicamente* a Cristo crucificado a partir de los textos del Antiguo Testamento. Es predicar sobre cada texto y sobre cada tema prestando atención rigurosa a las palabras específicas y con el entendimiento explícito de que Cristo crucificado es el fundamento de todo bien que recibe el pueblo de Dios a través de cada texto, y que el bien supremo es Cristo mismo que satisface plenamente. Esa forma de predicar a Cristo tiene sus raíces en el Antiguo Testamento mismo.

El camino de la vida

Hay otro presupuesto que ha guiado nuestro esfuerzo por responder la pregunta ¿qué realidad predicamos? Ese presupuesto es que existe un modo de vivir la vida cristiana que conduce a la salvación final, y hay una forma de intentar vivirla que conduce a la destrucción. Mi planteamiento en los capítulos 17 y 18 fue que el camino que lleva a la vida se basa en la justificación por la fe solamente, y de esa misma fe se desprende andar por el Espíritu y llevar fruto de amor, sin el cual no veremos al Señor. Por lo tanto, la tarea de predicar es nutrir esa fe con la verdad de la Palabra de Dios que satisface el alma. Es decir, debemos revelar en cada texto la manera como nos ayuda a recorrer el camino de la fe y el amor que conduce a la vida. Yo considero eso cierto no solo en lo que respecta a la predicación del Nuevo Testamento, sino también a la predicación del Antiguo Testamento. De eso nos ocuparemos en el capítulo 21.

21

La exultación expositiva y el Antiguo Testamento, tercera parte

Predicar la obediencia de fe

En los capítulos 17 y 18 mostré que el objetivo de la predicación es ayudar a nuestra congregación a entrar y a permanecer en el camino que conduce a la salvación final. Lo denominé "el camino de amor que lleva a la vida". Hay una santidad práctica sin la cual nuestra congregación no verá al Señor (He. 12:14). Pablo lo llama "la obediencia a la fe" (Ro. 1:5). Es urgente que nuestra congregación vea la necesidad de mantener esta obediencia. Así pues, intenté aclarar cómo esta "obediencia a la fe" se relaciona con la justificación solo por la fe y cómo la fe que persevera, en el poder del Espíritu Santo, produce una vida de amor sacrificado, sin la cual, según Juan, "permanece en muerte" (1 Jn. 3:14).

Sostuve que el predicador debería velar porque toda su predicación presente a Dios, ante las almas de su congregación, como quien satisface plenamente. La fe se sustenta no solo mostrando a Dios como digno de confianza, sino mostrándolo en todos sus atributos y acciones como quien satisface perfectamente cada dimensión de la necesidad y el anhelo humanos. El predicador fiel buscará alimentar esa clase de fe en los corazones de los miembros de su congregación.

El objetivo de la predicación del Antiguo Testamento: la fe que obra por el amor

Ahora bien, la pregunta que tenemos por delante es: ¿Debe incluirse el mismo énfasis en la obediencia a la fe y en el camino del amor que lleva a la vida en toda nuestra predicación del Antiguo Testamento? Mi respuesta es sí. Del mismo modo que afirmé la gloria de Dios como la meta de toda predicación del Antiguo Testamento y la cruz de Cristo como el fundamento de todo bien ofrecido en la predicación del Antiguo Testamento, ahora sostengo que en toda predicación del Antiguo Testamento debe hacerse un llamado a la satisfacción en todo lo que Dios es para nosotros en Jesús, de manera que al deleitarse en las riquezas de la revelación de Dios de Génesis a Malaquías, la iglesia de hoy camine en la senda del amor, por el poder del Espíritu Santo, y alcance así la salvación final.

En otras palabras, el propósito de Pablo, y el nuestro, no tiene menos aplicación en la predicación del Antiguo Testamento que en el caso del Nuevo Testamento: "el propósito de este mandamiento es el *amor* nacido de corazón limpio... y de *fe* no fingida" (1 Ti. 1:5). Mi argumento será que este propósito de "la fe que obra por el amor" (Gá. 5:6) está en consonancia con la intención del Antiguo Testamento mismo, no una incrustación de evangelio impuesta a una religión legalista.

Hebreos establece la conexión con el Antiguo Testamento

Mi primer argumento consiste en hacer notar la conexión entre Hebreos 10:32-35 y el argumento de Hebreos 11, es decir, la conexión entre la forma como el autor presenta el poder cristiano para amar y el poder para amar del Antiguo Testamento, siendo que ambos operan "por la fe". En el capítulo 18 señalé que la fuente de un amor radical que se sacrifica es el gozo que viene de estar satisfecho en todo lo que Dios promete ser para nosotros en Jesús. La declaración clave fue Hebreos 10:34: "Porque de los presos también os compadecisteis, y el despojo de vuestros bienes sufristeis *con gozo, sabiendo que tenéis en vosotros una mejor y perdurable herencia en los cielos*".

En otras palabras, la fe de estos cristianos experimentó de manera tan profunda el gozo de su recompensa, que aplacó sus temores y desencadenó su amor. Es decir, su fe fue la convicción y la certeza de lo que esperaban (He. 11:1).[1] La recompensa que satisface plenamente del deleite eterno y supremo con Dios en la resurrección fue comprobada (aceptada, experimentada, sentida) de manera tan real en el presente, y con un gozo tal, que arriesgaron todo para amar a sus hermanos y hermanas encarcelados. Y, a la

1. Véase en capítulo 18 una explicación de cómo la fe es tanto la *convicción* como la *certeza* de lo que se espera (He. 11:1).

luz del panorama global del libro de Hebreos, sabían que esta recompensa y este gozo habían sido garantizados en virtud de la muerte de Jesús (He. 7:27; 9:12; 10:10).

Es así como el evangelio de Cristo, las buenas nuevas del perdón y la esperanza del gozo eterno que fueron comprados por sangre, produce fe y amor en el Nuevo Testamento. Ese fue el argumento de los capítulos 17 y 18. Ahora observe, que según Hebreos 11, en la mente de este escritor inspirado *la fe y la obediencia funcionan de igual modo en el Antiguo Testamento.*

La frase "por la fe" aparece dieciocho veces en Hebreos 11 para señalar la manera como los creyentes en el Antiguo Testamento recibían sus bendiciones y andaban en el camino de la obediencia. "Por la fe Abel ofreció a Dios más excelente sacrificio" (v. 4). "Por la fe Enoc... tuvo testimonio de haber agradado a Dios" (v. 5). "Por la fe Noé... preparó el arca" (v. 7). "Por la fe Abraham... obedeció" (v. 8). "Por la fe... Sara... recibió fuerza para concebir" (v. 11).

El amor cristiano y el amor del Antiguo Testamento tienen la misma raíz: la fe

En el capítulo 18, vimos que el autor de Hebreos en verdad describe intencionalmente la dinámica de las obras de amor de Moisés, en Hebreos 11:24-26, como prácticamente idéntica a la dinámica neotestamentaria del amor en Hebreos 10:32-35. Los cristianos se gozaban en la esperanza de una herencia mejor y perdurable (10:34). Moisés se fijó en la recompensa (11:26). Los cristianos eligieron ser despojados para servir a sus amigos que sufrían (10:34). Moisés eligió "ser maltratado con el pueblo de Dios" (11:25).

El punto es que la forma como Dios produce amor radical que conduce a la vida es la misma en el Antiguo y en el Nuevo Testamentos. Es por la fe. Y esa fe significa estar satisfecho en todo lo que Dios promete ser para nosotros en Cristo. La diferencia entre el Antiguo y el Nuevo Testamento con respecto a este camino de obediencia es que el Nuevo Testamento nos provee una comprensión más completa de Cristo y de cómo Él vino a comprar todo bien que disfrutan los cristianos en todos los siglos hasta hoy.

Las buenas nuevas de la fe predicada a Israel

A fin de que no pasemos por alto lo que Hebreos quiere mostrarnos acerca de la vida de fe en el Antiguo Testamento, el autor nos presenta una declaración asombrosa en Hebreos 4:2. He aquí el contexto:

> ¿Y a quiénes juró [Dios] que no entrarían en su reposo [la tierra prometida señalando a un "descanso" más profundo], sino a aquellos que desobedecieron? Y vemos que no pudieron entrar *a causa de incredulidad.* Temamos, pues, no sea que permaneciendo aún la promesa de entrar en su reposo, alguno de vosotros parezca no haberlo alcanzado. Porque *también a nosotros se nos ha anunciado la buena nueva como a ellos*; pero no les aprovechó el oír la palabra, *por no ir acompañada de fe* en los que la oyeron (He. 3:18-4:2).

Lo que resulta asombroso aquí no es tanto que la falta del pueblo de Israel se denomina "incredulidad" (3:19), sino más bien que el mensaje que recibieron se llama "evangelio" o "buena nueva": "*También a nosotros* se nos ha anunciado la buena nueva *como a ellos* [*esmen euenguelismenoi kathaper kakeinoi*]" (4:2). En otras palabras, aunque ellos no tenían acceso a todo el conocimiento como nosotros, porque el Mesías aún no había venido, muerto y resucitado, con todo y eso la revelación de la naturaleza de Dios y sus caminos y promesas fue tal que el camino de la bendición, la salvación, la esperanza y el gozo final fue manifiestamente el camino de la *fe*, las buenas nuevas de estar satisfecho con todo lo que Dios prometió ser para ellos, a pesar de que aún no sabían lo que nosotros conocemos acerca del Mesías.

Así que mi primer argumento para que toda predicación del Antiguo Testamento busque despertar la fe que conduce al amor y a la salvación final es que el libro de Hebreos nos guía en esa dirección. Cuando Hebreos 6:12 nos dice que "no os hagáis perezosos, sino imitadores de aquellos que *por la fe* y la paciencia heredan las promesas", el autor tiene en mente a Abraham como el primer modelo que debemos seguir: "Y habiendo esperado con paciencia, alcanzó la promesa" (He. 6:15). En esto, Hebreos está en sintonía con la concepción de Pablo del énfasis que pone el Antiguo Testamento sobre la fe. Así que nos volvemos a los escritos de Pablo para nuestro segundo argumento.

El ejemplo de Abraham según Pablo

Pablo coincide con Hebreos en animarnos a que toda nuestra predicación del Antiguo Testamento debería proponerse despertar la fe que conduce al amor y a la salvación final. La manera más notable de llevar a cabo esto es considerar a Abraham como el modelo y el padre de todos los creyentes *cristianos*, al tiempo que mostrar cómo la ley mosaica no contradice la vida de fe. Todo el cuarto capítulo de Romanos presenta la fe de Abraham como el modelo y la raíz de la fe cristiana. "Porque ¿qué dice la Escritura? *Creyó* Abraham a Dios, y le fue contado por justicia" (v. 3). Luego Pablo señala que Dios justificó a Abraham por la fe *antes* de que fuera circuncidado (v. 11). Entonces llega a la siguiente conclusión: "para que fuese padre *de todos los creyentes* no circuncidados, a fin de que también a ellos la fe les sea contada por justicia" (v. 11). Se refiere a todos los creyentes gentiles que confían en Cristo para justificación, no circuncisión. Esta fe que compartimos con Abraham no solo es contada como nuestra justificación, sino que también conduce a una vida obediente. De ahí que Abraham sea "el padre de [quienes] *siguen las pisadas de la fe que tuvo nuestro padre Abraham*" (v. 12).

Hay varias razones para ver la descripción de Pablo de la vida de fe de Abraham como una norma para todo el pueblo de Dios en el Antiguo Testamento. De los santos del Antiguo Testamento, Abraham no fue una excepción, como si hubiera sido única la manera como fue justificado y santificado. Pablo lo muestra como el paradigma para todos los verdaderos miembros del pacto, tanto entonces como ahora. Por ejemplo, incluso aquí en Romanos 4, Pablo incluye el testimonio de David, no solo de Abraham, para señalar que la justificación viene *por la fe*, no las obras: "Como también David habla de la bienaventuranza del hombre a quien Dios atribuye justicia sin obras, diciendo: Bienaventurados aquellos cuyas iniquidades son perdonadas, y cuyos pecados son cubiertos. Bienaventurado el varón a quien el Señor no inculpa de pecado" (Ro. 4:6-8).

La incredulidad es la raíz de todos los fracasos de Israel

Tan importante como son los ejemplos de fe del Antiguo Testamento tales como Abraham y David, son las declaraciones generales de Pablo según las cuales el fracaso de la fe fue la razón por la cual Israel se apartó del camino de obediencia a Dios. Por ejemplo, en Romanos 11, Pablo describe al verdadero Israel como un árbol de olivo, mientras que cada rama representa israelitas en el sentido individual. La explicación de por qué algunas de estas ramas fueron desgajadas del verdadero Israel es su *incredulidad*. Y su explicación acerca de cómo los gentiles, las ramas de "olivo silvestre", pueden ser injertados en el verdadero Israel, es la *fe*:

> Pues si algunas de las ramas fueron desgajadas, y tú, siendo olivo silvestre, has sido injertado en lugar de ellas, y has sido hecho participante de la raíz y de la rica savia del olivo, no te jactes contra las ramas; y

> si te jactas, sabe que no sustentas tú a la raíz, sino la raíz a ti. Pues las ramas, dirás, fueron desgajadas para que yo fuese injertado. Bien; *por su incredulidad* fueron desgajadas, pero *tú por la fe estás en pie*. No te ensoberbezcas, sino teme (Ro. 11:17-20).

Esta es una declaración radical de lo que el Antiguo Testamento exigió a todo Israel en todo tiempo. Le exigió fe. No se trata de una afirmación estrecha acerca de *algunos* judíos en algunos apartes del Antiguo Testamento. Es una apreciación que incluye cada aspecto de cada fracaso de Israel y de por qué fracasó: "por su incredulidad".

Ellos no alcanzaron la ley por la incredulidad

Otro ejemplo del juicio general de Pablo acerca de lo que exige el Antiguo Testamento se encuentra en Romanos 9:30-32:

> ¿Qué, pues, diremos? Que los gentiles, que no iban tras la justicia, han alcanzado la justicia, es decir, la justicia que es por fe; mas Israel, que iba tras una ley de justicia, *no la alcanzó*. ¿Por qué? *Porque iban tras ella no por fe*, sino como por obras de la ley, pues tropezaron en la piedra de tropiezo.

La incapacidad de "alcanzar la ley" se debió a la incapacidad de ver cómo la ley señalaba una vida de fe. Veremos más adelante cómo la ley mosaica en realidad trajo muerte y condenación, pero en el contexto más amplio del Antiguo Testamento tuvo como propósito llevar a Israel a la fe y a un Redentor y su gracia. Sin embargo, el fracaso de Israel aquí referido es el intento de usar la ley para establecer su propia justicia (Ro. 10:3).

Ellos fracasaron en ver que guardar la ley no puede ser por sí mismo el fundamento de la justificación. La razón por la cual no lo fue es que en cuanto se entra en el camino de la observancia de la ley como base de la justificación, se está obligado a guardar toda la ley, y nadie fue capaz de hacerlo. Eso es en esencia lo que Pablo dijo en Gálatas 5:2-3: "He aquí, yo Pablo os digo que si os circuncidáis, de nada os aprovechará Cristo. Y otra vez testifico *a todo hombre que se circuncida, que está obligado a guardar toda la ley*".

En otras palabras, si alguien elige el camino de la observancia de la ley como base de su justificación con Dios, se compromete a guardar *toda* la ley. O, como dice Santiago: "cualquiera que guardare toda la ley, pero ofendiere en un punto, se hace culpable de todos" (Stg. 2:10). Guardar la ley es un fundamento inútil para alcanzar la aceptación divina. "Por las obras de la ley ningún ser humano será justificado delante de él" (Gá. 3:20). "Todos los que dependen de las obras de la ley están bajo maldición" (Gá. 2:16). "Por las obras de la ley ningún ser humano será justificado delante de él" (Ro. 3:20).

Sin embargo, el punto que señala Pablo en Romanos 9:32 ("iban tras ella no por fe") es que si Israel hubiera comprendido correctamente la función de la ley, ellos no habrían cometido este error (de buscar la justificación mediante la observancia de la ley), sino que la ley los habría conducido a la fe en las promesas de la gracia de Dios de un Redentor, "porque el fin de la ley es Cristo para justicia a todo el que cree" (Ro. 10:4; es traducción mía).

El Antiguo y el Nuevo Testamentos enseñan un camino que conduce a la vida: la fe

Hemos visto a partir de Hebreos y de Pablo que el camino de vida que se exigía al pueblo de Dios en el Antiguo Testamento es la vida de la fe. La obediencia a los mandamientos de Dios, que se resumen en el amor (Lv. 19:18; Ro. 13:9), es la obediencia que procede de la fe (Ro. 4:12; He. 11), al igual que en el Nuevo Testamento (Ro. 1:5; 1 Ti. 1:5).

A fin de establecer esta afirmación más plenamente, podemos preguntar si el Antiguo Testamento mismo lo enseña. Hemos visto que Hebreos y Pablo lo hacen. ¿Qué del Antiguo Testamento? Empecemos con el Pentateuco, los primeros cinco libros de la Biblia, a los cuales se les denomina con frecuencia la Ley. ¿Llama el Pentateuco al pueblo de Dios a un camino de vida arraigado en la fe en las promesas de la gracia de Dios, o se basa en la observancia de la ley como fundamento de la justificación? Un aspecto crucial a la hora de responder esta pregunta es marcar la distinción entre el Pentateuco como un todo y la ley mosaica en particular. Veremos en un momento cómo el Pentateuco mismo señala este punto, pero observe bien que Pablo lo vio también de esa manera:

> Ahora bien, a Abraham fueron hechas las promesas, y a su simiente [¡como lo narra el Pentateuco!]... la ley que vino cuatrocientos treinta años después, no lo abroga, para invalidar la promesa. Porque si la herencia es por la ley, ya no es por la promesa; pero Dios la concedió a Abraham mediante la promesa (Gá. 3:16-18).

Podemos observar que Pablo distingue "la ley" de otras partes del Pentateuco. En este caso, las partes de Génesis que narran la historia de Abraham.

Esto significa que cuando Pablo se refiere en tono negativo al "antiguo pacto" (2 Co. 3:14) como un "ministerio de muerte" (2 Co. 3:7) y a un "ministerio de condenación" (2 Co. 3:9), no se refiere al Pentateuco entero, mucho menos a todo el Antiguo Testamento. Se refiere al pacto del Sinaí. Eso es lo que tenía en mente cuando dijo: "la ley se introdujo para que el pecado abundase" (Ro. 5:20), "la ley produce ira" (Ro. 4:15), "por medio de la ley es el conocimiento del pecado" (Ro. 3:20) y "la ley no es de fe" (Gá. 3:12).

No obstante, al afirmar que la ley no es de fe (Gá. 3:12), no está diciendo que la función de la ley, en su contexto del Antiguo Testamento, sea recomendar un camino de vida que es contrario a la fe. "¿Luego la ley es contraria a las promesas de Dios? En ninguna manera" (Gá. 3:21). Antes bien, señala que los efectos negativos de la ley, cuando se usa como base para la justificación (Lv. 18:5; Gá. 3:12; Ro. 10:5), fueron en realidad establecidos de manera soberana por Dios para mostrar a Israel su necesidad de Cristo y de fe.

Pablo expresa esto en sentido negativo en Romanos 3:19-20:

> Pero sabemos que todo lo que la ley dice, lo dice a los que están bajo la ley, para que toda boca se cierre y todo el mundo quede bajo el juicio de Dios; ya que por las obras de la ley ningún ser humano será justificado delante de él; porque por medio de la ley es el conocimiento del pecado.

Y lo expresa en tono afirmativo en Gálatas 3:22-26:

> Mas la Escritura lo encerró todo bajo pecado, para que la promesa que es por la fe en Jesucristo fuese dada a los creyentes. Pero antes que viniese la fe, estábamos confinados bajo la ley, encerrados para aquella fe que iba a ser revelada. De manera que la ley ha sido nuestro ayo, para llevarnos a Cristo, a fin de que fuésemos justificados por la fe. Pero venida la fe, ya no estamos bajo ayo, pues todos sois hijos de Dios por la fe en Cristo Jesús.

Cuando Pablo dice "antes que viniese la fe…" (v. 23), no se refiere a que no hubiera fe salvadora en el Antiguo Testamento (lo cual contradeciría lo que acaba de decir en Gálatas 3:6: "Abraham *creyó* a Dios, y le fue contado por justicia"). Antes bien, quiso decir "antes que viniese *esta* fe…", a saber, la fe que acaba de mencionar en el versículo anterior (v. 22), la "fe en Cristo Jesús". La ley recordó constantemente a Israel que la justificación tendría que ser mediante la fe en un Redentor (Gá. 3:24), no por guardar la ley.

La visión negativa del Pentateuco acerca de la ley

El Pentateuco como un todo ya había señalado el punto que expuso Pablo. Existe una tensión entre la vida de fe que resalta la historia de Abraham y los fracasos de Israel bajo la ley mosaica. Esta tensión fue pensada como advertencia contra la observancia de la ley como el camino a la justificación, y para dirigir nuestra atención a la vida de fe. Una manera como se evidencia dicha tensión es que *hasta* que la ley fue dada en el Pentateuco, siempre que se menciona la fe, el hecho de que las personas creen, se hace en términos positivos.

> [Abraham] *creyó* a Jehová, y le fue contado por justicia (Gn. 15:6).
>
> Entonces dijo Jehová a Moisés: Extiende tu mano, y tómala por la cola. Y él extendió su mano, y la tomó, y se volvió vara en su mano. Por esto *creerán* que se te ha aparecido Jehová, el Dios de tus padres, el Dios de Abraham, Dios de Isaac y Dios de Jacob (Éx. 4:4-5).
>
> Y el pueblo *creyó*; y oyendo que Jehová había visitado a los hijos de Israel, y que había visto su aflicción, se inclinaron y adoraron (Éx. 4:31).
>
> Y vio Israel aquel grande hecho que Jehová ejecutó contra los egipcios; y el pueblo temió a Jehová, y *creyeron* a Jehová y a Moisés su siervo (Éx. 14:31).
>
> Cubrieron las aguas a sus enemigos;
> No quedó ni uno de ellos.
> Entonces *creyeron* a sus palabras
> Y cantaron su alabanza (Sal. 106:11-12).
>
> Jehová dijo a Moisés: He aquí, yo vengo a ti en una nube espesa, para que el pueblo oiga mientras yo hablo contigo, y también para que te *crean* para siempre (Éx. 19:9).

No obstante, cada vez que se menciona la fe *después* de la entrega de la ley en el Pentateuco, se hace referencia a la falta de ella. Esto coincide con el lamento de Pablo respecto a los efectos negativos de la ley.

> Jehová dijo a Moisés: ¿Hasta cuándo me ha de irritar este pueblo? ¿Hasta cuándo *no me creerán*, con todas las señales que he hecho en medio de ellos? (Nm. 14:11).

> Jehová dijo a Moisés y a Aarón: Por cuanto *no creísteis* en mí, para santificarme delante de los hijos de Israel, por tanto, no meteréis esta congregación en la tierra que les he dado (Nm. 20:12).
>
> Y aun con esto [la manera como Dios los llevó por el desierto] *no creísteis* a Jehová vuestro Dios (Dt. 1:32).
>
> Y cuando Jehová os envió desde Cades-barnea, diciendo: Subid y poseed la tierra que yo os he dado, también fuisteis rebeldes al mandato de Jehová vuestro Dios, y *no le creísteis*, ni obedecisteis a su voz (Dt. 9:23).
>
> Y el furor [de Dios] subió también contra Israel [cuando murmuraban por no tener carne],
> Por cuanto *no habían creído* a Dios,
> Ni habían confiado en su salvación (Sal. 78:21-22; cf. 32).
>
> Pero aborrecieron la tierra deseable;
> *No creyeron* a su palabra (Sal. 106:24).

Una manera de extraer las implicaciones de la forma como fue organizado el Pentateuco es decir que el Pentateuco es para el Antiguo Testamento lo que Gálatas es para el Nuevo Testamento. El Pentateuco muestra cómo las fallas de la ley mosaica (es decir, del pacto del Sinaí) encajan con el esquema general del Pentateuco, según el cual "el propósito del Pentateuco es enseñar 'la fe' en Dios".[2]

Los Salmos: una ventana al corazón que Dios desea

Estoy tratando de mostrar que Pablo y Hebreos representan la misma visión del Antiguo Testamento cuando enseñan que el camino de vida que se enseña a todo lo largo del Antiguo Testamento es la obediencia de fe (Ro. 9:32; 11:20; He.11). Voy a presentar una última evidencia. El libro de Salmos representa el libro de oraciones de Israel. Nos permite entrever la esencia de la religión más allá de los rituales formales. Por consiguiente, el libro de Salmos nos muestra de manera más directa que otros libros cómo el corazón de los santos del Antiguo Testamento se aferraron a Dios y vivieron su fe.

Los Salmos abundan en referencias a *confiar* en Dios, *refugiarse* en Dios, *esperar* en Dios, *perseverar* en Dios, *estar satisfecho* en Dios. Mencionaré

2. John Sailhamer, *The Pentateuch as Narrative: A Biblical Theological Commentary* (Grand Rapids, MI: Zondervan, 1992), p. 61.

unos pocos ejemplos que nos llevan a la conclusión acerca de la predicación a partir del Antiguo Testamento, a saber, que debemos predicar para satisfacer los corazones de nuestra congregación con todo lo que Dios es para ellos en Jesús, y facultarlos para seguir el camino de amor que conduce a la vida.

La fe en los Salmos es más que confiar en Dios para pedir ayuda

Confiar en el Señor, deleitarse en Él y hacer su voluntad aparecen juntos en el Salmo 37:3-5:

> *Confía en* Jehová, y *haz el bien*;
> Y habitarás en la tierra, y te apacentarás de la verdad.
> *Deléitate asimismo en* Jehová,
> Y él te concederá las peticiones de tu corazón.
> *Encomienda a Jehová tu camino*,
> Y *confía en él*; y él hará.

Creo que este conjunto de realidades (confiar, hacer el bien, apacentarse de la verdad, deleitarse en Dios y encomendar a Él nuestro camino) es una muestra de cómo los Salmos esperan que vivamos. Hacer el bien, es decir, amar a nuestro prójimo como a nosotros mismos (Lv. 19:18), se desprende de la confianza en Dios. Y confiar es siempre mucho más que simplemente contar con la ayuda de Dios. La fe es siempre, en el mejor de los casos, recibir a Dios como nuestra recompensa, no solo como nuestro rescatador; nuestro deleite, no solo nuestro liberador.

> Por tanto, en él se *alegrará* nuestro corazón,
> Porque en su santo nombre hemos *confiado* (Sal. 33:21).
>
> Entraré al altar de Dios,
> Al Dios de *mi alegría* y de *mi gozo* (Sal. 43:4).
>
> Mas yo en tu misericordia he *confiado*;
> Mi corazón se *alegrará* en tu salvación (Sal. 13:5).
>
> Y tú los abrevarás del torrente de tus *delicias*.
> Porque contigo está el manantial de la vida;
> En tu luz veremos la luz (Sal. 36:8-9).
>
> Mi alma *tiene sed* de ti, mi carne *te anhela*,
> En tierra seca y árida donde no hay aguas,

Para ver tu poder y tu gloria,
Así como te he mirado en el santuario.
Porque *mejor* es tu misericordia *que la vida*;
Mis labios te alabarán (Sal. 63:1-3).

Gócense y alégrense en ti todos los que te buscan (Sal. 40:16).

¿A quién tengo yo en los cielos sino a ti?
Y fuera de ti nada *deseo* en la tierra.
Mi carne y mi corazón desfallecen;
Mas la roca de mi corazón y *mi porción* es Dios para siempre (Sal. 73:25-26).

Implicaciones para la predicación basada en el Antiguo Testamento

Con base en estas observaciones del libro de Hebreos, de Pablo, del Pentateuco y de los Salmos, mi conclusión es que el predicador cristiano tiene la garantía de que puede tomar cualquier texto del Antiguo Testamento, prestar atención rigurosa a sus palabras para ver lo que está allí realmente, las riquezas que contiene acerca de Dios y el hombre y la vida, y luego mostrar cómo estas riquezas sirven para sustentar la fe. O dicho de otra manera, el predicador debería procurar con cada texto mostrar que Dios es sumamente satisfactorio para el alma humana, y que esta satisfacción que rebosa lleva fruto en una vida de amor que conduce a la salvación final. Y, por supuesto, como hemos visto en los capítulos 19 y 20, esta nueva vida y esta salvación final han sido aseguradas para el creyente por medio de la sangre de Cristo, y están llamadas, en último término, a magnificar la grandeza de Dios.

El nuevo pacto y el Espíritu

Hay un último aspecto que merece mencionarse. El Antiguo Testamento hace la promesa de un pacto venidero:

> He aquí que vienen días, dice Jehová, en los cuales haré nuevo pacto con la casa de Israel y con la casa de Judá. No como el pacto que hice con sus padres el día que tomé su mano para sacarlos de la tierra de Egipto; porque ellos invalidaron mi pacto, aunque fui yo un marido para ellos, dice Jehová (Jer. 31:31-32).

Este nuevo pacto pondrá en el pueblo de Dios un nuevo corazón y un nuevo espíritu:

> Y les daré un corazón, y un espíritu nuevo pondré dentro de ellos; y quitaré el corazón de piedra de en medio de su carne, y les daré un corazón de carne, para que anden en mis ordenanzas, y guarden mis decretos y los cumplan, y me sean por pueblo, y yo sea a ellos por Dios (Ez. 11:19-20).

Esto sucederá por la obra del Espíritu mismo de Dios: "Y pondré dentro de vosotros mi Espíritu, y haré que andéis en mis estatutos, y guardéis mis preceptos, y los pongáis por obra" (Ez. 36:27). Estará basado en el perdón de pecados: "perdonaré la maldad de ellos, y no me acordaré más de su pecado" (Jer. 31:34). Y producirá una capacidad gloriosa para amar a Dios como nuestro tesoro supremo: "Y circuncidará Jehová tu Dios tu corazón, y el corazón de tu descendencia, para que ames a Jehová tu Dios con todo tu corazón y con toda tu alma, a fin de que vivas" (Dt. 30:6).

El nuevo pacto comprado con la sangre de Jesús

Este nuevo pacto fue comprado y asegurado por la sangre de Jesús. En Lucas 22:20, Jesús dijo: "Esta copa es el nuevo pacto en mi sangre, que por vosotros se derrama". Esto significa, en primer lugar, que los anticipos de este nuevo pacto que los santos del Antiguo Testamento ciertamente disfrutaron, fueron una bendición por adelantado de la muerte de Jesús como preludio de su venida (como vimos en el capítulo 20).

No obstante, el hecho de que Jesús compró el nuevo pacto significa también que sería contrario a la intención del Antiguo Testamento que prediquemos el Antiguo Testamento como si el nuevo pacto no hubiera sido ya inaugurado por la sangre de Cristo. Todo el Antiguo Testamento fue un anticipo de esto. Predicar a partir del Antiguo Testamento como si todavía estuviéramos esperando lo que ha de venir atribularía indudablemente a los escritores del Antiguo Testamento, si les fuera permitido ver desde el cielo.

Por lo tanto, el predicador cristiano escucha con mucha atención todo lo que el texto del Antiguo Testamento tiene para decir en su contexto original. Indaga las palabras literales para extraer todo lo que contiene esta mina de oro. Luego, con el oro en mano, analiza su precio conforme a la obra de Cristo que lo compró para los santos, examina su brillo a la luz de la gloria de Dios como su origen y su meta, y lo ofrece a todos los que han de creer como el tesoro del universo que satisface plenamente. Por último, señalará el camino de amor que conduce a la vida.

Pensamientos finales

Un llamado peligroso y glorioso

La exultación expositiva es una forma singular de comunicación. Es algo que no proviene del mundo para servir a la iglesia. Tampoco puede el mundo tomarla de la iglesia para usarla para sus propios fines. Es diferente, totalmente diferente de cualquier otra cosa en el mundo.

Única en su clase

Primero está Dios. Luego está su obra y su camino en el mundo, su creación, su redención y su providencia. Luego está su libro, su libro infalible, la Biblia, escrita por simples hombres, guiada por el Espíritu Santo. Y luego está un llamado divino, un misterio de la providencia, una familia, una iglesia, un deseo, un deleite, un deber. Nace un predicador.

A esto le siguen sudor, oración y preparación, martillar la puerta cerrada del texto hasta que se agrieta dando paso a rayos de luz que destellan. Luego, ver la verdad, la sabiduría y el poder. Y en seguida la risa de gozo y las lágrimas de arrepentimiento, y en ambas, el saborear, el saborear sublime de la gloria. Y entonces todo el día, y si es preciso toda la noche, la obra de la razón y de la imaginación, de la oración y el esfuerzo, de tejer hilos claros y oscuros de verdad en una tela comprensible, un mensaje que envuelva a quienes lo escuchan.

Y después, al tiempo que se ora (una y otra vez) y se abre la boca, se anuncian los horrores y las glorias. Viene la explicación, el esclarecimiento, la presentación, el asombro, el regocijo, la exultación, la ofrenda, el ruego, el mirar a los ojos. Y todo eso acompañado del compromiso absoluto y, que así sea, del olvido absoluto del yo frente al resplandor de la verdad. Y entonces, Dios lo sabe, el fruto eterno, cansancio y gratitud. Y todo el ciclo se repite de nuevo.

No hay nada que se le compare. La exultación expositiva es única.

Bellamente diseñada para la adoración

Por todo su valor esencial al servicio del evangelismo, la exultación expositiva es idea de Dios y es don divino para su pueblo reunido en adoración. Ningún otro tipo de discurso es tan bellamente apropiado en este prodigio que exalta a Dios al que llamamos "adoración".

Dios existe como uno que se conoce a sí mismo perfectamente en la imagen eterna de su Hijo. Y Él existe como uno que se complace infinitamente en Aquel a quien así conoce. Y nosotros, como criaturas de este Dios que conoce y ama la gloria, fuimos hechos en su imagen. Nosotros también existimos para conocer a Dios y para deleitarnos en Él, para ver, saborear y manifestar su gloria. Esta es la esencia de lo que significa ser humano.

La reunión de seres humanos que ven a Dios, se deleitan en Dios y manifiestan a Dios en un lugar para unir sus corazones, sus mentes y sus voces para enaltecer a este Dios constituye un milagro, y un milagro en desarrollo. A punto de nacer está el milagro de la adoración corporativa. Y una llama indispensable que el Espíritu usa para encender ese milagro y hacerlo arder es la predicación de la Palabra de Dios. Por la gracia, se esparcen la luz y el calor de la adoración. El predicador se presenta brillando y ardiendo. En su predicación adora y despierta la adoración. Se presenta viendo, saboreando y mostrando la belleza y el valor de Dios. Está saturado de la verdad de la exposición y la calidez de la exultación.

Saborear a Dios es un fin en sí mismo

El predicador está consciente, al igual que su congregación, de que el milagro de la adoración que está saturada de Biblia, exalta a Cristo y atesora a Dios, constituye un fin en sí mismo que agrada a Dios. Dios no es aquí una fuente de deleite para hacer el presupuesto. No temblamos en su presencia con el ánimo de lograr influencia política. No exultamos en el poder de Dios para impresionar a quienes nos visitan. Dios es un fin en sí mismo. Y nuestro deleite *en Él* es nuestro fin, o simplemente no es en *Él.*

Saborear a Dios produce mil efectos positivos

Con todo, el predicador sabe, y la congregación sabe, que el efecto dominó de esta hora, de esta hora auténtica y milagrosa de encontrar a Dios en la adoración, es inescrutable en su profundidad y magnitud. Gracias a este encuentro con Dios, y a esta exultación expositiva ungida por el Espíritu, miles de problemas que aun no existían siquiera en las vidas de las personas encuentran solución. Miles de decisiones reorientan positivamente su curso sin premeditación consciente alguna. Miles de relaciones perjudiciales se evitan. Cientos de corazones son suavizados en la presencia de Dios de manera que la obediencia que parecía imposible de repente se vuelve posible, como decir: "lo siento, estaba equivocado". Y aún así, no por eso nos congregamos. Nos congregamos para ver y saborear a Dios. Él es el fin. Y cuando intentamos convertirlo a Él en un medio para algo, la adoración empieza a morir.

Todo se afecta

El predicador sabe, al igual que la congregación, que la predicación y los cultos de adoración no son la totalidad de la vida de la iglesia. Hay cientos de ministerios valiosos para niños y adultos jóvenes, para hombres y mujeres, para solteros y casados, para los que están de duelo o en edad avanzada. Hay posibilidades fabulosas de influir en el mundo incrédulo. Hay un sinnúmero de buenas obras diseñadas para manifestar la gloria de nuestro Padre celestial. Hay más formas de reunirse en grupos pequeños de lo que podemos imaginar, para animarnos mutuamente, orar los unos por los otros y ayudarnos. El predicador sabe esto, y no pretende que la predicación sea todo lo que la congregación necesita.

Sin embargo, el predicador también sabe lo siguiente: Si él fracasa en su exultación expositiva, si la adoración corporativa languidece porque la Palabra de Dios no es presentada con claridad y fidelidad, y con poder que satisface el alma, todos los ministerios sufren. La predicación no lo es todo, pero lo afecta todo. Es la trompeta de verdad en la iglesia. Y resuena en cada ministerio y en cada hogar, para traer gozo, fortaleza, amor y perseverancia, o para no hacerlo. Si cada parte del motor funciona como debe ser, pero la bujía falla en encender conforme al ritmo indicado, el auto se sacude o se detiene.

Todo reemplazo va a fallar

Nada puede reemplazar la predicación. Los libros son maravillosos. ¿Quién no ha sido conmovido profundamente por un gran libro? Las conferencias y los debates, el teatro, la poesía, el cine y la pintura son poderosos. Pero cualquier esfuerzo por reemplazar la predicación con cualquier otra cosa, tarde o temprano va a fallar.

La gente ha probado experimentos que reemplacen la predicación. Algunas personas marginadas o desilusionadas se agolpan en torno al experimento. Y perdura algunos años. Al final muere. Entre tanto, la predicación permanece década tras década y siglo tras siglo. ¿Por qué? Porque Dios ha creado y designado esta singular materialización de su Palabra para la explicación y la celebración de su gloria y de su valor.

El Señor estará a su lado

Si Dios lo ha llamado a predicar, por supuesto que la tarea es humanamente imposible. La predicación es adoración. Y la predicación busca despertar adoración. Tanto la adoración como despertar la adoración son milagros. No son simples decisiones. Usted no puede adorar como lo place más de lo que puede emocionarse como le place. Pero Aquel que lo llamó es fiel. Él lo hará. Puedo dar testimonio de cuarenta años en el ministerio de la Palabra, en los mejores y los peores momentos, de que Dios ama ayudar al predicador que ansía esclarecer la Palabra para la dicha santa de su congregación, por la sangre de Jesús, y para la gloria de Dios. Él le ayudará.

"La comunión íntima de Jehová es con los que le temen, y a ellos hará conocer su pacto" (Sal. 25:14). Si usted acepta este llamado, y usted teme a Dios y confía en Él, también experimentará una intimidad sin par. Él lo aconsejará y le mostrará cosas que usted no habría podido ver de ninguna otra manera. Él obrará maravillas en usted. Después de un día completo de "infructuosa" labor en su Palabra, angustiado porque es demasiado tarde, estando de rodillas y en medio de las lágrimas, usted verá en un destello de cinco segundos la realidad del texto. Comprenderá en un instante cómo funciona el texto. Es un don. Él se asegurará de que usted lo sepa. Una y otra vez. La labor que usted realiza para su gloria, en el nombre de Jesús, por el bien de su congregación, nunca será en vano.

¿Cuántas veces he temblado por mi incapacidad en determinado momento, o frente a una gran multitud, en una reunión aparentemente insignificante o un tema espinoso, o un texto inescrutable? Y cuando me aventuro y confío que su Palabra nunca vuelve vacía, Él ha estado a mi lado. Él es fiel. "Pero el Señor estuvo a mi lado, y me dio fuerzas, para que por mí fuese cumplida la predicación, y que todos los gentiles oyesen" (2 Ti. 4:17). Él hará esto por usted, si usted confía y se entrega por completo a su Palabra, confiado en la cruz, amando a su congregación y gloriándose en el valor y en la belleza de Dios.

Inmortal hasta que tu obra, Señor, quede terminada, y después

Todo llamado de Dios es bueno. Ciertamente la fidelidad en cada llamado, incluso en la tarea más pequeña, se considera grandeza en el cielo. "Si alguno quiere ser el primero, será el postrero de todos, y el servidor de todos" (Mr. 9:35). Sin embargo, algunos llamados, en virtud de su capacidad para ayudar y herir a muchos, son particularmente peligrosos y gloriosos. "No os hagáis maestros [o predicadores] muchos de vosotros, sabiendo que recibiremos mayor condenación" (Stg. 3:1).

Si usted escucha este llamado y lo acepta, se lanza a una obra grande y peligrosa. Los embajadores del rey no están a salvo en territorio enemigo, a menos que estén protegidos y se revistan del poder mismo del rey. Sin embargo, nuestra propia seguridad no es la meta. Nuestro rey nos guardará y nos usará, tanto como Él lo disponga. Será un servicio de perfecta duración. Nosotros somos, como dijo el misionero en Persia Henry Martyn, inmortales hasta que nuestra obra quede terminada. Y, por supuesto, él estaría de acuerdo en afirmar que somos inmortales *después* que nuestra obra ha sido terminada y hemos partido.

Cuando miro en retrospectiva más de cuatro décadas de predicación, puedo testificar que ha valido la pena cada esfuerzo y todo lo que ha costado. Es mi esperanza y mi oración que este libro lo acompañe y sirva para encender la llama del Espíritu en su exultación expositiva.

desiringGod

Todo el mundo quiere ser feliz. Nuestro sitio web nació y fue diseñado con ese fin. Queremos que todas las personas en todas partes entiendan y abracen la verdad según la cual Dios se glorifica en nosotros en mayor medida cuanto más nos deleitamos en Él. Hemos recopilado más de treinta años de intervenciones y escritos de John Piper, que además han sido traducidos a más de cuarenta idiomas. También publicamos diariamente nuevos materiales impresos y audiovisuales para ayudarle a encontrar verdad, propósito y satisfacción eternos. Todos los recursos están disponibles sin costo alguno, gracias a la generosidad de personas que han sido bendecidas por el ministerio.

Si desea acceder a más recursos para la felicidad verdadera, o si desea saber más acerca de nuestra obra en Desiring God, lo invitamos a visitar https://www.desiringgod.org/languages/spanish

www.desiringGod.org

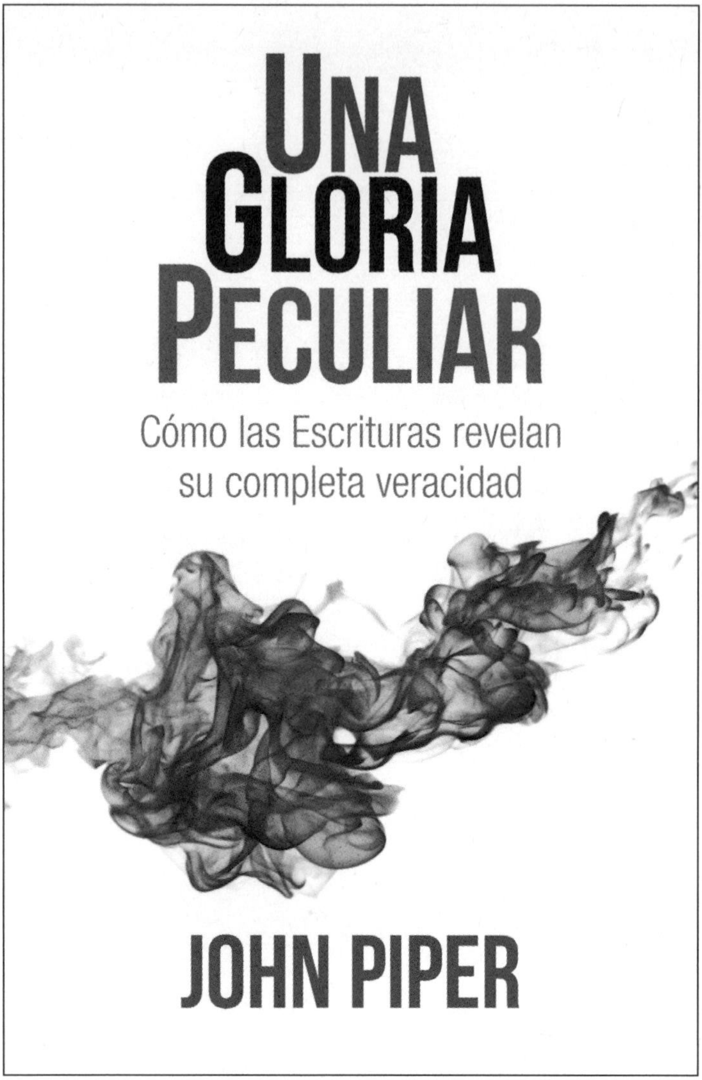

Piper examina la naturaleza autoautenticadora de la Palabra de Dios y cómo revela su verdad; lo que Cristo y sus apóstoles creyeron acerca de las Escrituras y por qué la gloria de Dios se manifiesta únicamente en el cumplimiento de la profecía, los milagros de Jesús y el sufrimiento gozoso de los cristianos perseguidos.